墨人　著

本全集保留作者手批手稿

墨人博士作品全集【全60冊】

第十八冊　紅　塵8

文史哲出版社印行

紅塵8目次

第八卷

第一〇九章　章部長禮貌周到　龍紹芬受寵若驚……二三六三
第一一〇章　萬里歸來思骨肉　鄉音未改變臺胞……二三八八
第一一一章　團圓席離龍畫鳳　八達嶺萬里長城……二四四四
第一一二章　姑紹芬穿針引線　姪傳祖繼往開來……二四七四
第一一三章　太極夾克起議論　幽浮學會講星人……二四九三
第一一四章　特異人隔空取物　龍博士笑語解頤……二五一三
第一一五章　恨投機紹芬震怒　遭恐嚇兄弟憂心……二五三九
第一一六章　不肖子偷雞摸狗　女諸葛義正辭嚴……二五五八
第一一七章　蝶仙看信講古話　紹芬即席品佳人……二五七七
第一一八章　傳祖新婚重倫理　紹芬參訪大觀園……二六〇一

第一一九章　住南湖姐妹痛哭　祭孤墳獨子傷心……一六二七
第一二〇章　看錄影前塵如夢　深入定淨土成真……一六四五

附錄

老作家墨人在美獲傑出成就獎……一六六五
書的啓示……許昌平……一六六七
凌雲健筆意縱橫……潘亞暾……一六六九
墨人的紅樓夢研究及其紅學觀……陳忠問墨人答……一六七五
為了更完美……羅龍炎……一六八二
新聞與文學……一六九六
墨人博士著作書目……一七〇九
墨人博士創作年表……一七一九

第一〇九章 章部長禮貌周到 龍紹芬受寵若驚

紹芬、純純她們決定到武漢，是一份懷舊之情和弔念之心。

四十五年前她們在武漢從軍，歷盡艱辛，九死一生，能夠活到現在，真是叨天之幸。臺灣早已沒有人想到她們這一代志願從軍抗日的青年，甚至以鄙視的眼光看待那些當年和她們一起流血流汗的「榮民」。而純純和紹地這一對患難夫妻的遭遇更加不幸。純純不知道愛國也會有罪?而紹芬更是一片純真，當年從軍時她還不到十八歲，咬著牙硬撐，她居然突破了那麼多的難關，勇敢地接受死神的挑戰，始終昂首挺胸做人。逃到臺灣後又獻身孤兒，耽誤了自己的終身大事，無怨無尤。這次又從臺灣兜了那麼大的圈子來看純純她們，決心要去武昌洪山祭拜大伯天放，這份孝思也很難得。她們這一代人好像都是天生的傻瓜，很少為自己打算，而又受盡冷落，甚至歧視。

在武漢她們沒有親人，南湖機場設備簡陋，從停機坪到檢查站全是露天，要走一大段路。通關之後又沒有人接機，到市區的交通工具是一大問題，這兒不像臺北計程車那麼方便，別人又有公家車子來接，她們沒有。紹芬突然想起她的「臺胞」身分，便請機場人員協助。這一招果然有效，他們立刻召來一部麵包車，送她們到洪山附近的一家賓館。

紹芬、純純本來對武昌很熟。紹華、紹珍、紹玲對漢口也熟。但是現在的武昌她們卻相當陌生。當時的武昌是抗戰司令臺，街上萬頭鑽動，難民、學生使武漢沸騰起來。她們都是學生，大多都投入抗日戰爭，才使中國能夠抵抗日本八年，抗到最後勝利。

但是今天的武昌不同，她們想買香燭、紙錢、鞭砲都買不到，想買鮮花水果也買不到，她們找不到市場、攤販，過去的店鋪也是關門閉戶。她們好不容易找到街角一個很小的小吃店，是個體戶開的，賣饅頭、陽春麵。她們在小吃店裏吃飯，順便買了三個饅頭做為祭品。

紹芬記得天放埋葬的地點，民國二十七年秋天，她和紹武、紹地、紹忠、紹雄，是以親屬和學生的雙重身分看著天放安葬的。天放下葬不久，她們就撤退到湘西、四川繼續受訓。紹華她們是隨天行先期乘船入川的。勝利後她們又是隨天行搭軍機還鄉，過武漢時只在機場停了二、三十分鐘，來不及去洪山祭掃。這四十五年來一直沒有人上過墳，所以荒草很深，雜樹成林。幸好有塊墓碑，紹芬撥開一人高的茅草，才看到那塊石碑，碑石上的「故陸軍中將龍天放之墓」的字蹟還很清楚。她們便用雙手拔除茅草、蓬蒿，拔出幾尺寬的空地，把茅草鋪在地上，把帶來的三個饅頭放在賓館的信紙上，供在天放墓碑前，隨即同時跪下磕頭。紹芬一跪下就放聲大哭起來。她想起這四十五年來龍家的大變，當年和她一道看著天放下葬的紹武、紹忠、紹雄，都陣亡了，紹勇是報到時就被日機炸死了。紹地也是剛釋放。如今只有純純和紹華、紹珍、紹玲她們四姐妹來祭掃，而她們三人已經成為少數民族。她自己又遠在臺灣，九江老家只有紹臣一人，連落腳的地方都沒有，葉落歸根是不可能的了，將來如何結局？還不知道，自然悲從中來。她們四人也各有難言之痛，見面時是強顏歡笑，現在正好在天放墳前大哭一場。哭了一陣，紹芬又先擦乾眼淚，站起來說：

「大伯一生獻身國家，落得如此淒涼，真令人寒心。」

純純、紹華她們也先後站了起來。純純卻慶幸地說：

「幸好是荒煙漫草，無人注意，不然大伯的忠骨恐怕都難保全。」

「當年也是匆匆下葬，希望以後紹文能夠回來好好整修一下，不然我們真對不起大伯。」紹芬說。

「以後還不知道是左是右？姓社姓資？紹文能不能回來？准不准修？都是很大的變數。」純純說：「只要這邊吃了定心丸，不左右搖擺，整修的工作我會和紹地承擔下來。」

「這樣不但大伯會含笑九泉，大媽聽了也會安心。」紹芬說。

她們下山之後就去漢口找旅行社買回九江的船票。從前她們從武昌到漢口都坐渡輪，現在坐公車過長江大橋就可以到漢口，方便不少。

長江大橋橫跨武昌蛇山和漢陽龜山之間，全長一六七〇公尺，正橋八墩九孔，橋高八十公尺，上層是十八公尺寬的公路，可並行六輛汽車，下層是雙線鐵路，火車可以對開。橋下可通大型客貨輪。是一九五七年十月自力完工通車的，從此將武漢三鎮連為一體。

她們在公車上看見黃鶴樓正在重建，據說還要兩年才能完工。

車子通過漢水橋便進入漢口中山大道。中山大道以前是最熱鬧的一條大道。純純、紹芬當年參加保衛大武漢武裝大遊行時，街上人山人海，燈火通明，口號、軍歌，響徹雲霄。如今卻無市面，店鋪也不開門，實在出乎紹芬意料之外。

她們找到旅行社，旅行社的人已經下班。她們便到江漢關江邊看看。當年江邊帆檣如織，江中也停了不少輪船，如今江邊竟看不到一條帆船，江中也沒有輪船拋錨，兩岸之間更無渡輪來往。紹芬還清楚地記得武漢撤退前夕，她和純純一批同學通宵坐在碼頭邊候船開往岳陽，身上還是穿的單黃軍服，寒風刺骨，硬是挺了過來。

躉船碼頭只停了兩隻中型輪船，不知道是上水的還是下水的？滾滾長江，以前是一片渾黃，現在卻是赭紅色，含沙量顯然增加了。洞庭湖既然縮小了，長江會不會變成第二條黃河呢？只有天知道。

「我記得以前江邊的帆船一直停了十幾里路長，怎麼現在這樣冷冷清清？那些帆船究竟到那兒去了呢？」紹玲自言自語起來。

「這能問誰呢？恐怕也只有天知道了！」紹芬說。

她們想找個地方休息吃飯，找了幾條街都沒有找到。想找個麵包店買點吃的東西帶回賓館，也找不到。後來只好到一個公營的食堂吃晚飯，飯後便匆匆趕回武昌賓館。

紹芬以「臺胞」身分請賓館代她買幾張到九江的船票。賓館人員用武漢話對她說：

「您家一個人沒有問題。」

「我們有五個人，要一起走。」紹芬說。

「現在艙位緊張得很，您家一個人買二等艙的票還沒有問題，別人買三等艙的票都有困難。」

「我們國內的人只能坐三等艙，不能坐二等艙。」

「拜託您們幫幫忙，我們五人一道，希望能同船回九江，最好不要分等級。」紹芬說。

「那我也坐三等艙好了。」

「您家是臺胞，和外賓一樣，不能坐三等艙，而且要用外匯券。」

「外匯券沒有問題，只要您們能幫忙買到五張票就行。」

「我給您家試試看？日期可不能限定。」一位中年男人說。

紹芬同意，將外匯券、人民幣如數交給他。他又對紹芬說：

「您家千里迢迢，好不容易來武漢一趟，不妨多住兩天，去東湖、歸元寺那些名勝古蹟的地方看看。」

「這邊交通不便，我們又不能走路去，怎麼玩？」紹芬笑問。

「我可以替您家想想辦法。」他說。

「要先買好了船票我才能安心玩，不然玩得也不開心。」

「您家不要性急，武漢到九江不遠，您家既然不限定日期，不限定二等艙，我可以替您家買到票，您家放心玩好了。」

紹芬謝謝他，五人一道上樓。武漢夜晚燈光昏暗，沒有夜市，她們更不想出去。

「想不到武漢這麼大的都市，也這樣蕭條？和我們三十七年在武漢時完全不一樣。」紹芬說。

「現在日本人不但富比美國，也強了起來。我覺得我們當年抵抗日本人的那場八年戰爭，真是白打了。」純純說。

「大伯、紹忠他們更是白死了！」紹華說。

「先前我在江漢關江邊站的那一陣子，不禁感慨叢生。我忽然想寫一首律詩，回來時坐在公車上已經想好了，要不要我寫給您們看看？」紹芬說。

「我還沒有看過您的律詩，您快寫出來我們大家欣賞一下好了。」純純說。

「我可不是吟風弄月，這和我們兩人大有關係。」紹芬向純純一笑。

「那我更非看不可！」純純高興起來。

紹芬隨手拿過桌上的賓館信紙，用原子筆寫了出來：

劫後重經黃鶴樓，雁聲啼過楚雲秋；

少年投筆頭堪斷，老大還鄉淚不休。

紅蓼白蘋誰復見？長江漢水自東流；
四十五年如一夢，煙波深處總關愁。

「這的確是寫實之作，不是過來人寫不出來。」紹華說。

「說來慚愧，我這個過來人也寫不出來。」純純拿著那張信紙笑說：「當年我們兩人從印度回到重慶，她就寫了那麼多的有關軍中生活和野人山歷險的散文，我連一篇也沒有寫，我的中國文學真是白唸了。」

「您是搞義理的，這是兩條路。」紹芬說。

「當年您們兩人還在廣西打仗，二伯就和大媽談過，我們這些姐妹，以紹芬的才情最高。想不到果然不出大媽、二伯所料，我們都繳了白卷。她少年從軍，並沒有埋沒她的才華。」紹華高興地說。

「這是我第一次看到她的律詩，她不寫律詩實在可惜。」純純說。

「年輕時我也趕時髦，棄舊從新。到臺灣以後，律詩更抬不起頭來，也少有地方發表出版。報紙上偶爾也有那麼一欄、兩欄舊詩，但打油的多，好的太少。看了也提不起我的興趣。說良心話，我是更喜歡絕律詩。只是怕自己眼高手低。所以不敢動筆。這首詩是有感而發，夫子自道。在您們面前，我不怕出醜，所以才寫給您們看看。」紹芬說。

「我們這幾個姐妹的遭遇，既可以寫詩，更可以寫成小說，可是我們就是寫不出來，因此我們的罪也是自受了！」紹華說。

「下輩子我們應該換個腦袋。」紹珍笑說。

「珍姐，大理那個銀蒼玉洱，『天氣常如二三月，花枝不斷四時春』的風、花、雪、月的好地方，您不寫點東西出來，實在辜負了您四年的文學教育。」紹芬故意激她。

「教育歸教育，我缺少您那份才情，哭也哭不出來。」紹珍向她一笑。

「如果您將您那段痛苦經驗，配合蒼山、洱海的風光，民情風俗，寫成小說，那一定會流傳千古。」紹芬接著說。

「我看我是要和蒼山、洱海的草木同枯朽了，除非您替我寫。」紹珍又向紹芬笑笑。她真很想紹芬把她作題材，寫出一本書來。

「珍姐，這種事兒別人很難代筆，」紹芬也向她一笑：「何況我是一個單身，您和姐夫的那種異族感情，我隔靴抓癢不行。」

她們正談話間，樓下服務檯那位代他買票的姓劉的職員，突然陪著一位五十多歲的姓章的男人來敲門。紹芬開門一看，姓劉的便笑著對她說：

「這位是章部長，他特為來看您家。」

紹芬真的受寵若驚，一位部長居然來看她？這是生平第一遭，連說「不敢當」，請他裏面坐。姓章的遞給她一張名片，客氣地說：

「我是專誠來拜訪的。我怕您家有什麼困難？我好隨時替您家解決。船票的事，沒有問題。

明天遊覽東湖、歸元寺的車子，我也派好了，完全聽您家吩咐，您家隨時和這位劉同志聯絡就行了。」

紹芬連聲謝謝。他又客氣地說：

「如果您家有什麼急事，還可以隨時打電話給我，我會叫人立刻辦。我告辭了，您們好好休息。」

紹芬送他出來，他又雙手一張說：

「別客氣，請留步。」

紹芬只好望著他和姓劉的一道離去。

她滿頭霧水地關上門，再看看他的名片，原來他是湖北統戰部長。但他這樣移樽就教，服務到旅館，她也絕沒有想到。她的感慨很多，但不知道怎樣說好？

「託您的福，這一下子我們的問題都解決了。」純純笑說。

「真想不到，我還有一點兒剩餘價值？」紹芬想想也好笑。

第二天剛吃過早點，就有一位作協的副主席梁子才來看紹芬。紹芬是既驚且喜。梁子才畢竟是作家，不拘形跡，談話也很隨便。他走進套房會客間一坐下就說：

「您家是第一位來武漢的臺灣女作家，我們武漢的作家朋友，為了表示歡迎，今天晚上想和您家餐敘餐敘，交換一下文學方面的意見，務請您家賞光。」

「梁先生，我不算是什麼作家，您太抬舉了！」紹芬連忙說：「我怎麼敢驚動大家？」

「您家是前輩，別客氣。我們看了您家的小傳，我還看過您家幾篇大作。今天我特別帶來一本《海外華人作家傳》送給您家。不知道您家有沒有看過這本書？」他隨即從口袋裏掏出一本三十二開本的書遞給她。

紹芬完全不知道有這本書。梁子才翻開書，指著其中一頁給她看，上面赫然印著〈龍紹芬傳〉四個標題字，橫排，佔了整整一頁。她來不及細看，先謝謝他。

「請問武漢有多少女作家？」紹芬問他。

「國內的女作家不多，武漢也少，不像臺灣的女作家那麼當道。」梁子才說。

「也不盡然。」紹芬一笑：「我不但不當道，我也不敢承認自己是作家。」

「這是您家自己謙虛，我是很尊敬您家的。所以我特別約了十幾位作家朋友，晚上歡迎您家，大家隨便聊聊。」

「梁先生，我這次回來純粹是看看親人，不敢拋頭露面。我是一個微不足道的小人物，承您如此抬舉，我實在受寵若驚。」

「您家放心，我們純粹是以文會友，我保證不會見報，不會給您家添麻煩。」梁子才一下就猜中了紹芬的心理。紹芬便不好再拒他於千里之外。

「我們人多，恐怕不大方便？」紹芬隨即拿紹華她們做擋箭牌。

「我們統統歡迎，這沒有什麼不便。」梁子才望望紹華她們說，紹芬便向他一一介紹。梁子才又向她們客套一番。

「我們不是作家，難登大雅，謝謝盛意。」純純藉故推辭。

「有您們幾位一道，談話更方便，務請賞光。」梁子才口才很好，態度也很自然，她們也不能拒絕。

約好之後，梁子才告辭，還說好時間親自來接。

梁子才走後，紹芬怔了半天。紹華笑著問她：

「好好的您發什麼獃？」

「難怪人家是靠筆桿兒起家的，今天我又領教了。」紹芬歎口氣說。

她隨即仔細看看那本書怎樣寫她？一看完她瞿然而起，將書交給紹華說：

「華姐，您看看：他們將我求學的小學、中學都寫了出來，在臺灣都沒有人知道。」

純純也湊過來看，一看到寫出紹芬何時在武漢從軍？何時參加遠征軍？何時開始寫作？何時出版第一本書？也不禁叫了起來。隨即問紹芬：

「這是不是從《臺灣作家傳》中抄過來的？」

「臺灣還沒有出版過這樣的《作家傳》。我人老珠黃，縱然偶爾在什麼地方陪陪榜，也是語焉不詳，那有這樣正確？」

純純再看看，連紹芬的風格、創作精神都寫出來了。不禁笑說：

「連我都不清楚，他們卻瞭如指掌，這教人怎麼說？」

「瞎子吃湯圓，心裏有數，不說也罷。」紹芬苦笑。

「您正好將這本書帶回去做個紀念。」純純說。

「您們留著吧！我不想往自己臉上搽粉，更不想自找麻煩。」紹芬說。

服務檯打電話來通知她們說車子來了，請她們去東湖遊覽。她們便一起下樓。

司機是本地人，三十多歲，姓張，很有禮貌。車子是麵包車，這種車子座位比轎車多，是各地通用的公務車。

司機對東湖風景區很熟，行前向她們做了一番簡報：

「東湖面積有八十七平方公里。湖面三十三平方公里，東、西、南三面丘陵起伏，樹木很多。東湖的梅林就有一百畝，七百多個品種，主要分佈在磨山、和黃鸝灣梅嶺。此外法國梧桐、樟樹、池杉、水杉、雪松，共有兩百五十多種，兩百多萬株。還有苗圃、花圃，一年四季都有花開。」

「有些什麼好花？」紹珍問。大理的花很有名，她想知道東湖的花是不是更好？

「恕我記不清那麼多。」司機坦白地說：「我只能說春天的蘭花、夏天的荷花、秋天的桂花、冬天的梅花最有名。現在桂花還沒有開完，可以聞到桂花香。」

「我們沒有去過東湖，麻煩您導遊好了。」紹芬對他說。

「我勸您們在東湖多玩玩，那邊有餐廳，可以吃午飯，下午順便看看長春觀，再去歸元寺，這樣就不會太累。」

「晚上有人請我們吃晚飯，該不會耽誤吧？」紹芬問。

「我會送您們到餐廳，不會誤事。」司機笑說。

「梁先生會來接我們。」紹芬說。

「他已經打過招呼，也是借這部車子。」

「那好，一切都聽您安排。」

司機便開著車子向東湖前進。武昌所有的街道都種植了法國梧桐，綠陰蔽日，有些小街兩邊的梧桐枝葉交錯，夏天自然陰涼許多，這是和以前大不相同的一點。武昌夏天很熱，紹芬和純純在武昌入伍時，領教了「火爐」的滋味。有了這些大葉梧桐。溫度一定會降低不少。

車到磨山，司機將車子停在山下路邊，對她們說：

「這是磨山，是東湖的六個遊覽區中的一個，可以上去看看。」

紹芬她們看看山很矮，和秦始皇陵不相上下，其實不能稱為山，但樹木茂盛，有臺階可上。司機陪她們上去。山上有亭臺樓閣，更有不少梅樹。雖無梅花可賞，但有桂子飄香。在山上鳥瞰，視野開闊，東湖面積的確不小，比五、六平方公里的杭州西湖大五、六倍，湖水波平如鏡，路珈山大學區也看得很清楚。

紹珍久居洱海之濱、蒼山之下，她覺得磨山東湖不可與洱海、蒼山同日而語。因此她說：

「可惜洱海、蒼山，位在西南邊陲，地點偏僻，不然很多名山勝水，都會黯然失色。」

「如果不是地點偏僻，又是少數民族地區，怎麼會把妳押到那種地方去？」紹華說。

「這樣說來，我是因禍得福了？」紹珍一笑說。

「珍姐，我也有這種感覺。」紹芬笑著點頭。

她們下山之後，司機將車子直開東湖遊覽中心，在餐廳前面欣賞水天一色，鳥飛魚躍美景。今天不是假日，遊客更少，倒也清靜。

司機乘機和她們聊天，向紹芬探聽臺灣情形。他說他父親也在臺灣。

「令尊是什麼時候去臺灣的？住在什麼地方？」紹芬問他。

「我娘說他是四九年同軍隊去臺灣的，那時我還在娘肚子裏，住在什麼地方我也不知道，因為他一直沒有來信。」

「當時他是什麼階級？」紹芬又問。

「我娘說他是上尉。」

「是陸軍還是海軍？」

「陸軍。」

「令堂還想不想他？」

「我娘一直在想他。」

「她有沒有改嫁？」

「當初他們也是戀愛結婚的，感情很好。因為我娘快要生我的關係，不能跟著部隊跑，所以就留在外婆家。想不到這一分別就是三十多年，也不知道我爹是死是活？」

「這些年來並沒打什麼仗，照理他還健在。」

「不知道您家能不能幫助我打聽一下？」

「可以，我一定幫這個忙。」紹芬爽快地說：「請您將令尊的姓名和您的地址告訴我。」

司機立刻寫在一張紙條上，交給紹芬。紹芬又小心地問他：

「要是我打聽到了，寫信告訴您，有沒有妨礙？」

「要是早幾年，我提都不敢提。那時有海外關係，尤其是臺灣關係，就很麻煩。現在風水轉了，臺屬反而受到關照。」司機說。

「這樣說來，要是您父親寫信回來，對您們反而好了？」

「不錯。」司機點點頭：「本來領導也要我娘寫信，我娘因為不知道地址，沒有辦法寫。我擔心的是：恐怕我爹在臺灣另外成家了？」

紹芬不好怎麼說，因為這種事兒很多，也不能怪男人負心，這不是他們的責任。不過是薛平貴、王寶釧的故事重演而已。但薛平貴只離家十八年，而且結局圓滿。而他父親離家已經三十多年，人也老了，還不能回來。縱然老天可憐他們，一旦回來，人也快入土了。

司機看紹芬不作聲，禁不住問：

「阿姨，您家看我是不是多心？」

「不算多心，這是人之常情。」紹芬向他笑笑。

「如果我爹真的在臺灣成了家，我娘就白等了！」

「現在還不一定，等我打聽到您父親的下落之後，我一定會告訴您實情。」

「阿姨，您家真有把握找到我爹嗎？」司機惶惑地望著她說。

「臺灣只有那麼大，報紙、電視、廣播資訊又那麼多，我會用各種方法找他。我相信只要您父親還在，我一定找得到。」紹芬信心十足地對他說。

「那我先謝謝阿姨了！」司機一臉高興地說。

「不用謝，阿姨也是女人，我很敬重您母親。」

「我母親是一位了不起的好母親，多少人勸她改嫁，他為了父親，為了把我撫養成人，不知道受了多少氣，吃了多少苦？還餓暈過幾次，她就是不變心。」司機自豪地說。

「現在您已經成人了，應該好好孝順母親。」

「如果我不孝順，真會天打雷劈！」司機指著藍天說。

「您也是一位難得的好兒子！」大家都誇獎他。

「今天算我三生有幸，遇上了您家這位臺灣來的好阿姨。」司機對紹芬說，又望望純純、紹華她們：「我看得出來，您們這幾位阿姨也都是好人。」

「我們也都和您娘一樣，是不幸的女人。」純純對他說：「只是各人的遭遇不同而已。」

「我雖然沒有見過我爹，不過據我娘說，我爹也是個不幸的男人。他和日本人拚過刺刀，負過傷、做事公私分明，人窮骨頭硬。他不是故意撂下我娘，他實在是沒有能力帶她走。」

「這我瞭解，在臺灣我認識很多像您父親這樣的男人。」紹芬對他說：「他們都和我的年齡差不多，有很多還是單身，他們也和您母親一樣，希望夫妻早日團圓。」

司機看看時間已近中午，請她們進餐廳去坐。今天人少，餐廳裏空空如也。這個餐廳實際上也是公營的食堂，不過因為是風景區，水準比較高，設備也比較好，可以自己點菜。紹芬想好好地招待一下這位年輕的司機，她點了鱖魚、鯿魚。但沒有鱖魚。紹芬請他們弄最大的鯿魚。鯿魚又叫武昌魚，是長江中游有名的魚，但是沒有從前那種三、四斤重的肥魚，只有斤把重的，紹芬請廚子弄兩條。司機好心地對她說：

「阿姨，這種魚要十二塊人民幣一斤，我們武昌人都吃不起，您家要一條就夠了。」

「中午我請您，既然您們很少吃這種魚，那更非弄兩條不可。」紹芬說。同時她想起了一種大家叫「黃鴨頭」的魚，雖不名貴，但十分鮮美，她請司機關照廚子弄一樣黃鴨頭燉豆腐，另外再加炒蛋、紅燒排骨之類的葷菜，一定要夠六個人吃。

司機和廚子商量了一陣，高興地回來說：

「因為您家是遠客、貴客，大師傅特別加敬，一定會使您家滿意。」

「今天中午我們就好好地在這兒吃一頓，不必趕時間，參觀不是什麼大不了的事兒。」紹芬對他說。

「阿姨，我會把握時間，您不必操心。」

紹芬又問此地一般人的待遇和生活情形。司機說：

「一般工資都很低，大學教授才兩百來塊人民幣一個月，中學教員不過百把塊，小學教員更少。」

「您呢？」

「幹我們這一行的還不算太差，我的基本工資只有七、八十塊，不過連『外快』加起來，也有一百多。如果我有車子、幹個體戶，一個月可以賺兩、三千，比幹什麼都好。」司機說。

純純、紹芬立刻想起抗戰時他們這些「手掌乾坤舵，腳踏風火輪」的司機，只要「馬達一響」，就是「黃金萬兩」，尤其是那些從金華走私到大後方，和從雷多公路走私到昆明、重慶的司機，人人都發了「國難財」。

「您們這個行業，一向都好。」紹芬笑說。

「我們這邊有個順口溜：『搞原子彈的，不如賣茶葉蛋的；操手術刀的，不如拿剃頭刀的。』現在最苦的還是那些滿肚子學問的讀書人。他們清湯寡水，任何好處都沾不到邊。從前還罵他們是臭老九，鬥得死去活來。」

「小弟，我們也都是臭老九。」紹華笑說。

「對不起，阿姨，恕我失言。」司機抱歉地說。

「您講的是真話，沒有失言。」紹華安慰他。

廚子手腳俐落，菜很快端上來，都是大盤大碗。要是在臺北，十二個人也吃不完。紹芬關照司機說：

「您年輕，應該多吃菜。我們吃不了多少。」

「不瞞阿姨說，我們一般人一個月的工資，買不到十斤魚，所以沒有人吃魚。這兩年還可以吃飽飯，以前連飯也吃不飽。我們武漢還是魚米之鄉，那些山窩子的窮地方，就更不必說了。」

大家都勸他多吃魚，「黃鴨頭」燉豆腐又嫩又鮮；鯿魚雖不夠肥大，但也鮮嫩。紹芬在臺灣一直沒有吃過。

司機年輕，食量大，他吃得非常開心。紹華她們也很滿意。紹芬對她們說：

「我在臺灣山珍海味吃過不知多少，就是沒有吃到這種家鄉味。」

「阿姨，不怕您見笑，我出娘胎以來，這是第一次吃魚。」司機笑說。

大家要他少吃飯，多吃菜，他還是吃了一大碗飯，把魚連湯帶頭吃完。沒有吃完的炒蛋、紅燒排骨等，紹芬給了他一個小塑膠袋，要他帶回去給母親吃。

飯後，休息了三十分鐘，司機將車子開到蛇山長春觀，這是武漢的道教聖地，供奉元朝道教真人邱處機，邱處機號長春子，這座層樓飛閣、巍峨壯麗的建築就命名為長春觀。此觀曾幾次興毀，現存的四座大殿、一座來城樓、兩座客堂、一座道藏閣和附屬建築，是清朝照明朝建築風格重修的。觀內藏有《道藏》一部、五百靈官和碑刻文物。

紹芬她們都聽過蝶仙談逍遙子、柳敬中的故事，覺得十分親切，很有人情味，一點不神不玄。邱處機大概也是這類人物？

歸元寺在漢陽，司機將車子開過長江大橋，在寺門口停下。

這是一座有三百多年歷史的古寺，古典素雅。寺內供奉了造形、神態都具有中華民族風格的五百尊脫胎漆塑的羅漢相，韋馱殿中的韋馱像更是用整株大柏木雕刻的，都是藝術珍品。藏經閣藏了幾十萬冊佛經。此外還陳列了玉雕、瓷佛、碑碣、書畫。但寺裏只有一個五十左右的和尚。他既不念經，頭上也未燒戒疤，也不理會參觀的香客，他在懶懶散散地掃地。

「我看這個和尚不大像一個出家人？」紹芬輕輕地說。

「阿姨，他也是上下班的。」司機也輕輕對她說。

紹芬聽了好笑，和尚還有上下班的？

她們提早回到賓館。一進門姓劉的就笑著對紹芬說：

「船票已經買好了，而且都是二等艙，明天上午十一點開船。」

他隨即將五張船票交給紹芬，紹芬將錢補給他，又特別謝謝。他向她笑笑：

「這是您家的面子，也是章部長的關照，我可沒有這麼大的神通。」

「不管怎麼說，我都該先謝謝您。」紹芬拿到船票，心裏很高興。姓劉的聽了她的話也很高興。

她們回到房間，洗了臉，休息了一陣，精神很好，正在聊天，梁子才卻來請她們去餐廳。梁子才笑臉迎人，的確是一位很有親和力又十分幹練的中年作家，不像紹芬所想像的那樣。文人到底是文人。

她們到達餐廳時，當地的作家都到齊了，可就是沒有一位女作家。大家交換過名片之後，紹芬看了有些好奇，他們的名片上都印上散文作家、小說家、詩人、評論家這些頭銜，有的還印上一級作家。她的名片卻只有姓名。在臺灣沒有那一位作家敢將作家頭銜印上名片。他們用什麼理事、監事、常務理、監事來代表自己的身分，彷彿那就是對作家、詩人地位的肯定？

紹芬因為對武漢的作家一無所知，自己又一向不敢承認是作家，所以不知道從那兒談起？幸好梁子才很會穿針引線，他將在場的作家簡單扼要地個別介紹了一番，對紹芬介紹得更詳細。其中有一位姓王的大型月刊主編還向紹芬約稿，紹芬不敢貿然答應，他笑著拿出一本前年出版的過期月刊送給她，同時抱歉地說：

「我們轉載過您家一篇寫廬山的散文，當時聯繫不上，今天正好送給您家做個紀念，稿費我也帶來了，只是太少，請您家親自收下，不成敬意。」

紹芬完全沒有想到會有這種事兒？但也不大在乎。臺灣是有很多作家以在大陸發表過文章為無上光榮的。但她聽說過這邊稿費只有十幾塊人民幣一千字，那篇散文才兩千多字，不過三、四十塊人民幣，因此她說：

「刊物我收下，稿費謝了。」

「我知道我們這邊的稿費比不上臺灣，所以我說不成敬意。」姓王的主編說。

「王先生，請別介意，我絕不是嫌少。今天您們看得起我，我怎麼好又吃又拿？其實臺灣什麼都貴，就是文章不值錢，如果我不是另外有份工作，早就餓死了。」

紹芬這一解釋，大家都會心地一笑，氣氛頓時輕鬆起來。接著大家就談到兩邊的稿費和作家的待遇。紹芬問他們：

「聽說您們都拿工資，一字不寫，也照樣可以過日子？我不知道是真是假？因此當面請教。」

他們都笑著點頭。梁子才還指著一位青年作家說：

「他還是一位專業作家。」

「什麼是專業作家？」紹芬從來沒有聽過這個名詞，她不瞭解。

「就是他不必編刊物，不必搞活動，自己一心一意寫作。」梁子才解釋。

「還有這樣好的差事？」紹芬笑了起來。

「這是培植青年作家，尊敬老作家的一個具體辦法，不然文學事業就搞不起來。」梁子才又說。

「您們那邊怎樣？」王主編問紹芬。

「我們那邊作家不能算是一個行業。誰也不給作家一文錢，工作要自己找，寫作是業餘的事，寫不寫誰也不聞不問，稿子賣不賣得掉也是自己的事，稿費多少由主編決定，出書由出版商決定，作品再好，沒有票房價值也出不出來。所以我不敢承認自己是作家，也沒有誰敢把作家印在名片上。我不靠稿費生活，我兩肩扛一口，也不必求人。我是實話實說，信不信由您們？」

大家您望望我，我望望您，不好怎麼說。但對紹芬坦率的態度都很欣賞。

這時章部長突然笑著走了進來。紹芬先向他道謝。他卻抱歉地說：

「明天上午我有事不能送行，車子會準時到賓館送您們幾位上船。請諸位放心，絕不會誤事。」

梁子才隨即向紹芬說：

「章部長是我們的陪客，其實他的文章也寫得很好，不要見外。現在請諸位入席。」

座位已經事先排好，大家按著名次入座，一共是兩桌。紹芬自然是主客。

氣氛很輕鬆融洽，除了談談寫作經歷、生活情形、各地風光外，沒有一句敏感的話。

菜也非常好，這是紹芬一路來吃得最講究、最有排場的一次酒席，她三十多年沒有吃到的鰣魚也吃到了。

回到賓館後，大家笑著對紹芬說：

「今天我們又叨您的光，開了一次洋葷。」

「我看今天的這兩桌酒席不是梁子才請的。」

「不是他是誰？」純純問。

「章部長。」紹芬一笑：「梁子才那有這麼闊氣？」

「看來您這些年來文章也沒有白寫。」純純向紹芬要過那份月刊說：「平心說，這邊對作家是相當照顧尊重的，不然他們不會印在名片上亮相。」

「我知道自己有幾斤幾兩，我不會發燒。」紹芬淡然一笑：「張三尊重也好，李四看不起也好，那都是別人的事。文人就怕骨頭輕，俯仰由人。」

她們聽她這樣說，都不作聲。

第二天上午八點多，梁子才就到賓館送行，他因為有事不能送上船，特別表示歉意。

昨天晚上司機送紹芬她們回賓館時，紹芬給了他一百人民幣，他特別感激。他不但九點鐘就來到賓館，而且他母親也一道來道謝送行。他母親是一位六十來歲的婦人，有大家風範，頭髮雖已花白，臉上輪廓還很整齊，年輕時一定相當標緻。她除了說了一些感激的話之外，又當面拜託紹芬打聽她丈夫的下落。

「不論是死是活？我總希望有個的信。想不到我兒子遇上了您家這位恩人？給我帶來了一線希望。」

「張太太，您言重了！請您放心，我一定盡心盡力替您打聽，一有結果，我就立刻回信。」紹芬對她說。

「今天我就是特為來謝謝您家的，也為您家送行。」她說。

「張太太，這是小事，您不必這樣多禮。」

「在您家看來也許是小事？對我而言可是天大的事！我等了他三十多年……」說著說著，她竟哭了起來。

大家連忙安慰她，她擦擦眼淚抱歉地說：

「真對不起，恕我失態。」

「張太太，您是至情至性，我們都很瞭解。」紹芬說。

她兒子和她隨即幫她們提行李。她們不讓她提，她一再說：

「您們是客，我們母子沒有盡地主之誼，真不好意思。這舉手之勞，您們就別介意。」

她們只好讓他們母子提上車。她們不想讓她送，她說順路，兒子會送她回去。大家就一塊去漢口碼頭。

車到碼頭，客人已經開始上船，她要兒子提行李，她自己提著原先放在車上的一盒點心，一簍簍水果，一道送進二等艙。紹芬不好意思，又很同情她，也謝謝她兒子給她們不少方便，便塞給她一百人民幣。她無論如何不肯收，紹芬費了不少口舌，她才勉強收下。又不斷喃喃自語：

「這真是遇到貴人！遇到觀世音……」

送他們母子下船之後，一回到房艙，紹芬就說：

「這又是牽腸掛肚過一生的女人！真不知道中國人的悲劇什麼時候才能演完？」

第一一〇章 萬里歸來思骨肉 鄉音未改變臺胞

紹華她們四姐妹還清楚地記得民國二十六年大除夕上船逃難到漢口的事，那是她們第一次乘坐江字號的大輪船航行長江之上。那時她們都是少年不識愁滋味，又是跟著天行、蝶仙出門，一切都不必擔心，有一種旅遊的新奇感。雖然被船上的臭蟲咬了一夜，但一上岸，看見漢口的花花世界，很快就忘記了那一夜的痛苦。

紹芬上次從重慶坐飛機還鄉，還帶著最後勝利的喜悅。老家翰林第雖然被日本人拆了，但還能在廢墟上重新蓋幾棟平房居住。這次還鄉她們龍家卻沒有寸土片瓦。紹臣住的那個老店景德瓷莊樓上的房間還得按月繳租金，她們只好住旅館了。紹芬在民國三十八年逃走時，比「喪家之犬」還悽惶，這次隔了三十多年再回來，更是「近鄉情怯」。

純純雖是龍家的媳婦，可是九江龍家的大門也沒有進過，她只是路過九江。倒是在青海的時間比在她自己出生地的北京還長得多。九江不是她的故鄉，她沒有什麼印象，所以也沒有「近鄉情怯」的心理，她對九江的印象還不出白居易〈琵琶行〉的範圍。

「現在已經是秋末冬初，不知道九江是不是『楓葉荻花秋瑟瑟』呢？」她笑問紹華。

「現在不是唐朝，溢浦路既無楓葉、荻花，也沒有『黃蘆苦竹繞宅生』，更無『杜鵑啼血猿哀鳴』。」紹華說。

「華姐，我們離開九江已經很久，您怎麼敢這樣肯定？」紹珍反問紹華。

「水泥地上怎麼能長出這些東西來？」紹華也反問紹珍：「除非這些年來真的把水泥地也翻過來了。」

「船未到九江之前，我們只能談三十多年前的九江，現在怎樣？不好猜想。」紹芬說。

「我枉做龍家的媳婦，對九江一點兒都不瞭解。在船上閒著也是閒著，您們不妨先給我上一課。」純純對她們四姐妹說。

「九江這個名字始於秦朝，」紹華說：「從前又稱潯陽、柴桑、江州。自西漢大將灌嬰築城於溢浦口以來，到現在已經有兩千多年的歷史了，可以稱得上是個歷史文化古城。」

「宋元時代就是陸通五嶺、勢拒三江的通都大邑，是中國的四大米市、三大茶市之一。」紹珍說。

「珍姐，您還忘了瓷市，這也是我們龍家幾代的事業。」紹玲說。

「紹地二哥不是告訴過紹芬說景德瓷莊老早倒了，紹臣二哥也是租自己樓上那間房棲身嗎？還有什麼瓷市？」紹珍反問紹玲。

「照您這樣說來，什麼米市？茶市？不也是吹牛的嗎？」紹玲好笑。

「這就叫做窮人思古債了。」紹珍也不禁好笑。

「那您們還是講古吧？祖先的功勞總不可沒。」純純笑說。

「講古就不能不講到人，」紹芬說：「三國時的名將周瑜，曾經在城內甘棠湖練過水師，那兒還有周瑜點將臺。晉朝田園詩人陶淵明，也是我們九江人的光彩。他不為五斗米折腰的精神，我最佩服。白居易對唐朝的九江雖然不恭維，當時我們九江人還是替他建了琵琶亭、浸月亭。北宋理學家周敦頤，也在甘棠湖浸月亭原處建了一座大型的煙水亭，這是九江人文薈萃的明證。」紹芬說。

「還有宋江在潯陽樓吟反詩，你怎麼不提？」紹玲說。

「純純看過《水滸傳》，她自然知道，還用我提？」紹芬望望純純說。

「照您們這樣說來，九江真是個文化古城了。」純純向她們笑笑。

「但是我覺得九江雖然擁有廬山、鄱陽湖、長江三大得天獨厚的條件，再加上城內的甘棠湖、南門湖，人文方面還是顯得美中不足。過去如此，現在怎樣？那就更難說了。」紹芬說。

「我看我們四姐妹這次回來，也只是最後一次憑弔，誰也無法葉落歸根了！」紹華說。

「我更是無根的浮萍。九江已無片瓦寸土，臺灣也不能生根我變成了中國的吉甫賽人。」

「難道您在臺灣也沒有買房子？」純純問她。

「我兩肩扛一口，住慣了孤兒院，買房子誰住？」紹芬一笑：「死了我還能帶走？」

「您也沒有想到找個老伴兒？」純純又問。

「年輕時我都熬過來了，臨老還自找麻煩？」紹芬笑笑。

「您養了那些孤兒，難道就沒有一兩個孝順的？」

「有是有，大的成家立業之後，有他們自己的世界，我不能妨礙他們。在臺灣就是親生的子女，也不能倚靠，我更沒有做這個指望。」

「要是日後您能回大陸定居，或是我能到臺灣去，我都願意陪您。本來我們兩人就是同患難共生死的。」純純說。

「您怎麼說傻話？」紹芬向她一笑：「您有二哥，還有傳薪，您怎麼能拋開他們陪我？即使真等到了那一天，恐怕我們也早已作古了。剛才我說那種話也不過是一時的感慨。我還能提得起，放得下，我始終認為我不過是一個過客，活一天就盡一天責任，一旦兩眼一閉、兩腿一伸，那就什麼都不必管了。」

下水船很快，不知不覺間就到了黃岡城外赤鼻磯，也就是蘇東坡誤為曹操兵敗的赤壁。她們幾人都想起蘇東坡那首〈念奴嬌．赤壁懷古〉來。五個人您唸幾句，我念幾句，居然唸出這首長調來。

純純望著赤鼻磯，先不自禁地唸著：

「大江東去，浪淘盡，千古風流人物。」

紹華接嘴：

「故壘西邊人道是，三國周郎赤壁。」

紹珍唸：

「亂石崩雲，驚濤裂岸，捲起千堆雪。」

紹玲接嘴：

「江山如畫，一時多少豪傑？」

紹芬唸：

「遙想公瑾當年，小喬初嫁了，雄姿英發。」

純純接嘴：

「羽扇綸巾談笑間，強虜灰飛煙滅。」

紹芬搶著唸：

「故國神遊，多情應笑我，早生華髮。人間如夢，一尊還酹江月。」

她手邊沒有酒，拿起一杯茶，一飲而盡。

濁浪滔滔，驚濤裂岸。長江還是當年的長江，曹孟德也好，周公瑾也好，如今安在？

「蘇東坡懷古，我們懷蘇東坡，將來可沒有人會懷我們。我們還不如江邊的一堆泡沫。」紹芬感慨地說。

「您還可能留下一點作品讓人懷念，我可是來這世界白吃一頓苦，白受一頓罪。」純純說。

「讓人懷念談何容易？我不敢做此妄想。」紹芬搖頭一笑。

「凡是至情至性的作品，一定會留下來。」純純說。

「蘇東坡是至情至性，又才大氣壯，唐宋八大家當中，我很喜歡他的作品。」

「如果您不生為女兒身，您也頗似東坡其人。」純純笑說。

「我吃的苦頭比他多，他雖然官運不好，總算做過杭州太守、侍讀學士。我可沒有做過一天芝麻綠豆的文官，倒做了亡命之徒。我怎麼能和他比？」紹芬不禁好笑。

「要說吃苦受罪，沒有那一代的前賢、百姓，能和我們這一代的臭老九比。」紹華插嘴：「可惜我們自己不成材，沒有蘇東坡那枝生花妙筆。我們從小就天天看著這條滾滾的長江，現在人都老了，連半闋〈念奴嬌〉也寫不出來，更別說《戰爭與和平》、《紅樓夢》那樣的大書了。豈不活該？」

「華姐，別說夢話，」紹珍向紹華一笑：「如果我們也是蘇東坡一流人物，那蘇東坡、托爾斯泰、曹雪芹也就沒有什麼了不起了！」

大家被紹珍說得一笑，隨即打開張太太送的一盒蛋糕分吃。紹芬覺得蛋糕很粗，完全沒有從前漢口、九江的蛋糕那麼細緻，更別說現在臺北做的那麼考究的蛋糕了。

大家看她不吃，以為她嫌蛋糕不好。紹珍對她笑說：

「妳別嫌它粗，我們還買不到呢！」

「我不是嫌它粗，我在臺北也不吃這種東西。」紹芬說。

「為什麼？」紹玲笑問。

「臺北上了年紀的人，都不敢吃這種東西。」

「那又為什麼？」紹珍問。

「因為怕發胖，怕得糖尿病。」紹芬解釋。

「我們可是百無禁忌，能填飽肚子就是好東西。」純純說：「我們四個人，可沒有一個胖子。」

「有錢難買老來瘦，這是好現象。」紹芬笑說：「胖是病根。」

紹玲笑了起來，邊笑邊說：

「我們是餓瘦的，可不是為了健康。」

「我告訴您，臺灣有很多人是撐得太飽了。撐成個大肚皮，現在真的天天節食挨餓。」紹芬也笑著告訴她們。

「這真是過猶不及。」純純說：「我們也以少吃為妙。」

純純吃了一塊就不再吃，她們也不敢吃。

船在黃石市停了很久，過廣濟時天快黑了，她們只好去餐廳吃晚飯。船上賣飯也是以兩計算，紹芬買了四兩飯，她們四人每人買了六兩飯，兩盤菜。船上的米也像臺灣的在來米，但比在來米更硬爽。紹芬來大陸之後，還沒有吃過臺灣那樣又白又軟的蓬來米。

她們昨天晚上拿到船票時，賓館的那位劉先生已先主動代她們打電話到九江南湖賓館訂好了房間，今天早晨結帳時將電話費一起算了進去，而且當面告訴紹芬這件事。紹芬很感謝他，又託他打了一個電報給紹臣。雖然吃完飯已經天黑，但她並不擔心沒有地方住。九江只有那麼大，她們又是本地人，不愁找不到。如果紹臣來接，那更不成問題。

船到九江時，已經九點。燈光很暗。她們下船時，沒有注意到紹臣。紹臣看她們四姐妹一道，便上來打招呼，他太太站在身邊，他們一認出來，不禁淚流滿面。紹芬抱著紹臣的太太叫了聲「二嫂」，不禁哭了出來。紹臣的太太也哭著說：

「小妹，您終於回來了！」

紹華她們都圍了過來。純純還沒有和他們兩夫妻見過面，當年大家都六親不認，尤其是純純這種身分，更不敢認。紹芬、紹珍、紹玲逃走時，他們兩夫妻也受了牽連。純純是犯人，完全掌握在公安手裏，沒有行動自由，也不認識他們兩夫婦。

碼頭上停了一些手拉板車，她們將東西放在板車上，沿著環城路走向南湖賓館。從前九江還有黃包車，現在既無黃包車、三輪車，又無計程車，她們只好走路了。

由於街上種了梧桐樹，枝葉交錯，燈光又暗，顯得陰陰森森。環城路原來相當寬，現在看來反而像一條巷子。

紹芬請紹臣兩夫婦回家，不要他們送到賓館，他們兩人一定要送。他們就邊走邊說。

「小妹，紹地早就寫信告訴我說您回來了，我就天天盼望。但不知道妳那天到九江？也想不到紹華、紹珍、紹玲和純純一道回來，這真使我們兩夫妻喜出望外。」紹臣對紹芬說：「只是現在不比從前，妳們回來還要住旅館，我這個做哥哥的又沒有辦法接待，實在慚愧。」

「二哥，您不說我也知道。能見到您們我就高興，就算沒有白跑一趟。」紹臣是紹君的弟弟，排行老二，紹芬她們都叫他二哥。

「紹義在孔壟，明天我過江去接他。」紹臣又說：「早通知他又沒有地方住，他在城裏還沒有戶口。」

紹芬聽到同胞弟弟處境如此，心裏更難過。兄弟輩以他最小，姊妹輩中以她也最小，她逃往臺灣時，他小學還沒有畢業。因為戰亂他耽誤了學業。

南湖賓館是面對廬山和南門湖的新式旅館。景觀很好，旁邊是第二中學，從前是教會學校同文中學。後面就是她們幾姐妹唸書的儒勵中學，都是男女「貴族學校」。她們幾姐妹對這邊的環境十分熟悉。

她們一到，就在櫃檯登記，賓館知道紹芬是「臺胞」，又是日本東方企業株式會社顧問，對她十分客氣，安排在三樓面對湖光山色的一排好房間，這是招待外賓的房間。服務人員知道她們是本地人，更有一份鄉情。她們也和賓館人員說本地話。連從來不到這種高貴地方的紹臣夫婦，也得到額外的禮遇。

紹芬她們這次回家，長輩一個也見不到，同輩的兄弟就只有紹臣一人，紹芬的哥哥紹禮也死了，只有一位當赤腳醫生的小弟紹義，在九江城裏還沒有戶口，實在令她傷心。她第一件事就是明天去上墳，但她不知道祖墳還有沒有？她問紹臣，紹臣告訴她說：

「幸好祖墳還沒有挖掉，但是並不保險，煉油廠已經蓋到旁邊，隨時都有挖掉的危險。您們這次正該去祭掃祭掃。」

紹芬隨即將帶來的一份禮物送給他，另外多給了他五十塊人民幣，請他準備酒菜紙錢。紹臣卻說：

「小妹，我先跟妳說明，金銀錫箔買不到，紙錢也只有粗火紙，還沒有打洞眼，只能意思意思。」

「二哥，我盡我的心，您看著辦好了。」紹芬說。

時間已經很晚，紹芬催他們早些回去休息。她們姐妹要送，紹臣搖搖頭說：

「我一窮二白，我連房門都不關，沒有什麼好怕的。」

「二哥，今天可要小心一些。」紹芬輕輕對他說。

「沒有那麼巧的事兒，」他向紹芬一笑：「何況搶犯一捉到就會槍斃，人沒有不怕死的。」

紹臣夫婦走後，她們姐妹都歎息流淚，紹芬重重地歎口氣說：

「我們九江龍家是真的完了！」

這一夜大家都沒有睡好，紹芬更是整夜失眠。第二天天一亮她就起床，透過玻璃窗看見甘棠湖、南門湖的湖水依然澄清，只是湖面上的菱角完全沒有了，從前的柳堤現在變成梧桐堤，覺得很不調和。煙水亭好像整修過，以前天祿和郝薔華住的湖邊那一排房屋全拆了，變成了大道，修建了一道九曲橋通到煙水亭。遠處的廬山看來還是那麼青，牯嶺和五老峰還是雲霧繚繞。長江的水渾濁不堪，和市區內澄清的湖水是兩種絕不相同的顏色。

純純、紹華她們也起得早，她們也站在窗口欣賞湖光山色。純純像發現奇蹟似的說：

「我真沒有注意到九江市內還有這麼美的湖！」

「當年薔華嬸就是愛上了這一湖水，才留在九江和天祿哥卜居湖邊的。」紹華說。

她們下樓吃過早點，就一起去堤上散步。過了小石橋，有一塊不小的草坪，靠近湖邊處新建了一座半月形的長廊，長廊兩端各建了一座六角亭，很有對稱美，上面覆蓋著藍色琉璃瓦，看來典雅肅穆。從前這是一處刑場，紹華她們從小就看見不少人在這刑場上斷送了性命，包括她們的祖父龍從雨在內。現在變成了體育場，供人打拳運動，這倒是一件好事兒。從前這座草坪週圍有不少洗衣的婦女，尤其是夏天，砧聲徹夜不停，有一種韻律美。現在沒有了。

她們正在欣賞湖光山色，一位穿著時髦，皮膚似雪、眉目如畫，瓜子臉、滿臉笑意的年輕漂亮小姐向她們走來，笑問：

「請問那位是臺灣來的龍紹芬阿姨？」

紹芬一看見她就喜歡，笑著答應。她連忙自我介紹：

「我是臺辦的廖淑君，剛才我去賓館看您們幾位，他們說您們在湖邊散步，我就趕了過來請安。」

「不敢當，我們去亭子裏聊聊好了。」紹芬指著六角亭說。

她笑著點頭，指著那一排長廊說：

「這是一個好地方，我很喜歡貴地九江。」

「妳不是本地人？」紹芬笑問。

「我是雲南大理人，我父親在九江工作，我們一家人就留了下來。」

「妳是大理人？」紹珍驚喜地問，彷彿遇著鄉親。

廖淑君笑著點頭。紹珍又問：

「妳是白族還是漢人？」

「我是白族。」她笑著回答。

「這真巧！妳這個白族成了九江人，我這個九江人，卻成了大理白族，這真沒有想到！」紹珍說。

「我們大理也是一個不錯的地方。」她說。

「不錯，妳是什麼時候離開大理的？」紹珍問她。

「十歲那年。」她笑著回答。

「我們也是剛從大理來的。」紹芬說。

「阿姨，您們這次回到家鄉，有什麼需要我服務的地方，儘管對我講，我會盡心盡力做到。」她說著隨即遞給紹芬一張名片：「上面有我的電話。我是學文學的，我很愛好文學，我真想向您請教。」

紹芬連說「不敢當」，心裏卻更加喜歡她。她發覺她聰明美麗而又不失淳樸，還有她們青少年時的影子。

她帶了照相機，隨即替她們拍了一張照片。她們也要她合照。紹芬也帶了照相機，是在東京買的那種非常簡便好用的 CANON 牌「傻瓜」照相機，她拍了不少有紀念性的照片。

紹芬告訴她今天要去掃墓，現在沒有黃包車，請她幫忙租一部車子。

「我一定替您們解決這個問題。如果我們的麵包車有空，我會請求派一部麵包車；如果沒有空，我會關照旅行社代租一部。」

紹芬不知道旅行社就設在賓館內，經她一說明，紹芬就決定租車、不想麻煩她。她卻對紹芬說：

「即使今天您們不用麵包車，您們總該去白鹿洞、上廬山，和東林寺、真如寺、龍宮洞玩玩。這兩三天的遊覽，我一定會先安排車子。」

紹芬她們是想上廬山看看。龍宮洞以前聽說過，卻未去過，便向她探問龍宮洞的情形。

「這是一個新開發的風景點，裏面的鐘乳石千奇百怪，比雲南石林還美，尤其是那個高三米，呈圓柱體的金鐘寶塔，宛如一個倒扣的金鐘，它一年只能長一到二十釐米，不知道有多少萬年的歷史了？還有一個大劇院似的大廳，最少可以容幾千人，洞中還可以行舟。此外可參觀的地方實在太多，您們在家鄉多留幾天是值得的。」廖淑君說。

「不知道妳有沒有空去？」紹芬問她。

「我會奉陪。」她笑著回答。

「如果妳能一道去玩，一切費用，由我負責，那我們多留三兩天也好，以後還不知道能不能回來？」紹芬說。

「歡迎您常回來。」她笑容可掬地說：「九江是個好地方。」

「俗話說：『美不美，故鄉水；親不親，故鄉人。』這且不說，就是衝著妳這位可人兒，我也想回來。只怕天不從人願？」紹芬無可奈何地笑笑。

「阿姨，《三國演義》開頭就說：『天下大勢，合久必分，分久必合。』都是自己人，沒有什麼解決不了的問題。您說是不是？」

「我是一個小百姓，是一個沒有聲音的人。何況我的年紀不小了，也不知道有生之年能不能見到兩岸統一？」

「阿姨，不管怎樣？這次我會陪您看看故鄉山水，名勝古蹟。」

「那就謝謝妳了。」

「您們多坐會兒，我還有點事兒，晚上再到賓館來看您們。」她笑著告辭，踏著輕盈的步子離去。

她們望著她的背影，讚不絕口。紹珍欣喜地說：

「想不到一位漂亮的白族姑娘，在九江落戶了？」

「她替故鄉湖山生色不少。」紹芬說。

她們隨即一道去景德瓷莊看紹臣夫婦。她們幾乎不認識這個關著門的老字號店面。五人從小甬道裏走進來，後面的人都驚奇地望著她們，她們一個也不認識，笑著點點頭就踏上那搖搖晃晃的樓梯。紹臣正準備過江去接紹義，他太太也準備出去買香燭、錢紙、酒菜，她們擠在房間裏轉不了身。紹臣對她們說：

「我看索性等我接紹義回來，我們明天再一同去上墳。今天您們隨便在城裏轉轉、看看，我不能陪您們。」

於是他們一道下樓，紹芬想和紹臣一道過江去，紹臣對她說：

「小妹，妳三十多年才回來一次，時間寶貴得很。反正我下午就可以同紹義一道回來，妳們幾姐妹就陪純純參觀一下好了。」

走到街上，紹芬禁不住問紹臣：

「二哥，這條街怎麼變得這麼窄？好像不是以前的大中路了？」

「路還是老路，只是兩邊的梧桐樹都合了起來，所以顯得很窄。」紹臣指指街道兩邊枝葉交錯的梧桐說。

他們就在門口分手，紹臣去江邊搭船到小池口，他太太買東西，紹芬她們去一箭之遙的煙水亭。

沒有走幾步就是溢浦路。紹芬站在路的這端用手指著龍開河的那一端對純純說：

「那邊就是當年白居易的送客處，他的〈琵琶行〉就是在這個季節這個地方寫的。可惜現在您看不到楓葉、荻花了。」

「我們去那邊看看好不好？」純純說。

她們便一道走過去。龍開河直通長江，這是一個避風上下客人的好地方。河邊還停了幾條木船。琵琶亭原先也建在這邊，亭子早已毀了，改建在鎖江樓寶塔那邊，和潯陽樓成一直線，但這兒才是琵琶亭原址。紹芬還記得白居易的好友元稹和明代詩人楊基兩人寫琵琶亭的兩首詩。純純請她唸給大家聽。紹芬說：

「這兩首都是七絕，我先唸元稹的，後唸楊基的，都是兩首好詩。」

夜泊潯陽宿酒樓，琵琶亭畔荻花秋；
雲沈鳥沒事已往，月白風清江自流。

楓葉荻花兩鬢霜，櫻桃楊柳久相忘；
當時莫怪青衫濕，不是琵琶也斷腸。

「不錯，都是兩首好詩，不過我更喜歡楊基的這一首。」純純說。

「明朝詩人張維屏有一首寫琵琶亭的詩也好，妳怎麼不一道唸出來？」紹華問紹芬。

「我記不得那一首，您唸好了。」紹芬說。

紹華也唸了出來：

楓葉荻花何處尋？江州城外柳蔭蔭；
開元法曲無人記，一曲琵琶說到今。

大家都說「好！」純純突然想起什麼似的說：
「我倒想起元稹〈聞樂天授江州司馬〉那首七絕來了！這是一首至情至性的好詩，也可見這兩位大詩人的才情和友情。」
「快唸出來！」紹華急著催她。
純純抑揚頓挫地唸了出來：

殘燈無焰影幢幢，此夕聞君謫九江；
垂死病中驚坐起，暗風吹雨入寒窗！

「這真是一首至情至性之作，真正感人！」紹芬說。
「哦，對了！我又想起元稹的另一首〈得樂天書〉的七絕，同樣感人！」
大家又催她快唸，她又唸了出來：

遠信入門先有淚，妻驚女哭問何如？

尋常不省曾如此，應是江州司馬書。

「從元微之這兩首詩，可以看出他和白樂天的友情純篤深厚。他們的作品不朽，友情也不朽。」紹華說。

「白居易的〈琵琶行〉更使江州潯陽不朽。」純純說：「可惜我是庸才，白來了九江。」

「您這樣說來，我們更加慚愧了。」紹珍、紹玲同聲說。

「本來大詩人作家就是千百年難得一見的。一千多年來，我們九江也只出了一個陶淵明。幸好唐朝還有一個白居易替我們九江壯壯聲勢。不然誰又知道這個湓浦口呢?現在又有幾個九江人知道這段韻事?」紹芬說。

「九江山明水秀，又有陶淵明、白居易的流風餘韻，應該後繼有人。」純純望望紹芬說：「但願您能為九江人爭光。」

「我是一個亡命之徒的女流，那有這種妄想?」紹芬笑了起來：「何況我已經變成了臺胞?」

「若論出身、生死之交，您們兩位應該勝過元微之、白樂天。」紹華望著紹芬和純純說：「您們兩位也不要妄自菲薄?」

「您怎麼把我扯進來了?」純純不禁好笑：「我連甘棠湖的水都沒有喝一口，那來的靈性?」

「那我們現在就去喝喝甘棠湖的水吧！」紹華笑著拉純純往回走。

她們走到湖邊，這邊的地勢原來很低。天祿和郝薔華當年住在湖邊時，夏天往往湖水淹到門口。現在房屋全拆了，地也填高了，變成一條最寬的潯陽路。她們走上九曲橋，走進煙水亭，走進純陽殿，殿中供奉呂洞賓。浸月亭、翠照軒、周瑜點將臺，都連在一起，周瑜塑像英姿煥發，可惜英年早逝。柴桑口臥龍弔孝地點，是不是就在這裏？那就不得而知了。但現在有一位青年正坐在點將臺邊垂釣，倒也悠游自在。坐在這裏望廬山更好。紹珍記得清朝查慎行兩首〈初夏坐煙水亭望廬山二首〉七絕，她說這兩首詩是寫煙水亭兼寫廬山的好詩，大家請她唸了出來：

一奩明鏡插芙蓉，積雨初晴翠靄濃；
萬疊好山看未足，又添雲勢作奇峰。

分明寫入畫圖中，倒影看來上下同；
忽失水中山一半，浪紋吹皺日高風。

「這完全是寫景之作。」純純說。

「以寫景而言，算是好詩。」紹芬接嘴：「但寫景而不抒情，就難感人。白居易的〈琵琶行〉，如果只寫『楓葉荻花秋瑟瑟』，『住近湓江地低濕，黃蘆苦竹繞宅生』，那感人的力量就很有限。但他寫了『千呼萬喚始出來，猶抱琵琶半遮面。轉軸撥弦三兩聲，未成曲調先有情。弦弦掩抑聲聲思，似訴平生不得意。……』他借歌女的酒杯，澆自己心中的塊壘，直到『江州司馬青衫濕』，這才能流傳千古。」

大家不禁鼓掌。純純連說：

「妙論！妙論！您應該到大學裏去開課才是！」

「我又沒有博士學位，臺灣那一家大學會要我這種人教書？」紹芬笑了起來。

「難道臺灣的大學是以學位定學問的嗎？」純純奇怪地望著紹芬說。

「不錯。」紹芬點點頭：「學位愈高，表示學問愈大，而洋博士又比土博士吃香。所以我這個土學士就只能辦孤兒院了。」

「怎麼這樣洋迷信？」純純搖搖頭：「白居易可沒有留過洋，李白、杜甫、曹雪芹、吳敬梓、羅貫中……又有那一位喝過洋水兒？」

「縱然這些大詩人作家現在還活著，也當不上教授。」紹芬笑說。

「那中文系教些什麼？」

「教文字學、訓詁。東教一點，西教一點，當然也教點李白、杜甫、白居易的詩呀！」紹芬說。

「那不笑死人！」純純笑了起來，大家都好笑。

「可就是不教曹雪芹、吳敬梓、羅貫中這些人的小說。」紹芬說。

「那還學什麼文學？這邊的大學還另外開作家班呢！」

「反正我不教書，我也不是作家，不想唬人混飯吃。我又無兒無女，兩肩扛一口，一了百了，我才不生那種閒氣。」

「算了，算了！不關我們的事兒，我們到湖濱餐廳吃飯吧！」紹華拉拉純純，指指湖邊那家餐廳說。

湖濱餐廳是九江最時髦最有規模的一家餐廳。紹芬很想在這裏吃吃家鄉的魚。她領先走進去，用道地的九江話對櫃檯小姐說：

「今天我要純吃魚，請您們弄五、六樣菜，要夠我們五個人吃飽。」

櫃檯小姐聽她一口道地的九江話，而穿著、舉止又不像本地人，用錢又這麼大方，打量了她幾眼，笑著問她：

「請問您是不是臺胞？」

「小姐，隨您怎麼說都好。回到家門口，您們把我當臺胞；在臺灣我又是外省人。反正我是豬八戒照鏡子，兩面都不是人。」紹芬說笑之後，就選了一個靠湖邊的桌子坐下。她們幾姐妹都用本地話交談。

餐廳裏的人都驚奇地望著紹芬，她毫不在意，一面談話，一面望望廬山。她忽然看見有一條魚跳出水面，她走到欄杆邊向水中觀看，一群游鰺正在水面浮游。她在臺灣沒有看過這種鰺魚，她又回到少年歲月。她唸中學時曾在湖邊釣過這種游鰺。這種魚很饞，很容易上鉤。她曾經看過不少釣魚的老手，用蜘蛛網捻成團子掛在鉤上作餌，不停地在水面唰唰地釣，一連可以釣起很多條，她沒有這種技巧。

純純她們也圍過來看。紹華指著游鰺對純純說：

「這種鰺魚曬個半濕乾，用油炸來吃，味道最好。」

「自民國二十六年底離家之後，我就沒有吃過。不知道今天能不能吃到？」紹芬望望紹華說。

「你又沒有點這一樣菜，他們未必會弄。」紹華說。

一位年輕的女服務員走了過來，看她們看得出神，不忍叫她們。直到那群鰺魚受了驚，統統潛入水中，才叫她們吃飯。她們走過來一看，桌上擺好了五菜：

糖醋鱖魚、大蒜紅燒鰺魚、韭黃炒黃鱔、鰱魚頭燉豆腐、蛋炒銀魚。

紹芬看了一笑說：

「想不到他們真的讓我們純吃魚！又是大盤大碗，大家可要努力加餐，不然吃不完。」

桌上另外放了一大缽飯，每人面前一隻大飯碗，由她們自己添，沒有人服侍，這和從前她們上館子有人小心侍候大不相同。

紹芬只添了一瓢飯，四分之一碗。她勸大家多吃魚。她自己更是大過魚癮。她覺得比東湖那一頓吃得還有味。她準備晚上請紹臣夫婦和她弟弟紹義來這裏吃。

餐廳人員看她們吃得津津有味，也很高興。結帳時紹芬對櫃台小姐說：

「晚上我們還要來吃晚飯，中午的菜不變，另外加一樣活鯽魚，隨您們怎麼弄。」付過錢之後她們就走了出來，剛走出門口，紹芬就聽見櫃檯小姐輕輕地說：

「到底是臺灣來的。」

紹芬聽了好笑，也自言自語：

「回到自己家門口，我好像成了外國人？」

「妳不知道，這一頓飯差不多吃掉她一個月的工資！」紹華說。

「真是罪過！我不是存心擺闊，我是三十多年沒有吃過家鄉的淡水魚。」紹芬笑說：「還不知道以後能不能再回來？」

她們隨即去能仁寺，看那有一千多年歷史的寶塔。

能仁寺沒有毀，寶塔也是老樣子，塔頂的樹也沒有長大，只是又添了幾則神話。能仁寺離她們唸書的中學很近，現在這座著名的貴族女校已經和隔壁的貴族男校合併了，她們沒有進去。

看了能仁寺寶塔又去看鎖江樓寶塔。鎖江樓寶塔剛好慶祝過建塔四百週年，整修了一番，使這座聳立在江邊的危塔，安然無恙。只是塔後的中學和附近的藕塘都不見了。紹芬她們很懷念那個大藕塘。

「光華中學不見了，那個大塘怎麼也不見了？」紹芬不禁自言自語。

「可惜那一塘的蓮藕！」紹珍惋惜地說。

純純問是怎麼回事？紹芬指著那一大片工廠宿舍說：

「從前那邊是一個豬腰子似的大塘，每年五、六月間，一塘的荷花，真是出水芙蓉，說多美就有多美，我總是一來就看半天捨不得回家。不到中秋，嫩蓮蓬就上市，我一吃就是好幾個。冬天的藕又長又粗，燉臘肉吃又香又粉，藕吃在嘴裏絲還不斷，湯是粉紅色，味道好得我也說不上來。您看，那麼美的塘，變成這麼醜的宿舍，工廠又冒黑煙，您說多可惜？寶塔下面在建長江大橋，那倒是一件大好事兒。」

「您這話說給誰聽？」紹玲望著紹芬好笑。

「我說給純純聽，」紹芬也好笑：「純純沒有見過，她不知道。」

「你對琵琶亭、潯陽樓，又有什麼高見？」紹玲指著寶塔下邊的琵琶亭和上邊的潯陽樓問紹芬。

「琵琶亭應該建在原處，才符史實。而且旁邊應該種幾棵楓樹，一片蘆荻，這才更美。」紹芬笑說。

「可惜事先沒有人請您設計。」紹玲故意氣她。

「我是臺胞，算我狗拿耗子，多管閒事。」紹芬又自嘲起來。

紹芬忽然豪興大發，建議上塔頂看。她笑著對大家說：

「我聽人說過，登上鎖江樓的塔頂，可以望見武漢三鎮。今天天氣很好，我們不妨上去望望。」

她的身體一向健康，平時又注意運動，除了參加了一個太極拳學會外，還參加一個登山社，她每天清早要打一趟太極拳，而且基本功夫練得很好，腰十分柔軟，一彎腰頭可以貼住兩隻小腿，人就摺疊起來，中間連手指兒都插不進去。假日登山，比年輕人還敏捷，下雨天也從不摔跤。紹華不知底細，笑問：

「妳還能爬上去嗎？」

紹芬故意笑而不答。純純瞭解紹芬的身手，笑著對紹華說：

「您別擔心她。當年在野人山，要不是她教我那一招，我早就和劉安娜一樣被洪水沖走了！」

她們四人在勞改時也經過磨練，從未養尊處優，便鼓起勇氣，跟著紹芬往上爬。

紹芬因為經常爬臺北大屯山、七星山，也登過大霸尖山、玉山，上九層寶塔實在是毫不費力。她一口氣跑上塔頂，純純落後兩層，紹玲、紹珍、紹華才依次一個個爬了上來。紹華喘著氣，指著紹芬笑說：

「她真是樣樣都比我們強！原先我還以為她在台灣養尊處優，是銀樣蠟槍頭，我真小看了她。」

「華姐，您也不想想，當年我是怎樣從軍的？您們不都看扁了我嗎？這些年來我在臺灣也是『臥薪嘗膽』，沒有享過一天福。何況我是孤家寡人，我不自立自強，誰來服侍我？」

「現在我是真服了妳！」紹玲一面擦汗一面笑說。

「我是早就服了她。」純純笑說。

「要不要我在您們面前獻一次醜?」紹芬看看塔下無人,塔上更無人,笑著問大家。

大家不知道她會要什麼花樣?但都知道她往往深藏不露,就像在武漢寫的那首律詩一樣,以前也沒有看她寫過,這次又一口氣跑上塔頂,自然更不敢小看她了。

「妳有寶就獻寶吧?」紹華笑說:「反正這兒沒有外人,丟醜也是丟在自己人面前,我們不說出去就行了。」

「華姐,您可千萬不能張揚,不然我真見不得人!」紹芬故意鄭重其事地說。

「放心,我們會顧全妳的面子。我們龍家丟人已經丟多了,不能讓妳回來再丟人!」紹玲笑說。

「玲姐,您是從小就愛看我出洋相的,我就讓您再看一次吧?」

紹芬說著雙腿一併,腰一彎,頭就緊緊地貼在腳背上的兩腿之間,還笑著對紹玲說:

「玲姐,您將手指兒插進來看看?」

紹玲將五指用力插去,怎樣也插不進。她再改用一根食指插,也插不進去,笑著在紹芬背上捶了一拳:

「妳這個鬼東西!妳是怎麼練的?」

紹芬猛然抬起頭來,身子挺得筆直,笑著回答:

「告訴您,我天天清早練,練了整整二十五年。回大陸後,一次也沒有練過,我怕關節僵了,所以爬上塔頂來試試。幸好,這點兒功夫還沒有回去。」

「想不到她還是像小時候那麼淘氣！」紹華向純純笑說。

「華姐，俗話說：『老小、老小。』我年紀愈大，愈要保持赤子之心。我絕不會老氣橫秋。我一生就不會裝模作樣。但是走起路來，我卻是一步一個腳印兒。」

「說真的，我們幾姐妹都抵不上她。」紹華輕輕對純純說。

「華姐，這可是您說的？」紹芬聽覺靈敏，她立刻笑著頂住紹華：「我可沒有往自己臉上擦粉。」

「這真是君子報仇，三十年不晚。妳存心找我出氣是不是？」紹華笑著反問。

紹芬格格一笑，身子一旋，又領先跑了下來。

紹華她們幾姐妹一個個下來，紹玲一走出塔門口，突然唉了一聲說：

「糟糕！我們在塔上只顧和她胡扯，忘了望望武漢三鎮，這豈不是白朝了一趟南海？」

紹芬聽了笑了起來，嘲笑她說：

「玲姐，您總是入寶山而空還，這怎麼能怪我？」

「難道您真的望到了武漢三鎮？」

「我當然望到了？誰教您去遲了呢？」紹芬笑說：「不信，您再上去看看！」

紹玲氣得腳一跺，抬頭望望塔頂上的那株幾十年來還沒有長大的小樹，自己也笑了起來。

「今天我突然年輕了五十歲！」紹華笑著對純純說，卻笑出了眼淚。

「彼此彼此。」純純也笑著回答。

「純純，我是哭著逃出去的。」紹芬也對純純說：「這次回來，我不能再哭著逃走。我要和大家在塔頂上笑笑，留個紀念。」

她們又一路說笑走回賓館。

走在半路上，紹芬突然提議要去原先是龍家的翰林第看看。這座翰林第抗戰時被日軍夷為平地，勝利後龍家又在原地蓋了幾棟平房暫住，紹芬就是趁黑夜從平房逃走的。她知道那幾棟平房也早已沒收，但她還是想去憑弔一下，反正順路。

紹芬走到自己的平房門前，駐足打量了一會。房屋已經破舊，裏面住的好像不止一家？裏面的人看她在門前打量，不免有些奇怪？一位中年男人走了出來，操著北方口音問她：

「請問妳找誰？」

紹芬靈機一動，故意說：

「我找一位姓龍的親戚。」

那人也上下打量她，看她的穿著和本地人不一樣，又是一口的普通話，過了一會才說：

「恐怕您找錯了地方？這兒沒有姓龍的。」

「我明明記得這房子原是龍家的，早先還是翰林第呢！」

「聽說那是很久以前的事兒。龍家的人早就死的死，逃的逃了。」那男的向她一笑說。

「真想不到，龍家怎麼敗得這麼慘？」紹芬故意置身事外地說。

「聽說龍家原先是個大財主、大惡霸，是掃地出門的。」

紹芬本來有些生氣，但她還是按捺了下來，反而笑著問他：

「您聽誰說的？」

「房管局的人說的。」

「您看我像不像個大惡霸？」紹芬指著自己的鼻尖問他。

他仔細打量了她一眼，覺得有些奇怪？最後還是搖搖頭。

「我告訴您，我就是三十年前從這個屋子裏逃出去的。」紹芬笑著對他說。

那人聽了一怔，幾乎跳起來說：

「原來您就是龍家的後代？」

「不錯。」紹芬笑著點點頭。又指著紹華她們說：「不但我是，她們都是我的堂姐。」

那人連忙請她們進去坐坐。紹芬連聲謝謝：

「對不起，恕我打擾了！」

「這真想不到！請問您們是從那兒來的？」

「我們是一群喪家之犬，一下子也說不清楚。」紹芬輕輕對他說：「先生，有些事兒是不能以耳代目的。對不起，打擾了！請多多包涵。」

說完她轉身就走。紹華她們也笑著和那人打過招呼，才跟隨紹芬一道離開。

「妳怎麼突然心血來潮，要到老家來看看？」紹玲問紹芬。

「既然回來，順便看看老家，總不犯法？」紹芬回答。

「妳也不怕惹麻煩？」紹珍問。

「我既不向他們要房子、又沒有進屋喝一口茶，這有什麼麻煩？」

「妳不怕他打小報告？」

「那不正好？」紹芬一笑：「如果我不說清楚，我們還要繼續揹著惡霸的黑鍋呢！」

她們邊走邊說，不知不覺來到賓館門口。

紹臣和紹義從湖邊的石凳上站了起來，在大門外迎著她們。紹義叫了紹芬她們一聲姐姐，就眼圈一紅，想哭。

紹芬看他頭髮蓬亂，鬍鬚有寸把長，褲腳捲起一截，一副潦倒不修邊幅的樣子。完全不像她逃走時那個方面大耳，一副富貴相的小弟，有些大惑不解，也不勝辛酸，但她並未落淚，她請他們兩人一道去樓上房間再談。

大家進了房間，她給他們兩人倒了開水，再問紹義的生活情形。

紹義講了一大篇，很多都有共同性，比較不同的是受了她逃到臺灣的影響，格外受到迫害歧視，吃了更多的苦，門牙打掉三顆，還吊著三十多公斤的鐵板，戴著高帽子遊街，差點鬥死。

「你現在有沒有什麼打算？」紹芬問他。

「我想把戶口遷到城裏來，在城裏謀生。」他說。

紹芬問紹臣有沒有可能？紹臣說：

「遷移戶口最難，除非有特別理由，特別關係。」紹臣說。

「你有什麼特別理由沒有?」紹芬對紹義說:「我可沒有什麼特別關係。」

「其實特別理由是騙人編的,特別關係才最重要。這邊處處都講關係。」紹義說。

「你現在懂事了,應該知道我是怎麼逃出去的?」紹芬對他說:「為了解決你眼面前的生活問題,如果錢能辦到,只要你有主意,我會盡力替你解決。長遠的事兒,紹天、龍子兩位大哥已經有具體計畫,不過緩不濟急,你自己也要多做準備,看看日後能不能派上用場?因為那不是吃大鍋飯,更不是從前在家中當小少爺,這你也要有個心理準備。」

紹義沒有受什麼教育,初中還沒有畢業,完全是憑點小聰明,看了一些中醫偏方,和幾本醫書,便替人治病,也醫好了鄉下人一些疑難雜症,就當起赤腳醫生來。他聽紹芬這樣說,不免有些失望,不知道怎樣說好?

「你能不能參加什麼中醫講習?中醫考試?」紹芬又問。

「那要等機會,考不考得起也沒有把握。」他說。

「你現在每月能賺多少錢?能不能維持生活?」

「這可不一定,有時一文也賺不到,有時一個月也能賺幾十百把塊。我連吃帶住,一個月大約要七、八十塊。」

紹芬盤算了一下,便對他說:

「這倒好辦。我給你一千美金,即使你一文收入也沒有,也可以維持四、五年生活。但要存在銀行裏拿利息,不能放在手邊花。你看怎樣?」

他先是一喜，隨後又似乎不大滿意，半天沒有作聲。

紹芬看他抽菸，又不修邊，有這邊吃大鍋飯的依賴習性，又是一個單身，所以不放心他將錢放在身邊。因此又說：

「今天我會另外給你一份見面禮，放在身邊作為應急之用。」紹芬說著拿出一隻手錶、一隻金戒、三百美金交給他。

紹義拿到手錶、金戒和三百美金，便滿心歡喜地一笑。紹芬又對他說：

「明天上午我們三人一道去銀行，當著二哥的面，將一千美金存入你的戶頭，你一年提一次息錢，這樣比較保險。以後的事兒再慢慢來。紹天大哥在這邊投資，不光是為他打算，也是為了解決這邊我們龍家人的問題。但你不可心存依賴，要力求上進才是。」

說完她就對紹臣說：

「二哥，我們一道去湖濱餐廳吃晚飯，請二嫂一道。」

「那我和紹義先回家一下。」紹臣站起來說：「你們隨後去，不必和我們一道。」

紹芬問是什麼原因？他以安排紹義住的地方搪塞過去。他年到力到，他是怕他們一道在街上走，失了紹芬的面子。

他們走後，紹芬心裏很難過。她一方面同情紹義，一方面又有些失望，覺得他懶懶散散，不像一個有進取心的人。難道是受了吃大鍋飯的風氣和制度的影響嗎？

紹華她們瞭解紹芬的心思，也不好說什麼。紹芬卻對紹華說：

「華姐，您看紹義是不是應了兩句古話兒：『窮人窮，一條龍，富人窮，放屁蟲？』」

紹華她們被她說得一笑，純純卻笑著對紹芬說：

「能像您這樣自己跌倒自己爬起來的人，男子漢當中也沒有幾個。」

「自己不爬起來行嗎？」紹芬反問純純：「我看我們九江龍家是真的完了！」

「可惜她是女兒身，不然她能撐起這半邊天。」紹華抹著眼淚對純純說。

「走！我們出去吃飯。」紹芬擦擦眼淚又矍然而起。

她們來到餐廳時，紹臣夫婦、紹義，三十多年來第一次同桌吃飯，也是紹臣夫婦和紹義第一次吃到這麼多魚。紹芬勸他們多吃。紹義卻說：

「姐，這一頓飯要吃掉我幾個月的生活費。」

「我三十多年才回來一次，你儘管吃，能知道艱難就好。」紹芬說。

紹臣太太告訴紹芬，掃墓的酒菜紙錢等已經準備好了，明天上午可以上墳。紹芬問紹臣一部麵包車夠不夠？紹臣看看左右的人，點點頭說：

「夠了。現在九江就只有我們這幾個人。大嫂早已改嫁，沒有來往。您姪子早就死在北朝鮮。往日只有我們兩夫妻和紹義上墳，這次算是人最多的了。」

他話中的「大嫂」是指紹君的太太，「姪子」是指他自己的兒子。

晚餐的魚比午餐還好，尤其是豆鼓蒸鯽魚，紹芬三十多年都沒有吃過，但晚餐卻沒有午餐吃得開心。

紹芬怕廖淑君到賓館等她，席間已和紹臣、紹義約好，明天上午九點在銀行見面存款，然後一道去上墳。吃過飯後她們五人就趕回賓館。

她們回賓館不久，廖淑君偕同本地作協兼文聯主席江流來拜訪。江流是一位四十來歲，看來有些豪氣的人。廖淑君告訴紹芬，首長們要宴請她，文友們也要歡宴，問紹芬時間怎樣安排？紹芬統統婉謝。廖淑君對她說：

「阿姨，首長們是一片誠心，家鄉的文友們更不必說。您這麼多年沒有回來，怎能不和大家敘敘鄉情呢？」

「是呀，我就是怕您不肯賞光，所以親自出馬來請。本地文友都很想瞻仰瞻仰您的風采，親自請教。」江流接著說。

「江先生，您們實在太抬舉我了！我既非作家，也不是有頭有臉的人物，您們的盛情，我心領就是。」紹芬說。

「阿姨，我想和您借一步說話。」廖淑君看流江臉上有些掛不住，連忙把紹芬拉進房裏去。

紹芬歡喜廖淑君，看她這麼善體人意，進房之後坐在梳妝檯邊笑著問她：

「妳有什麼話兒要和我在房裏講？」

「阿姨，您自己謙虛不打緊，不知者會以為您是在家鄉人面前端架子。請您相信我，他們的確是一番誠意，沒有任何目的。」

「妳也要知道，我也有很多不便。我是一個最不會端架子的人。」

「這我知道。」廖淑君一笑：「大家也會體諒。我說好了『見光死』，您想他們會搬石頭砸自己的腳嗎？」

紹芬真沒想到她年紀輕輕，竟這麼聰明，善解人意，不禁摟著她說：

「我相信妳的話，不過我也是真的不想打擾大家。」

「這也不算什麼打擾，您也不是天天回來。」

「明天上午我們要去掃墓，中午恐怕趕不回來。」

「晚上應該有時間了？」

「還不知道臨時有沒有事兒？」

「那明天晚上讓給我安排好不好？」

「本地的文友大概不多，可不可以同時見見面？不要另外興師動眾，我實在不敢多打擾。」

「好吧，那我們出去和江主席商酌一下。」

她們又一道走到套房外間。廖淑君很會講話，江流完全聽她的。吃飯的事兒就那麼決定了。

隨後她又和紹芬商量參觀地點。紹芬和純純她們斟酌，以古蹟寺廟為主，龍宮洞方向相反，決定放棄。這樣以三天的時間，可以參觀白鹿洞，在山上住一夜，再順道參觀東林寺，轉往雲居山參觀真如寺。山南的棲賢寺、萬杉寺、秀峰寺、歸宗寺這幾座古剎全毀了，不必去。

一切定妥之後，紹芬又將廖淑君帶進內間，悄悄地送她一隻女錶，幾雙玻璃絲襪。另外拿出一條領帶，一枝金色原子筆送江流，江流十分高興。他有事先走，廖淑君留下來和她們幾人聊天。紹芬她們都不知道九江的人事情形，有那些作家也不知道。廖淑君說：

「九江的作家都很年輕，但以江流的名氣最大。」

「他是寫什麼的？」紹芬問。

「他是詩人兼劇作家，得過百花獎、金雞獎。」廖淑君說。

「那我失敬了！」

「您是鄉前輩，他不會見怪。」

「照理，我們九江是應該出幾個文人的，但願江先生能為家鄉爭光。」紹芬笑說：「妳現在也是九江人，我更希望妳以洱海、蒼山的靈氣，再加上廬山、鄱陽湖、長江和甘棠湖、南門湖的靈氣，為我們九江女人爭口氣。」

「阿姨，您太抬舉我了，」廖淑君一笑：「我能趕上您就好了。」

「阿姨不成材，妳要取法乎上。」

「阿姨，我看得出來，您才是大才。我可沒有您的生活經驗和氣魄。」

紹芬聽了又喜又驚，覺得她年紀輕輕，卻有一般女孩子所沒有的見識、眼力，這是天賦，是學不來的。紹芬看著她又立刻想到奇衣曼。她們兩人年齡不相上下，卻各有千秋。能夠認識她們兩人，她認為是此行的一大收穫。

廖淑君看紹芬不作聲，忽然問她：

「阿姨，你有沒有葉落歸根的打算？」

「我已經沒有根了，怎麼能歸呢？」紹芬黯然一笑。

「要是您能回來，我可以經常向您請教。」

「這問題太複雜、太困難。不是我想不想的問題，也不是我們兩人能夠解決的。」

「希望這個死結，有一天我們能共同解開。大家都是中國人，能共同努力多好？」

「難得妳有這種看法。」紹芬誇獎她，純純她們也一致稱讚。

「阿姨，您相信我，我說的是良心話。您過的橋比我走的路還多，我還和您搞什麼統戰？」

紹芬禁不住把她攬進懷裏，眼淚都快流出來，又高興地拍拍她說：

「妳有這種想法，中國還有希望。」

「我並沒有因為我是白族，我就不這樣想。」

「這更難能可貴。」純純說。

「阿姨，我覺得人類的毛病全出在一個『私』字上，如果去掉這個『私』字，還有什麼問題不能解決？」

「妳講得很對，」紹芬連連點點頭：「可是這種話最好不要隨便講。」

「不該講的地方我當然不講，該講的地方我還是要講。」

「妳太年輕，我希望妳能保護自己。」紹芬說。

「謝謝阿姨。」

「因為我們五個人這一生吃盡了苦頭，能夠活到現在很不容易。希望妳這一生比我們幸福。」

廖淑君懷著感謝的心情告辭。紹芬送走她之後感慨地說：

「這真是一個難得的好女兒，美麗、聰明而又坦誠，沒有一點八股味兒。這也是一個異數。如果不是隔了一條海峽，我真想收她做乾女兒。」

「其實也沒有什麼關係。」純純說。

「這關係可不小。她不能去，我也不容易來，豈不彼此牽腸掛肚？我們這一輩子受的還不夠？」紹芬說。

純純也覺得無奈，只好睡覺。

第二天吃過早點，她們租了一部麵包車，開到銀行。紹臣夫婦和紹義已經先到。紹芬辦好紹義的存款手續之後，就直接開往祖墳山。

沿途的情形已經改變不少，她們幾乎認不出來。最明顯的是工廠多了，天空冒出不少黑煙。祖墳山週圍的環境也完全變了，山不再像臥龍，斷成一節節的死蛇。墓地前面的一泓湖水也乾了，還亂七八糟地橫排著一些電纜、油管，墓地縮在一個小山窩裏，顯得十分閉塞。墳墓倒添了不少，龍從風、龍從雨以下的天字輩都葬在這裏，紹芬的父母自然也在其中。龍老夫人和丈夫龍尚書的墓碑已經長了青苔，墳上雜草很深，週圍的松樹反而奄奄一息，一點也沒有長大長高。

紹臣夫婦將酒菜供在中間，將紙錢分散在各個墳前，紹義燃放鞭砲之後，她們幾姐妹都哭了起來，和純純從曾祖龍繼堯夫婦墳前拜起，依次一個個地拜，拜一個哭一個，拜到自己的父母和同胞兄弟墳前，更是放聲大哭，純純也陪著流淚。紹字輩抗日陣亡犧牲的，卻一個也沒有葬上祖墳山。紹武、紹忠、紹雄、紹勇的屍骨都不知道在什麼地方？龍從雲夫婦和周素真葬在沙坪壩，一直無人祭掃。天放葬在武昌洪山，她們這次才去上墳。

她們跪拜完畢之後，還是流淚眼對流淚眼，她們有哭不完的傷心事。她們四姐妹一想到這是最後一次祭掃更想哭。紹臣更擔心祖墳山保不住，自己死無葬身之地。

他們回到城裏後，在一家食堂草草吃了一頓午餐，就送紹義過江。他在九江沒有住處，要趕回孔壟。紹芬在江邊叮嚀了他一番，又流了一次眼淚。

紹臣夫婦回家，她們回賓館。

她們回賓館後，悶悶不樂了半天。紹芬望著南門湖和廬山發獃。這個她生於斯、長於斯的地方，現在沒有一樣東西是屬於她的，連個落腳的地方都沒有，她完全是個過客，連她弟弟也是個過客。

「這次回九江之後，我更覺得我們幾姐妹是再也回不來了！」紹芬突然感傷地說。

「所以我們要好好地珍惜這一段日子。」紹芬說。

因為大家心情不好，晚上的應酬也就虛應故事一番，很早就回賓館休息。因為廖淑君安排了明天上廬山，上午八點鐘就出發。

這天晚上睡得也早，紹芬一進入睡鄉就做夢。她一下子回到小學時代，她住在老翰林第裏，一家大小二、三十口人和樂融融，十分熱鬧。門前池塘裏的荷花開得十分漂亮，金魚、錦鯉在亭亭如蓋的綠色的荷葉下悠游自在，荷葉上的露珠兒像珍珠兒似的滾來滾去。她和紹華、紹玲四姐妹在荷花池邊追逐玩耍。她看見一朵剛開的帶露的荷花鮮艷欲滴，便伸手去摘，沒想到清早的露水濕了池邊的鵝卵石，她腳一滑，人便撲通一聲跌進荷花池塘裏。紹華她們尖叫，幸好梁忠一個箭步趕來，把她提了起來，她一驚而醒。醒來之後，左思右想，一直睡不著。

早晨起來之後，她和紹華她們談起昨夜的夢。紹華對她說：

「我以前也做過類似的夢，這就叫做窮人思古債。」

「這不是窮人思古債，我們也討不回來。」紹芬說：「我只是念舊。今天上廬山之後，我還想去頤園看看。」

「我也有這個意思。」紹珍說：「據說人死之後，會到生前所到過的地方再走一趟，叫做『收腳跡』。我們這次回九江來，就算收腳跡吧！」

「那死後不是還要來一次？」紹玲說。

「死後的事兒誰也不知道？不如生前收了再說。」紹珍又說：「我看我這一輩子是再也回不來了。」

她們匆匆下樓吃早餐。剛吃完早點，廖淑君就坐著麵包車過來。今天是星期六，她陪紹芬她們算是出公差。

紹芬她們只保留一個房間，回來之後也只住一夜，第二天就乘機直飛北京，機票已經訂好，旅行社就在旅館裏，很方便。

現在上廬山不必走蓮花洞爬好漢坡，有公路直達牯嶺。走山南公路可順道遊白鹿洞。廖淑君就是這樣安排。

這條新開的公路紹芬她們都沒有走過，到白鹿洞還不是山路，因為白鹿洞是在五老峰的腳下，路還相當平坦。

白鹿洞是唐朝李勃讀書的地方。貞元元年，李勃和他哥哥都隱居在這裏。李勃養了一隻白鹿，很馴，李勃到那裏牠跟到那裏。他居的山洞週圍松樹參天，水環山抱，環境清幽，白鹿相隨，所以後人稱為白鹿洞。西元八二五到八二六年，他作江州刺史，還常來這裏休假，因此洞名大噪。

白鹿洞也是中國最早的一個書院。唐朝末年就有不少學者來這裏講學。宋朝初年，擴大為書院，與岳麓、睢陽、石鼓，並稱天下四大書院。朱熹不但在白鹿洞講學，還親自制訂院規。原有古代建築三百六十五間，殿堂書屋、亭臺樓榭、小橋蓮池、石坊牌額俱全，名人石刻更多，「文革」時倖免於難。

車行一個小時左右，就到洞外。她們六人循著矮矮的石級，走進刻著「白鹿書院」的大門，所有的建築都古色古香，一進門就彷彿回到唐宋時代，高大的松樹是別的地方少有的，連岳麓書院也比不上。

院內碑刻擺滿了一個長廊。雖然比不上西安的碑林，但以一個書院來說，已經夠多了。朱熹的院規「己所不欲，勿施於人；行有不得，反求諸己」，「正其誼，不謀其利；明其道，不計其功。」等，都刻在碑上。一座白色石鹿和碑文，更是白鹿洞的標誌。

紹芬非常歡喜這種古典風格的建築，和這裏的清幽環境。她自言自語地說：

「如果容許我在這兒久居，我真願在此終老。」

「阿姨，臺灣有沒有這種書院？」廖淑君問。

「臺灣那有這麼久的歷史文化？怎麼會有這種書院？」紹芬說：「歷史文化不是速食麵，不是麥當勞，是靠時間慢慢堆積的。你們的洱海、蒼山也是山明水秀的好地方，可就是沒有李勃、沒有朱熹，所以也沒有白鹿書院。」

「阿姨，這也是我父親和我願意在九江落籍的原因。」廖淑君說。

「雖然我已經無家可歸，我還是希望妳能為九江增光生色。」紹芬說。

純純、紹華她們也沒有來過白鹿洞，她們也十分喜歡這個地方。純純說：

「無論住家、讀書，這都是個難得的好地方。」

「背後是五老峰，前面是鄱陽湖，這到那兒去找？」紹玲說。

「如果能在這兒辦個文學研究所或是作家培訓中心，我願意來白鹿洞再做學生。」廖淑君說。

「那妳可以建議。」紹芬鼓勵她。

「我人微言輕，誰聽我的？」廖淑君一笑：「除非您建議？」

「我算老幾？」紹芬好笑：「何況我以前是個逃犯，現在是個過客，我怎能自討沒趣？」

「阿姨，我坦白告訴您，九江現在還沒有您這樣的人才。」

「妳別再抬舉我了！」紹芬笑著拍拍她：「天下人才多得是，用不用人才，才是一個最大的問題。妳太年輕，妳這份熱忱我真欽佩。如果妳的首長能重用妳，妳就是一個了不起的人才。如果只是把妳當做花瓶，那就什麼都不必談了。」

「阿姨，您真是快人快語！」廖淑君向她笑笑。

「所以我不吃公家飯。」

「那為什麼？」

「我不能看著別人的臉色說話；我更不會睜著眼睛說瞎話；自然也不會昧著良心說話。」

「阿姨，您這幾句話我真一輩子受用不盡。」

「妳千萬可別學我！尤其是妳幹這種工作。」

「我以誠待人。古話說：『精誠所至，金石為開。』」

「可是這邊的氣候不一定相宜？」

「那我就幹到那兒算那兒。阿姨，氣候也是會轉變的，您說是不是？」

「妳這話也有道理。」紹芬向她一笑：「要是妳能改變氣候那就好了。」

「阿姨，這要靠大家努力，要是早十年，您敢回來嗎？」

紹芬沒有想到她會將自己一軍，不禁好笑。

因為要趕上山去吃午飯，她們只好上車繼續走。這之後就是上山路，路面沒有山下好，大部分都沒有鋪柏油，難免黃塵飛揚。紹芬請她囑咐司機在吼虎嶺那邊停一下，她們要看看頤園。

山上已經相當冷，這個季節是很少遊客的，車子開得很快，四十多分鐘就開到頤園，車子在路邊停下。

頤園關門閉戶，這時所有的別墅都不會有人住。房屋氣派依然如故，可是早已陳舊。紹芬她們想起大伯祖父龍從風和堂兄紹智在頤園被日軍槍殺，心裏不免難過。幸好紹君逃脫了，在臺灣另創了一番事業，這是她們九江龍家的希望所在。

「這原來是您們龍家的別墅？」廖淑君問。

紹芬她們點點頭。純純沒有來過，也不知道曾經有這棟別墅。

「日本鬼子曾經在這別墅裏殺了我們龍家兩個人，搶走了不少骨董字畫。」紹華說。

「這棟別墅已經是過去式了，我們也只是來憑弔一下而已。」紹芬說。

廖淑君不好說什麼，吩咐司機開到中國科學院廬山療養院的招待所，她昨天就接洽好了在這邊食宿。

她們六人住在一棟。安頓好之後就去吃午飯，飯後休息了三十分鐘就開始遊覽。

她們先到白居易「花徑」。現在新修了一個亭子，而且多了一個人工湖「如琴湖」，湖的形狀像梵阿林。當年天行、蝶仙他們陪老夫人上山避暑時是沒有的，它的歷史不過二、三十年，現在也成了一個風景點。

從「花徑」這邊新修了一條錦繡谷步道，錦繡谷的奇岩怪石，壁立萬仞的雄偉氣勢一覽無遺。可是卻破壞了那深幽幽的仙人洞。殘洞不及原洞五分之一，呂洞賓的像從前是深藏洞中，如今卻立在露天。

「可惜！可惜！」紹芬氣得跺腳：「這和甘棠湖的柳堤改種法國梧桐一樣是佛頭著糞，煮鶴焚琴！」

「不知道這是誰的餿主意？」紹華問廖淑君。

「我也不知道，那時我還沒有到九江來。」廖淑君說：「我還以為仙人洞原來就是這樣的？」

「這那是仙人洞？這成了狗洞了！」紹芬說。

廖淑君聽了也好笑。

隨後她們去黃龍寺看大寶樹，兩棵大寶樹和一棵大銀杏依然無恙，可是黃龍寺已成廢墟，和山南的幾座古剎同歸於「燼」。這都是無法彌補的損失。

最後到植物園和含鄱口。

植物園規模不小，植物品種也多。含鄱口新修了一個亭子，在亭上眺望鄱陽湖，碧波浩淼，氣象萬千。這個季節登高望遠最好。

其他三疊泉、五老峰、文殊塔、龍首岩等等可看的地方還很多，半天時間不夠，她們都沒有去。

科學院廬山療養院住了不少高幹。此地的空氣格外清新，十分幽靜，人也文靜。一位六十多歲的地質學家告訴紹芬，山上的礦泉水含鍺量很高，可以防癌。植物中只有薏仁、枸杞子有，但含量遠不及廬山的礦泉水。當廖淑君告訴他紹芬是從臺灣來的，又是九江人時，他聽了很高興地說：

「您們九江是個好地方。雖然廬山不如以往風光，但是天然條件很好，這是很多名山都比不上的。」

「九江文風也很不錯，這位龍阿姨還是名作家呢！」廖淑君又特別介紹。

他聽了更肅然起敬，笑著對紹芬說：

「我很尊敬作家，我也偶爾寫點東西。我認為我們搞專業的人雖然寂寞，但也比較心安理得。」

紹芬點點頭。他隨即將自己的姓名告訴她，他叫王立德，他向紹芬探聽臺灣的情形，紹芬大致告訴他。他說他有個哥哥在臺灣當教授，是教物理的。

「您們昆仲兩位都是科學家，這很好。可以少掉不少麻煩。」紹芬說：「我有個姪兒子也是學物理的，還是太空科學家，他的理想放在外太空，他想跳出地球。我們搞文學的就辦不到。」

「我們地球人的目光都太短小，只注意眼面前的小圈圈的利害。你爭我奪，鬥得死去活來。不但天上的不知道，地下的也不知道，實在可悲又可笑。」王立德說。

「我們夾在中間的人可被擠扁了。」紹芬笑說。

王立德也不禁失笑。隨後又說：

「所以我每年總要來這兒住一段時間，一方面是療養，一方面是探測，公私兩便。」

「您的探測有了結果，有沒有開發的計畫？」紹芬問。

「那我就管不著了。」他向紹芬一笑：「不過我認為是大有開發價值的，不過需要一筆資金。一旦開發出來，不但對中國人有好處，對全人類都有益，您說是不是？」

「現在癌症佔世界十大死亡原因的首位，鍺能防癌，自然是人類的福音。」紹芬說：「王先生，您能不能給我一份探測資料，我好帶回去和我堂兄研究研究。」

「您堂兄也是科學家？」王立德問。

「他原是在英國學紡織的，他是一位企業家。」紹芬說。

「要是他能投資開發，那就更好，這是一本萬利的事兒。」王立德興奮地說：「還可以造福人類。」

他隨即拿出一份印好的現成的探測報告，交給紹芬，而且幽默地說：

「這裏面沒有任何細菌，人人都可以放心。」

「王先生，我覺得人類的肉體癌症固然可怕，精神癌症更無藥可救，您能不能探測到一種醫治精神癌症的元素？」紹芬笑問。

「這我無能為力，那要靠您了！」王立德哈哈一笑。

他們萍水相逢，卻是一次意外的愉快邂逅。廖淑君更高興。

回到房間，紹芬笑問廖淑君：

「是不是妳故意安排的?」

「我根本不知道有他這個人?」廖淑君笑著回答:「這是療養院的招待所,我認識院長,這是他第一次破例招待您這位貴賓,他們招待的都是科學家。」

「照妳這樣說來,我真受寵若驚了!」紹芬向她一笑。

她的話剛說完,院長夫婦都來看她。紹芬完全沒有想到,顯得有些失措,但她很快鎮定下來。院長夫人是一位美麗高雅的中年女人,很有幾分貴婦氣質,而且平易近人。紹芬連忙向她道謝,她還有多餘的手錶,取出兩隻來送給他們說:

「我來得匆促,事先又一點都不知道,這點小意思不成敬意,請兩位笑納。」

「謝謝。我更希望您能送我一本大作?」院長夫人說。

「真抱歉!這次我純粹是回來看看家人,一本書也沒有帶。」紹芬說。

「希望您下次回來,能帶一本送我。」

紹芬只好答應,雖然她不知道能不能再回來?

第二天吃過早餐,她們就轉往東林寺!

東林寺是東晉淨土宗始祖慧遠大師所創。唐朝香火鼎盛時期,有殿相塔寶三百一十多間,是當時藏經最多的寺廟。揚州高僧鑑真東渡日本之前,特別來東林寺請智恩長老同行,向日本宣講東林寺淨土宗教義。現在日本的東林教,是以慧遠大師為始祖。慧遠是一位潛心修行的和尚。相傳他「影不出戶,跡不入俗,送客不過虎溪橋」。他和詩人陶淵明、山南簡寂觀道人陸修靜是好友，他們三人經常談佛論道。有一天他們三人攜手暢談，樂而忘返，不知不覺過了虎溪橋，沒有走幾步，山上老虎就吼叫起來，三人相視而笑，慧遠只好回來。這個「虎溪三笑」的佳話，一直流傳到今天。

東林寺也遭到紅衛兵的嚴重破壞，剛修復不久。規模不但不能與唐朝鼎盛時期相比，也不如以前。

她們快到東林寺時，廖淑君突然告訴紹芬：

「臺灣有一位報老闆的夫人在東林寺出家，您要不要和她談談？」

「這我倒沒有想到，妳怎麼不早說？」紹芬問她。

「我也是剛才突然想起來的。」

紹芬問她是那一家報？廖淑君告訴她。她知道那家報老闆，但對他太太則一無所知。

離東林寺還有好幾百公尺，紹芬她們就望見寺門兩旁寫著「淨土」兩個大黑字，和淡黃色的牆壁相映，顯得格外醒目。紹芬自言自語地說：

「但願這真是人間一片淨土！」

一進入寺門，就顯得很清淨，沒有一位香客，也沒有聽見木魚鐘磬聲，整個寺院靜悄悄，整座廬山也默默無語。她們看了一會，紹芬想看看那位在此地出家的報老闆夫人，廖淑君便去打聽，過一會回來對紹芬說：

「明性法師一進東林寺，就像慧遠大師當年一樣：『影不出戶，跡不入俗。』更不見客。經我和住持再三交涉，她又聽說您是臺灣來的，她才答應相見。」

紹芬便跟廖淑君去見住持，住持將她們帶到一間淨室門口，自己先進去，隨後一位五十左右已經落髮，頭頂上有新燒的戒疤，一身寬大的灰色袈裟，態度從容的比丘尼跟著住持出來，住持對紹芬說：

「您們結個善緣吧。」

這位比丘尼顯然就是明性了。她原來姓甚名誰？紹芬不知道，也不便問。她向紹芬雙手合十，紹芬也合十為禮，廖淑君行禮如儀，跟著進來。

紹芬先向她致候，她表示謝意，只是並未詢問臺灣的情形。紹芬也不好以俗事相問，只好說：

「我這次回九江來是看看家人，順道來瞻仰東林寺，快到寺門口時，才聽說法師是遠從臺灣來皈依三寶的。我想請教：臺灣也有不少寺院，法師是發什麼願心來東林寺的？」

「東林寺是淨土宗的創建寺院。臺灣萬丈紅塵，我的塵緣又深，定力不夠，恐怕經不起誘惑。東林寺遠離塵囂，是一片淨土，我看了之後，覺得適合我修行，所以就在這邊正式皈依、落髮。」

「臺灣現在和前幾年更不相同。我這個俗人都覺得色相太重，貪、瞋、癡三毒盛行。法師是否早就看出來了？」

「我沒有天眼通，只是我覺得紅塵愈深，離佛性愈遠。世人專恃小聰明，造了不少孽，而不求摩訶般若大智慧，行善積德，必然因小失大，難逃果報。」

「法師，我想請教，諸孽之中，您以為什麼孽最重？」

「本來萬惡淫為首，百善孝為先。但我過去與報紙、大眾傳播俗緣較深，覺得文字孽、口語孽最重。」明性說。

「是不是因為傳播快、傳播廣的關係？」紹芬問。

「不錯。」明性點點頭：「一切罪惡多由媒介而生，由貪、瞋、癡而起。」

「如果文字、口語，傳播善知識，那不也很好？」

「阿彌陀佛！龍居士，您是很有善根的人。本來人生到處好修行，不一定非出家不可，可以隨遇而安、隨緣而定。但最要緊的是：明辨是非善惡。勿以善小而不為，勿以惡小而為之。而現在很多人則唯利是圖，唯名是競，反其道而行，這就造孽了！」

「請問法師，您離開臺灣多久了？」

「頭尾五年。」

「現在貪、瞋、癡更變本加厲，已經到了無惡不作的地步，我幾乎連報紙、電視都不敢看了。」

「這樣下去，造孽更深，惡報更重，連好人都會受共業連累。」

「法師，那又有什麼辦法呢？」

「一切唯心造，禍福全在一念之間，苦海無邊，回頭是岸。」

「謝謝法師開示，」紹芬瞿然而起，雙手合十告辭：「我沒有白來東林寺一趟。」

「明性初入佛門，道行太淺，請龍居士不要見笑。」她雙手合十送她們出來：「謝謝您來結緣。」

廖淑君和紹芬又一道向住持辭別。紹芬、純純她們四人在外面等得有點焦急。看她們兩人出來便問長問短。紹芬向她們說：

「上車以後再說。」

車子離開東林寺，向雲居山真如寺前進，這一段路不短，她們準備在德安吃午飯，大約要下午三點左右才能到。純純向紹芬探問會面的情形，紹芬簡單地告訴她。

「也許她出家還有別的原因？」紹玲說。

「反正她已經削掉三千煩惱絲，又何必多問？」紹芬說。

「我看她是真開悟了。」廖淑君說：「她和阿姨講的話很有道理，她也不像一位矯情作態的人。」

「像她這種年齡的女人，閱歷已經很深，決不會像年輕人一時衝動，她能斷然落髮，遁入空門，不是一件容易的事。」紹芬說：「人間難得一片乾淨土，她渡海而來找到東林寺，也可以說是一位有心人。我是本地人，以前我就沒有想到這個地方。」

隨後她們姐妹又和廖淑君談起真如寺。廖淑君陪華僑佛教信眾來過兩次，她對真如寺瞭解很多。她向她們說：

「論歷史，真如寺只有一千一百多年，沒有東林寺久。但現在真如寺的規模比東林寺大多了。」

「那是什麼原因？」紹華說。

「那是因為五三年七月，現代高僧虛雲老和尚，應邀到雲居山來，募款重建真如寺。由於虛雲德高望重，僧眾很多，真如寺終於重建起來，但還比不上宋朝鼎盛時期。」廖淑君說。

「真如寺是什麼時期開始興建的？」紹珍問。

「唐朝。」廖淑君說：「起初叫做『雲居禪院』，是我國著名的佛教道場，當時就揚名東南亞。到了宋朝禪宗時代，蘇東坡和名僧佛印，掛錫真如寺，更是轟動朝野。那時共有寺菴四十八所，香火鼎盛。蘇東坡稱為『四百州天上雲居』。」

蘇東坡和佛印的故事流傳很廣。虛雲老和尚一九五九年十月十三日下午一時四十五分，以一百二十歲的高齡，在雲居山真如寺圓寂的事，和他建寺弘法的經過，也慢慢傳到臺灣，紹芬也聽到很多佛教界人士說過。他臨終時還向弟子開示：

「勤修戒、定、慧，息滅貪、瞋、癡；世間色相，皆如鏡中花，水中月；全屬虛幻。唯有一心念佛，度人度世，才能化劫解難，往生極樂西天。」

他在一九五九年十月十九日荼毗後，骨灰中有五色燦爛的大舍利子數百顆，小的如晶瑩的白珍珠，數量更多。他的弟子將舍利子分贈海內外佛寺及佛教界人士供奉。臺灣也收到了。

她們到達真如寺時，已經是下午三點。

雲居山與廬山遙相呼應，不過它沒有廬山雄偉。但真如寺的環境卻很好，它背依樹木青蔥的雲居山，前有一泓清水，水中可以看見節比鱗次的真如寺倒影。所有建築都相當新，文革時顯然遭到破壞，似乎又經過一番整修，現在看來是一個很好的觀光點，也是一個佛教勝地，不像東林寺那麼落寞。

寺內佛像都金光閃閃。新建的虛雲墓塔設計得也很精巧典雅，祭拜的信眾也不少。

真如寺是紹芬所參觀過的最具規模而又肅穆典雅的寺院。難怪廖淑君要安排她來參觀。

「妳信不信佛？」參觀後紹芬突然問廖淑君。

「紹珍阿姨知道，我們大理白族多信佛教，我也不例外。」廖淑君回答。又反問紹芬：「阿姨，您呢？」

「我們也是出身佛教家庭，我曾祖母更是虔誠。我二伯是佛道兼修，他比黃山谷、蘇東坡更瞭解佛道思想，而且真懂得修持方法，他從小就受過高人指點傳授。」紹芬說。

「原來您是家學淵源！難怪我上午聽您和明性法師講的都是內行話。」廖淑君欽敬地說。

「我二伯還是我大學的老師呢！」紹芬笑說：「不過我連皮毛都沒有學到。」

「阿姨，我要學到您這樣，還早得很呢！」

「妳能學佛嗎？」紹芬有些懷疑。

「現在只要嘴裏不講就行。」廖淑君笑著回答。

「妳內心裏會不會有矛盾？」

「白天我講官話，晚上我念阿彌陀佛。」

紹芬擁著她笑了起來。

第二天紹芬她們才回九江。明天她們就要去北京。紹芬不禁有些惜別之情，這到底是她生長的地方，但現在她們幾姐妹都無家可歸，純純更不可能回九江。在湖濱餐廳吃過晚飯之後，她又和大家去煙水亭逗留了一會。她感觸很多，心中不是滋味，她坐在「潯月亭」邊，想好了一首告別的新詩，一回到南湖賓館，她就寫在信紙上，題名〈煙水亭〉

闊別三十多年
我披一身雲煙
回到煙水亭邊

我生於水邊，長於水邊
更愛整座廬山倒影在潯月亭前

周公瑾在此登臺點將
白樂天在此行吟流連
而我反而成了匆匆過客

既不能留在翠照軒
也不能住在純陽殿
想在湖濱結廬歸隱
也無法達成心願

來了，又走了
闊別三十多年
沒有飲你一滴水
也沒有帶走廬山一片雲煙

純純看後笑問：
「您寫給誰看？」
「我想送給廖淑君，她真是一位可人。」紹芬回答。

第一一一章　團圓席雕龍畫鳳
八達嶺萬里長城

紹芬她們五人下機後，龍子、玲玲夫婦、紹人、淩菱夫婦和紹地都來接機。龍子、玲玲沒有見過紹華、紹珍、紹玲，紹芬向他們一一介紹。紹人夫婦和她們三人自抗戰勝利那年還鄉後也沒有見過面。紹地分別更久，她自離開沙坪壩赴廣西南寧報到那年起，就沒有和她們三人再見面。大家見了面都恍如隔世，悲喜交集。他們分坐兩部車子，直接開到龍子住的飯店。他接到紹芬自九江打來的電報後就替她們四姐妹開好了房間，而且訂了一桌酒席慶祝團圓。

因為是分坐兩部車子，純純和紹芬四姐妹又同坐一車，所以龍子、紹地他們還不知道紹華、紹珍、紹玲三人的情形。到飯店安頓好之後，紹芬才向龍子他們報告。龍子聽完報告之後對紹芬說：

「這次真難為您和純純千里迢迢地去看她們，不然我們一點也不瞭解她們三人的情況，更不可能見面了。」

「您們三位有沒有什麼打算？」玲玲問。

「能看到大哥、大嫂就好，還談什麼打算？」紹華說。

「您在伊寧，情況又不一樣。」玲玲對紹華說：「紹天隔在臺灣，他很有心照顧您們，但是總不方便。我們身分不同，無論北京、東京、臺北，都可以通行無阻。紹天不能做的事，我們可以辦到。您們有話不妨直說。我也吃過苦頭，我並沒有忘記過去那段苦日子。既然是一家人，就不要見外，有問題我們都可以商量解決。」

「謝謝大嫂的關心。」紹華含著眼淚說：「九江那個老家是完全毀了，我們四姐妹真是天各一方，見一面都很不容易。這次要不是紹芬，我們也不可能來北京。今後要想團圓也有很多困難，這麼多年都過去了，也不急在一天。我看等我們回去好好考慮之後，在不太麻煩大哥、大嫂的情況之下，再請大哥、大嫂支援好不好？」

大家都同意紹華的看法。玲玲便對紹華她們幾姐妹說：

「九江紹字輩的兄弟們，大都犧牲了。您們幾姐妹也是十磨九難，劫後餘生。既然來到北京，我們姑嫂妯娌就好好地團聚一下。我雖然是老北京，有很多地方也都沒有去過，正好趁這個機會，我陪您們參觀一下，您們都多住幾天好了。」

「大嫂，您不比我們，您有事，不必陪，我們自己去好了。」紹華說。

「還有純純、凌菱，她們也吃了不少苦，出來後也沒有散過心。我們妯娌三人，陪您們四姐妹參觀參觀，也是一件值得紀念的事兒。人生苦短，我們都經過大難，該珍惜才是。」

「有您們這樣的大哥大嫂，真是我們的三生之幸。」紹華感動得落下眼淚。

「這也是我們的緣分，不然請也請不到。」玲玲爽朗地說。

「大嫂，您也相信緣分？」紹芬笑問。

「不是緣分，我怎麼會嫁他？」玲玲笑指龍子說。

紹芬便將在東林寺看明性法師的事告訴她，住持和明性都說是結緣。她還將明性對她講的那番話告訴她。大家聽了都很好奇。紹人說：

「一位臺灣的報老闆夫人，居然跑到東林寺出家，真有些不可思議？」

「從她那番話看來，不無道理。」龍子說：「她追求的是一片淨土，東林寺是慧遠創的淨土宗發源地，對日本也很有影響。現在我們這個世界，不但環境的污染很厲害，精神污染尤其可怕，西方國家根本沒有辦法解決精神污染的問題。」

「西方國家不是也有宗教嗎？」

「西方宗教的霸道思想，創造了西方的霸權，產生了帝國主義。但不能解決人類問題，尤其是精神生活問題。這點爹最清楚。」

「日本是東方國家，怎麼也侵略我們？」紹人反問。

「那就是明治維新，全力學習西方的後果。」龍子說：「您應該多看看爹那部著作。」

龍子已經將天行的《中國文化新論》影印了一份給紹人，但他還靜不下心來看。

「三嫂，這次我在九江還有一樁妙事兒。」紹芬向凌菱說。

「什麼妙事兒？」凌菱笑問。

紹芬便將遇著廖淑君的事告訴她。大家聽了都很高興。凌菱更說：

「您這和我遇著奇衣曼是同樣的難得。」

「但她們兩人完全不同，她們各有千秋。」紹芬說。

「她還囑咐我，要您給傳祖和奇衣曼撮合撮合。」純純指著紹芬對凌菱說。

「傳祖一直沒有來，我怎麼撮合？」凌菱說。

「大哥，傳祖有沒有寫信給您？」紹芬問龍子。

「我還沒有收到他的信。」龍子搖搖頭。

「這孩子說話算話或許有別的原因？」紹芬說：「我相信他遲早會來的。」

「要是他來了，我會給他機會。不知道他是不是眼高於頂？」

「那不會，」紹芬搖搖頭：「就不知道他們兩人有沒有緣份？」

「依我看，奇衣曼的條件也是很好的。」凌菱說：「要是能撮合這一對姻緣，我自然高興。」

「這樣說來，我倒想見見這位維吾爾姑娘。」紹珍說：「看她和廖淑君是不是半斤八兩？」

「對了，你對白族很瞭解，您是不是對白族姑娘有偏愛？」凌菱笑問紹珍。

「三嫂，這倒不是偏愛。」紹珍笑著回答：「白族姑娘溫柔、善良、聰明、漂亮，又和漢人相近。廖淑君的文化水平又高，是白族姑娘中的頂尖人物，可惜您沒見到。您要是見到，一定也會喜歡。」

「這樣說來，您們都很喜歡廖淑君了？」凌菱笑問。

「廖淑君是很得人愛。」純純插嘴：「她心地善良、善解人意，文學修養也高，絕不在我們漢人之下。」

「既然如此，紹芬有沒有收她做乾女兒呢？」凌菱望望紹芬。

紹芬搖搖頭。凌菱又問她：

「怎麼平白放棄了這個好機會？」

「三嫂，我隔了一條海峽，問題一籮筐，不像您和奇衣曼是近水樓臺。」紹芬說。

「您要是先遇見廖淑君，會不會想到替傳祖做媒？」凌菱問。

「自然會。」紹芬點點頭：「她會是個好媳婦兒，也很適合我們龍家。」

「紹芬，您不要一廂情願。」龍子向她一笑：「這要看傳祖的眼光如何？緣份怎樣？」

「這只是我做姑姑的一點心意，究竟是東方亮，還是西方亮？我回到臺灣後就無能為力，那就完全要看您們的了。」紹芬笑說。

龍子隨即對凌菱說：

「麻煩您打個電話給奇衣曼，請她過來一道吃飯。恰巧今兒晚上又有李薇夫妻檔的《四郎探母》，紹芬和我一樣都是戲迷，我請大家看戲，這是難得的好機會。」

紹芬一聽說有戲看，便精神百倍。她對李薇的戲更是著迷。

凌菱隨即撥了一通電話給奇衣曼，奇衣曼很高興，答應來。

紹芬向龍子笑說：

「原先我還以為文革把這些好玩藝兒全毀了，真想不到還有這麼好的角兒在？」紹芬說。

「古蹟是毀得很多，一時恢復不了。但京劇演員方面，由於他們根基深厚，功夫紮實，不演樣板戲，再演骨子好戲，還是不同凡響。而且這邊編劇人才也多，還能推陳出新，就不知道這次您能不能看到新戲？」

「就是坐飛機專程來看幾場好戲也很值得，可惜我沒有這種眼福、耳福。」紹芬遺憾地說：「大哥，我真羨慕您。」

「他在北京唯一的消遣就是看戲！」玲玲笑說：「不但戲院領導他都有交情，演員多半很熟。現在他只要一通電話，保險有好位子。」

「這樣活得才有意義！」紹芬笑了起來。

「紹芬和我真是同好！可惜她不在北京。」龍子笑說。

「希望我能像大媽、二伯他們那樣長壽，有生之年能見九州同，光是為了看戲，住在北京也是值得的。」紹芬興致勃勃地說。

「您活一百歲絕對沒有問題。」純純笑說。隨即將她在九江鎖江樓寶塔上露的那一手，告訴龍子他們。紹人不信，純純便對紹芬說：「紹人是不見棺流淚的，你不妨露給他看看好了？」

「我又不是江湖賣藝的，那又何必呢？」紹芬笑著搖頭。

「她又不是二十歲、三十歲，骨頭都硬了，那怎麼可能？」紹人還是不相信。

「二嫂說了您是不見棺材不流淚，」凌菱對紹人說：「要是紹芬做到了，您又怎麼辦？」

紹人遲疑了一會才說：

「那我就拜她為師好了。」

「她才不會收您這個爛徒弟！」凌菱白他一眼。

「梁勉人說過：『一切都要拿出證據來。』紹芬不當面做給我看，我怎麼能信？」紹人還是堅持。

紹芬知道他吃了個性的大虧，當年和天行鬧得不愉快，又不肯跟天行一道走，現在還是絲毫未改，便對他說：

「三哥，我要是做到了，您可得把脾氣改一改，不要老是固執成見？您看怎樣？」

「只要你做到了，我盡量改就是。」紹人勉強答應。

「三哥，這可是您親口講的？大家都聽見。我們兄妹三十多年不見，我就獻醜了！」

紹芬說著頭一低，腰一彎，身子就摺疊起來。大家都很驚奇，紹人更是兩眼睜得大大的，還怕有詐，又走到左右兩邊看看。紹芬又左右扭腰，上身貼著兩腿不露半點空隙。紹人連連說：

「怪事，怪事！這怎麼可能？她小不了我幾歲，我的身子都僵硬了！」

「您真是煮熟的鴨子嘴硬！」凌菱罵他。

龍子卻笑著對紹芬說：

「紹芬，我看您不但可以唱青衣，還可以學刀馬旦！」

「大哥，您取笑了！八十歲學吹鼓手，那怎麼成？」紹芬笑著說。

「您真是真人不露相，我在臺北時怎麼不知道您有這一手？」龍子說。

「這算什麼玩藝兒？還值得一提？」紹芬好笑。

「紹芬，您這是不是向爹學的？」紹人問。

「二伯才不教我這種爛徒弟呢？」紹芬笑說：「他才真是真人不露相。」

「爹去東京接我們母子的那一年，倒是教過我太極拳劍。可是他一回國，我就忘了。後來軍部徵召我打仗，就更不必談了。幸好我好運動，身體還不算壞。現在我正留意此地的氣功師，準備學氣功。我想只要傳祖一來，就會有高人露面，我不會錯過機會。」龍子說。

「他就是有這個長處：肯學、不服老。當他潦倒時，我也是看上他這一點的。」玲玲說。

「我們剛從雲居山真如寺參觀回來，知道虛雲大師活到一百二十歲才圓寂。我們這種年齡怎麼能算老？」紹芬笑說：「我和大哥一樣，也不服老。我真的從來沒有想到自己的年齡。」紹芬說。

「紹芬的看法很對！」龍子馬上附和：「有些人是人未老心先老，故意老氣橫秋。現在時代不同了，醫藥進步了，日本人的壽命普遍提高，我們的長輩更是人人長壽，只要我們心理年輕，樂觀進取，現在才正是我們的黃金時代呢！」

「也是我的黃金時代。」奇衣曼突然說著笑著走了進來。她一看見紹芬、純純，又高興地說：

「姑姑、伯母，您們回來了？」

紹芬連忙拉著她，介紹紹珍、紹玲和她認識。她們兩人一見到她就眼睛一亮，紹珍上下打量她一眼說：

「好可愛的姑娘！」

「這兩位也是姑姑，我就是去看她們的。」

奇衣曼叫了紹珍、紹玲一聲姑姑，就在淩菱身邊坐下。因為常來，她和龍子、玲玲也很有情感了。龍子問她：

「今兒晚上有沒有時間看戲？」

「什麼戲碼？」她問。

「又是李薇夫婦的《四郎探母》，好戲！」龍子笑著回答。

「看，看！」她連忙笑著點頭：「李薇夫妻檔的《四郎探母》是百看不厭的。」

紹珍、紹玲看她這麼坦率天真，不禁一笑。

「她也是個小戲迷。龍子笑著對紹華、紹珍、紹玲三人說：「如果她坐了科學了戲，很多人都沒有戲飯吃了。」

「大伯，就算我學了戲，我也唱不過金嗓子李薇呀！」奇衣曼笑說。

「那也未必？」龍子向她笑笑：「我看妳有李薇的條件，只可惜現在已經遲了。要是早十年認識妳，我會建議妳進北京戲曲學校的。」

「其實看戲比唱戲更好，進戲校可得多下苦功。」奇衣曼笑說。

「要是沒有人下苦功，我們怎麼會有好戲看？」龍子笑著問她。

「那我下一輩子就生在北京，從頭學戲好了。」

龍子夫婦帶她和大家下樓吃飯，這是一桌正式酒席，因為他們和紹華她們三姐妹是第一次見面，紹芬來北京後又匆匆趕往伊寧，紹地、紹人兩對夫婦團圓後也沒有正式慶賀，這次算是大團圓，龍子、玲玲都認為十分難得。他們都是經過大風暴、大苦難的，大家都是再世為人，不能不慶祝一下。酒席開在一個特訂的房間內，龍子、玲玲還特別交代要精雕一對龍鳳冷盤，先送上來。大家事先都不知道，除了龍子夫婦、紹芬，他們三人在東京、臺北，吃過多次豪華精緻的酒席之外，紹地、紹人他們三十多年來都沒有吃過酒席，奇衣曼也是第一次。當一對龍鳳冷盤端上來時，大家一陣驚喜。龍是用大胡蘿蔔雕的，色澤金紅，宛如金龍，鱗爪畢現，頭角崢嶸，昂首挺立，盤旋而上，似欲騰空而去。鳳是用大白蘿蔔雕的，羽毛豐滿，昂首翹尾，振翅欲飛。

「想不到北京的廚司還有這種手藝？」紹芬贊歎地說。

「只是一般老百姓吃不到，也看不到而已。其實，中國廚司這種手藝還沒有失傳，在歡宴外賓的場合，在大觀光飯店，中國的國寶隨時都會出爐。」龍子說，他參加過很多宴會應酬，看得很多。

「大哥，兩個蘿蔔這樣雕一下，那不是豆腐要吃成肉價錢了？」紹地望著蘿蔔雕成的龍鳳笑說。

「這只在看不在吃。」龍子笑著回答。

「我也真的捨不得吃。」紹地說。

「說實話，這不是為了吃。」玲玲笑說：「其中還有另一層意義。」

「什麼意義？」大家笑問。

「今天我們這一桌酒席沒有外人，都是龍家的子孫。」玲玲向大家解釋：「奇衣曼也是凌菱的乾女兒，算得是我們龍家的人。龍家雖然塌了半邊天，還是望子成龍，望女成鳳，何況您們現存的兄弟姐妹，都是經過大風大浪的，不愧是龍家的子孫。這就是我們要雕這一對龍鳳的心意。」

「大嫂，您們真是用心良苦，不過我很慚愧。」紹人說：「我只惹爹憂心生氣，沒有替龍家爭半點面子。」

「也不能這麼說，」龍子安慰他：「只怪我們都遇著打頭風，難免顛三倒四。今天大家能夠團聚，就算萬幸了。」

「要不是大哥您的關係，我們龍家這條斷了的線，就連不起來，那真的散了。」紹地說。

「樹從根處起，爹一生受盡委屈，撐起這個家來，他才是龍家的核心。」

「大哥說得不錯。」紹芬說：「要不是二伯，我們四姐妹真不知道淪落到什麼地步？說不定抗戰時就完了？」

奇衣曼完全不瞭解這些情形，但她高興今天吃飯有她，沒有把她當作外人。

「但願有朝一日，紹天也能像我這樣，在北京、臺北公開來往，安心發展自己的事業，這樣才能重振家聲。」龍子笑說：「那時即使不能恢復翰林弟，也可以再蓋一座更大的天龍山莊，我便可以組織一個新的票房，蓋個比恭王府更好的那種戲臺，那就不必去外面看戲了。」

大家都被他說得一笑。但大家都沒有去過恭王府，只有龍子去過。在日本佔領北京時期，皇宮內院他都去過，而且十分留意，因此更加深了他對中國文化的愛好和認識，那時他對京戲就發生了興趣。他覺得這是全世界最高級、最優美的戲劇藝術。這次中國鬧得天翻地覆，京劇藝術還能維繫不墜，而且發揚光大，這是他最有好感的一件事兒，是他留戀北京的一大原因，也是他對日本的認同反而不如對中國的認同這麼深的最大原因。東京、臺北的物質享受，都不能滿足他的精神生活需求。

「大哥，要是真有那一天，我也願意天天陪您吊嗓、練功，老死北京。」紹芬又豪興大發。

「我們也願意做個不必買票的觀眾。」紹華她們也笑著說。當年郝薔華在漢口、重慶登臺時，她們三人也時常應邀去看白戲，培養了濃厚的興趣，只是這三十多年來，沒有機會看，更不能像紹芬那樣和郝薔華相處了那麼久的時間，又在天龍票房得到郝薔華不少指點，變成了一個行家。

奇衣曼聽他們這樣說，也眉飛色舞地說：

「那我學成之後，就留在北京看戲好了。」

「妳會有這個機會的。」紹芬向她笑說。

「他們這頓團圓飯吃得十分愉快。飯後又一道去看李薇、許昌夫婦檔的《四郎探母》，龍子不但和戲院領導有交情，和李薇夫婦也成了朋友。

紹華、紹珍、紹玲還停留在九江、漢口、重慶時代看郝蕾華的京戲水準；紹地、純純也差不多；紹人、凌菱更差；紹芬、龍子兩人都是大行家；玲玲因為是老北京，又和龍子一道看過不少名角兒，耳染目濡，也能分出高低。奇衣曼雖然看得不算多，但她興趣大，領悟力高，也不在玲玲之下。

紹芬和龍子坐在一塊，以便交換意見。奇衣曼和玲玲坐在一塊，紹地、紹人兩對夫婦坐在一塊。紹華、紹珍、紹玲三姐妹坐在大家中間。一方面是禮遇，一方面方便她們詢問。這是紹芬第二次看李薇、許昌夫婦的《四郎探母》，她更仔細揣摩。

許昌的四郎扮像儒雅英俊，身材標準。道白字正腔圓，大段西皮慢板十分耐聽，紹芬連忙錄音，她特別買了小錄音機帶來。

「他是北京人，道地的京朝派，正統得很。」龍子附在她耳邊輕輕地說。

「北京人在先天上就佔優勢，不談唱，單是道白就好聽多了。」紹芬也輕輕地說：「尤其是京白，更表現了京片子的優美動聽。」

「北京連小孩兒都會唱上幾句，不論男女老幼，都有行家、高手。」

「我要是生在北京，很可能早就走上了這條路。」

「彼此，彼此。」

李薇一出場，又響起一陣掌聲，和上次一樣受歡迎。西皮倒板「夫妻們打坐在皇宮院」就贏得一個滿堂彩。

「她的本錢真足，又會唱會做，這種人才真是幾十年難得一見！」紹芬禁不住說：「她不怕祖師爺不賞飯吃。」

「她唱起來毫不費力，要高就高，要低就低，游刃有餘。」龍子輕輕地說：「我在臺北，看到有的人要高高不起來，要低又低不下去，真叫人著急。」

「而且她集各家之長，又有她自己的唱法、做表。」

「您想不想同他們兩夫妻見面談談？」

「可能嗎？」

「等他們唱完這檔戲，我請他們吃飯，就可以見面聊聊。您不必急著趕回臺北。」

「我來一趟也不容易，下次能不能來？還不知道，多耽擱幾天也好。」

這時李薇唱到「盜來令箭你好出關」這一句，「好」字愈唱愈低，低到細若游絲而不斷，到了「關」字又漸沖翻高拖長而墊以「哪」字尾音結束，圓潤之至。龍子一面鼓掌送她下場，一面對紹芬說：

「這一句就值回票價，您去可以好好揣摩、揣摩。」

「我就唱不出她這種味道來。」

許昌又唱到「站立宮門叫小番」，「番」字是節節高，一直翻到一字調，輕鬆而不刺耳，觀眾一陣掌聲送他下場，他那種全神貫注，一絲不苟的表演精神，紹芬十分欽佩，她輕輕地對龍子說：

「他不但唱功、做功都好，表演精神也是一絲不苟，我在臺北就看不到。」

「我現在唱叫小番時就翻不到一字調，他身上的功夫我這個羊毛更辦不到。」龍子說：「日後我要是真能在北京組織天龍票房，一定請他們兩夫妻當指導。」

《四郎探母》的四郎、公主，他們兩夫妻一人到底無懈可擊。這次他們看得更滿意。看完之後皆大歡喜，奇衣曼天真地對龍子說：

「大伯，我真想拜他們為師！」

「慢慢來，妳現在還早。」龍子向她一笑：「妳要多看多聽，只要妳有興趣，等我組織了票房之後，一切好辦。」

紹華她們三人也彷彿回到青少年時代，這個已經死去了三十多年的興趣，一下子又復活起來。但是一想到自己的處境，話到口邊又嚥回去了。

第二天是李薇得獎的戲《謝瑤環》。這齣戲有二簧四平調、西皮流水、南梆子、高撥子、西皮娃娃調。這是龍子早就想看的好戲，他們又原班人馬去看。紹芬更沒有看過，因為臺北還沒有人敢演，所以她特別注意這齣戲。

這齣戲雖然不是特別為她編的，但她唱起來特別對路，將她的長才完全發揮出來。配樂也特別好聽。

她一唱「到任來……」紹芬就暗暗叫好，龍子頻頻點頭。她們屏聲靜息一直聽完了西皮流水、南梆子，都沒有作聲。直到李薇改以小生出場，唱高撥子「忽聽得堂上一聲喊……」觀眾「炸窩」一時，紹芬才說：

「真不知道她這副嗓子是怎麼練出來的？」

「她本來就是金嗓子，天才加功夫，才能辦到。」龍子說。

西皮娃娃調，更是彩聲不絕，掌聲不斷。紹芬對龍子說：

「我看李薇的嗓子還不止一字調，這真是一個青衣奇才！」

「明天又是他們兩夫妻的《寶蓮燈》，要不要看？」

「怎麼能不看？」紹芬笑著反問。

龍子笑了起來，邊笑邊對紹芬說：

「幸好，龍家還有您這位女戲迷，不然玲玲真會罵我不務正業，走火入魔呢！」

「人生苦惱的事兒太多了，不看看京戲怎麼打發？」紹芬笑說：「何況京戲是我們的國粹，又不是安非他命，也不是搖滾樂，沒有中國文化素養和藝術細胞的人還不能入迷呢！」

「我完全同意您的看法。我要不是在中國泡了這麼多年，我也迷不起來。」龍子說。

第三天夜晚，他們又來看《寶蓮燈》。這是一齣老戲，故事開始涉及神話，書生劉彥昌在華山與三聖母成婚，生子沈香。此一仙凡婚姻自始即為三聖母兄長二郎神反對，並將三聖母幽禁華山受苦，三聖母暗將沈香與蓮燈送與劉彥昌，劉彥昌饑寒交迫，獲王桂英母女援手，得以不死，並與王桂英成親。王撫養沈香，後又生子秋兒。劉彥昌高中後，任羅州正堂，但沈香、秋兒就學時受同學秦官保欺侮，秦官保仗勢欺人，秋兒年幼不敵，沈香護弟，失手打死官保。劉彥昌深懼秦府勢力，須以一子償命，但二子均願抵命，劉彥昌左右為難，實有意保全沈香，使她日後救母。但秋兒為王桂英親生，沈香亦為王桂英撫養十五年，劉彥昌將此難題推與王桂英，一場痛苦矛盾的心理戲「二堂捨子」於焉展開。一般演《寶蓮燈》的演員多只演這一場。許昌、李薇也演這一場。但這次是老戲新編，戲詞唱腔亦不盡同，比老戲更哀婉動人。

「二堂捨子」戲幅不大，但他們還是演壓軸。一開始就是兩人的心理戲，但王桂英的戲份更重。

許昌的劉彥昌一身藍色團花官服，十足的文官扮相。他唱二簧三眼：「昔日裏有一個孤竹君……」低迴婉轉，抑揚跌宕，韻味十足。

王桂英身著藍色團花夫人服。李薇的扮相賢淑端莊，與《鐵鏡公主》、《謝瑶環》的扮相、氣質，截然不同，唱腔也以二簧為主。自「接過家法心不定，難壞二堂王桂英」起，李薇的唱、做，都在表現這個「難」字，演唱得絲絲入扣。尤其是唱到：「睹此情心欲碎痛淚難忍……想到此我好似胸插利刃……生生死死逼煞人……怎忍姣兒被狼吞？」這一大段唱腔，李薇聲淚俱下的唱法，格外委婉悽愴。加之臉上表情豐富，變化多端，舉手投足，水袖抖動，配合得天衣無縫，悲劇氣氛完全烘托出來。紹芬感動得熱淚滾滾。龍子也默默不語，過了一會才說：

「京戲演唱到這種地步，才是藝術巔峰。」

「這真是經典之作，百年難得一見！」紹芬擦眼淚說。

全場沒有人鼓掌，沒有人叫好，大家都屏聲靜息，紅著眼睛低頭沈思。奇衣曼也哭了，她擦擦眼淚笑說：

「想不到看京劇也會流眼淚？早知如此，我就不來了！」

她的話逗得大家笑了起來。凌菱摟著她說：

「中國人笑的時候少，哭的時候多，但願妳只哭這一次。」

「我們哭了大半輩子，可就是沒有人將我們的故事編成戲。」紹華說。

「等我們死了以後再說吧。」純純說。

三場戲看完之後，龍子夫婦就安排她們遊覽。玲玲親自陪她們去八達嶺、十三陵。

八達嶺是參觀萬里長城的一個最好的觀光點，一位西方大國的總統，上了八達嶺，才佩服中國人的偉大。

萬里長城是春秋戰國時就開始興建的，到明朝才全部完成。如果將各個時代的長城的長度加起來計算，就超過了五萬公里。現在的新疆、甘肅、寧夏、陝西、山西、內蒙古、北京、河北、天津、遼寧、吉林、黑龍江、河南、山東、湖北、湖南，都有古長城的遺蹟。內蒙的長城就有一萬五千公里。明代修建的長城從鴨綠江到祁連山，全長是一萬六千三百多公里。如果用這些磚石土方修建高五公尺，厚一公尺的長牆，就能環繞地球一週綽綽有餘。如果用來鋪厚三十五公分、寬五公尺的公路，就能環繞地球三、四週。所以太空人從月球上看地球的建築，只有萬里長城了。

長城有幾個著名的關城，山海關、嘉峪關，都稱天下第一關。八達嶺也有「北門鎖鑰」之稱，位在北京西北，是李自成入京的關口，海拔一千多公尺。

八達嶺城牆平均高七、八公尺，厚六、七公尺，下寬上窄，牆面寬四、五公尺，可容五匹馬並行，或十人並進。牆內每隔一定距離有券門，用石梯上下。城頂內側有一公尺高的宇牆，外側有兩公尺高的垛口，每個垛口有一小洞，稱瞭望口，以觀察敵情。垛口下有一小孔，作射箭用，另外還有牆臺、敵臺、戰臺，牆臺突出牆外，外沿有垛口，臺上有避風雨的舖房，是衛兵巡邏放哨的地方；敵臺分上下兩層，上層有射口、瞭望臺，有燃放煙火設備，下層有磚砌券室，可容十餘戰士住宿；戰臺是戚繼光就形勢險要處修築的，與近代碉堡相似，上層有垛口、瞭望口、射口，下層儲放弓箭、彈藥、武器，上下出入用活動梯。高山頂上還有烽火臺，用以傳遞軍情。

她們登上八達嶺，先仔細參觀了一遍，又放眼遠眺，長城如一條遊龍，翻山越嶺，蜿蜒而去，沒有盡頭。紹芬、純純是受過軍官養成教育的，她們一看長城這番氣勢便不禁贊歎地說：

「這真是一夫當關，萬人莫敵。」

城牆上的風相當大，天氣也冷。但紹芬豪興大發，她要爬上那最高處的南嶺敵臺。敵臺距離有一千多公尺，雖是斜坡，要上去也很吃力，沒有人敢跟她上去。她問純純：

「難道我當年的軍官教育是白受了？」

純純被她一激，只好硬著頭皮跟她上去。玲玲勸紹芬不要上去，紹芬笑著對她說：

「大嫂，我好幾天沒有運動，人都快僵了，正好在長城上活動活動筋骨。」

紹華對玲玲說：

「大嫂，您不必擔心她，她在九江還一口氣跑上九層高的鎮江樓寶塔呢！我只是有些擔心純純爬不上去？」

紹芬一馬當先，一口氣爬上敵臺，純純雖然落後四、五十公尺，還是上去了。玲玲看她們都上去了，不禁贊歎！

「了不得，可真是了不得！」

「紹芬雖然不跟人家爭權奪利，可是做起事來，卻是一板一眼，向來不服輸。我也沒有看她輸過一次。」紹華對玲玲說。

「她也輸過一次，而且輸得很慘！」紹珍說。

「是那一次？我怎麼不知道？」紹華問紹珍。

「這還用問？」紹珍黯然一笑：「她要不是輸得慘，怎麼會逃到臺灣去？」

「這不能算她輸，」玲玲搖搖頭說：「是大家都輸了。」

紹芬又牽著純純的手，快步跑下來。玲玲迎上去，緊緊地抱住她們。

下了城牆，她們又騎上雙峰駱駝，照了幾張照片。

然後她們再轉回明陵，吃午飯，參觀。因為車子是包租的，行動由她們決定。玲玲、純純都是老北京，開車的「師傅」不敢欺生。

明朝兩百七十多年的歷史中，共有十位皇帝，十七個年號，但葬在昌平縣天壽山南麓的只有十三座帝陵。朱元璋葬在南京鍾山。朱允炆在朱棣的「靖難之役」中下落不明，而無陵墓。朱祁鈺因「奪門之變」被廢後病死，葬在北京西郊金山。現在可以參觀的是長陵、定陵。紹芬她們要參觀的是一九五六年五月至一九五七年五月發掘的定陵。

定陵是朱翊鈞的陵墓，朱翊鈞年號萬曆，是一位殘暴昏庸的皇帝，統治中國達四十八年，朱明在位最久的一位皇帝。他十歲登基，二十二歲便動工興建陵墓，二十八歲建成。興工期間，每天役使軍工民匠三萬多人，全國平均每戶攤派勞役六天半，共白銀八百餘萬兩，是當時全國兩年田賦收入的總和，足供一千萬農民一年的口糧之用。陵成之後三十年他才死，葬在地下宮殿，兩后祔葬。

地下宮殿由前、中、後及左、右五座高大寬敞的殿堂組成。從金剛牆到後殿進深八十七點三四公尺，面闊四十七點二八公尺，總面積一千一百九十五平方公尺，距地面深二十七公尺。地宮完全為石結構，無樑無柱，採拱券式。三百多年來，經過不少大地震，絲毫無損。室內十分乾爽，排水良好。

定陵出土的珍貴文物有三千多件，其中龍袍、金冠、鳳冠、織錦、金、銀、玉、瓷器、明三彩、貓眼石等，多為稀世之寶。

紹芬她們先參觀這些出土文物。她們特別留意花樓織機照片。這是當時織造錦緞的機械。兩人操作一臺，一人在上提花、一人在下面織，一天只能織半尺，織造工序、工藝極為複雜艱難。而從萬曆三年到三十九年，朱翊鈞就索取了織錦六十餘萬匹，當時蘇杭地區織工曾流行這樣一首歌謠：

梭子兩頭尖，歇落無飯錢；

織得綾羅綢緞，穿的破衣爛衫。

紹芬她們看了這首歌謠，覺得很能反映當時蘇杭一帶織工的生活狀況和心理，玲玲說這是當時的順口溜。

她們適即進入地宮參觀。首先通過人字形的金剛門。金剛門是用二十三層大城磚將地宮封砌起來的大門，在金剛牆正中間，金剛牆高八點八公尺，厚一點七公尺，砌城磚五十層，牆基用四層條石砌成、非常厚實堅固。通過金剛門和隧道券，是地宮的第一道石門，門扇是用整塊漢玉白石雕成，寬一點七公尺，高三點三公尺，重四噸。門面雕有乳狀門釘和銜環舖首。門釘縱橫各九排，共八十一枚。門扇上橫架著重約十噸的巨型銅製管扇，寬約八點零四公尺，厚約零點三公尺，長三點六公尺，牢固地鉗制著兩扇門，以防倒塌。頂門的自來石厚一點六公尺，兩端略寬，刻有蓮花瓣圖紋，上用墨筆書寫「玄宮七座門石自來石未驗」字樣。

過了石門就進入前殿。前殿長二十九公尺，寬六公尺，高七點二公尺，石構拱券式。地面十分平整。鋪地的方磚稱金磚，也稱澄漿磚，是在山東、江南等地特製的。中殿與前殿相同，殿內有三座漢朝白玉雕成的寶座，做放置帝后牌位之用。後殿是地宮主殿，與前中殿成丁字形，長三十點一公尺，寬九點一公尺，高九點五公尺，地面用磨光花斑石鋪成。殿中砌有巨大的棺床，上面放著三具棺槨，中間的是萬曆皇帝的，兩側是孝端、孝靖皇后的。棺槨左右放有二十六口盛滿殉葬品的紅漆木箱。棺槨週圍有不少璞玉，棺床上中央有一口長方形孔穴，內鋪黃土，稱為金井。金井和玉合在一起以示「金井玉葬」。

中殿兩側還有左右配殿，大小相同，長二十六公尺，寬六公尺，高七點一公尺，各有空棺一座。

紹芬她們參觀了出土文物和地下宮殿之後，又走上地面，在一棵比地下宮殿年代更久的大樹下坐著休息。紹芬問大家有什麼感想？純純搖搖頭說：

「朱翊鈞當年勞民傷財，只不過為了死後也能千秋萬世，現在證明完全是枉費心機。」

「這正好給那些有帝王思想的妄人一個當頭棒喝。」紹芬說。

「朱明統治中國兩百七十多年，十三陵的唯一價值只是多了十三個古蹟。」純純說。

「他們這些妄人，始終不懂老子『生而不有，為而不恃，長而不宰』的道理，總想萬世一系。自秦始皇以來，有誰辦到了？」紹芬笑說：「連到死還在做夢！」

「他們不做夢，人類那有這麼多的悲劇？」凌菱插嘴。

突然一陣寒風吹來，她們都不自禁地打了一個寒噤，連忙起立離開，隨著參觀的人潮出來。

玲玲在攤子上買了幾斤新疆、甘肅出產的葡萄、梨子帶回北京。

在北京城內，她們花了一天時間參觀中南海。玲玲和紹人、凌菱作陪。

中南海在故宮兩側，與北海舊稱三海，面積一千五百畝，水面約七百畝。自遼、金至元、明、清各朝，都是帝王的行宮和遊宴之地。現存的建築是清朝遺蹟。中國林園之美，亭臺樓閣之勝，在這個帝王行宮裏可以一覽無遺。

流水音原名流杯亭，是清朝康熙年間在明朝無逸殿舊址上新建的水中亭子。後來乾隆在亭上題了「流水音」三字匾額，就稱為「流水音」了。此亭頗有古代「曲水流觴」雅意，是一般私人林園無法相比的。

結秀亭是南海北岸的四角方亭，建在水道之上，與靜谷門前的荷風蕙露亭遙遙相望。她們在亭上眺望，南海水光鱗鱗，瀛臺景色秀麗無比，紹芬看中南海形勢湖面大小，恰似九江甘棠湖與南門湖，而瀛臺與煙水亭亦相彷彿。她不禁對紹芬和純純說：

「如果甘棠湖和南門湖週圍能好好建設，那就是第二個中南海了。」

「湖的自然形勢真的一般無二，但九江那有這麼大的財力？」純純說。

「要是九江長江大橋通車以後，那就會帶動地方建設，九江就會繁榮起來。」紹芬說。

「看樣子您對老家還未忘情？」純純向紹芬一笑。

「雖然我在九江已經上無瓦片，下無寸土，但要忘情可也不大容易。」紹芬無奈地說。

豐澤園的主體建築是頤年堂，清朝稱崇雅殿、惇敘殿、頤年殿，古色古香。

靜谷在豐澤園西邊，內有純一齋、春耦齋、愛翠樓、植秀軒等古蹟，還有一株連理柏，園林之美，無以復加，有「園中之園」雅號。而春藕齋又是當年乾隆常來休閒吟詩的地方。

瀛臺是戊戌變法失敗後幽禁光緒的地方。乾隆稱為「海中蓬萊」，是當年皇室避暑遊覽的勝地，涵元殿是瀛臺的正殿，一九〇八年光緒就死在這裏，他幽禁在此共達十年。

蓬萊閣明代稱為登淵亭，三面環水，形勢最佳，建築面積也大，古樸典雅，綠柳如絲。尚有牡丹池、迎薰亭。迎薰亭的柳樹搖曳生姿；牡丹池的牡丹是從牡丹之鄉山東荷澤移來的，現在雖然無花，但枝莖茁壯、綠葉如掌。紹人看了說這和翰林弟後園的特丹品種一樣。

「以前只聽說洛陽的牡丹好，沒想到荷澤是牡丹之鄉。」紹芬說。

「這種牡丹不但花好，而且香氣襲人。」紹人說：「當年我人在福中不知福，不知道錯過了多少大好春光。」

「人人都犯這個毛病，當年我也不覺得九江那個老翰林第有什麼好？甚至連甘棠湖、南門湖也不在意。現在地方跑多了，年齡大了，才知道金角落，銀角落，不如故鄉的銅角落。」紹芬說。

「您想不想回來定居？」紹人沒有機會和紹芬談話，現在聽她這樣說禁不住問。

「回來我住在那裏？」紹芬笑著反問，又指指瀛臺說：「瀛臺會讓我住嗎？」

「瀛臺倒是個神仙也住得的好地方，只是我們都不夠格。」凌菱說。

「不住也罷。」紹芬淡然一笑。

「難道真讓您住您還不想住？」凌菱笑問。

「誰住在這兒都會提心吊膽，少活幾年？」紹芬也笑著回答：「我不想湊這個熱鬧。」

「紹芬，想不到您倒真看得開？」紹人望著她說。

「三哥，我這倒是從二叔那兒學來的。」紹芬向他一笑。

紹人不作聲。他一向和天行唱反調，現在心裏雖然有些後悔，可是嘴裏卻不肯講出來。

紹芬知道觸到他的痛處，中南海又玩完了，便提議回去。玲玲也順水推舟，陪大家回到飯店。紹人、凌菱則逕自回去。

第二天晚上，龍子請李薇、許昌夫婦吃飯，同時也替紹芬、紹華、紹珍、紹玲四姐妹餞行。她們要在同一天分別乘機回臺北、新疆、雲南、廣西。

李薇夫婦準時到達。李薇一身墨綠色洋裝，許昌一身灰色西裝，這在北京已經相當時髦了。不過他們兩人沒有一點洋氣，許昌像個中國傳統的書生，李薇一身淑女氣質，落落大方，如果不是事先知道她這位客人，紹芬還會以為她是北京的女作家呢！

龍子替大家一一介紹，自然彼此客氣一番。

李薇送了紹芬幾卷錄音帶，紹芬也回送了他們兩人禮物。

「看了您們兩位三齣戲，使我大飽耳福眼福，過足了戲癮。」紹人笑著對他們說：「這幾卷錄音帶，回去後我要仔細地聽聽。」

「請您多指教。」李薇一口的京片子，雖是客套話，聽來卻十分親切、悅耳。

隨後他們便打聽臺北的同行情形，紹芬不好直講，只扼要地告訴他們。

「如果您們兩位能到臺北演出，對臺北的外行、內行都有好處。」紹芬說。

「我們去海外演出過很多次，可惜就是沒有去過臺北。」李薇說：「我們實在很想演幾場戲給臺北的觀眾看看。」

「要是能去，就不是幾場戲可以打住了。」紹芬說：「依我看，連演一、兩個月也沒有問題。」

「臺北的觀眾有那麼多嗎？」他們兩人都問。

「臺北愛好京戲的人還是不少，臺北人又是一窩蜂。從前那位唱黃梅調的電影明星，瘋狂了臺北好幾年，京戲雖然不像黃梅調那麼通俗，您們去了一定會掀起高潮。」

「京戲完全是傳統藝術，沒有靡雜。您看了我們這三天戲，就知道我的話不假。」

「我和紹芬都是戲迷，更是您們兩位的忠實觀眾、聽眾，我們都希望您們能去臺北演唱。只要我們能夠使得上力，我和紹芬都會效勞。」龍子說。

他們兩夫妻聽了都很高興，又誠懇地請紹芬、龍子指出這三天戲的缺點。

「我是來向您們兩位取經的。」紹芬笑說：「我這個半瓶醋，還敢吹毛求疵？」

「藝術沒有止境，您們兩位都是行家，又旁觀者清，所以我們虛心請教，不然那會進步？」李薇十分自然地說。

「就憑您這幾句話，已經不同凡響。」紹芬高興地說：「一般藝人一旦成名，往往眼高於頂。」

「我們不敢這樣，」李薇搖搖頭：「我們自坐科以來，就天天努力，不放過任何學習機會，生怕京劇這種藝術沒落下去。」

「京戲是我們的國粹，一旦沒落，就恢復不起來。」

「我也是這樣想。」李薇說：「我吃的苦可多過十年寒窗。我們這邊的人現在已經愛上速食麵，肯塔基、麥當勞。京戲可是慢工出細貨，和您們寫文章一樣，得自己一個字兒一個字兒地寫，可不能拷貝人家的。」

紹芬突然握住她的手，站了起來，帶著幾分激動地說：

「李小姐，這是我第一次聽見這種話，現在連我們寫文章的人都沒有您這種認識。臺北更流行速食文化，人人都希望早晨種樹，晚上乘陰。」

「那怎麼可能？」他們兩夫妻都不禁一笑。

「因此有不少年輕人就去搶、去偷、去綁票，不勞而獲。」

「那太可怕了！那能成什麼事兒？那不天下大亂了？」李薇滿臉惶惑地望著紹芬說。

「對不起，我說到題外去了。」紹芬向她抱歉地一笑。

「其實也不算題外，這也是一種文化，不過是外來的文化。」李薇冷靜地說：「一種速食文化的負面作用。」

「紹芬，您不是要向李小姐取經嗎？怎麼忘了正事兒？」龍子提醒她。

紹芬便邀李薇夫婦入席，她坐在李薇身邊，兩人邊吃邊談。李薇知道紹芬不但歡喜京戲，還是一位作家，對紹芬更加客氣，她們談到《寶蓮燈》的二簧唱腔，和她的臉部表情，紹芬說：

「您的嗓子唱高撥子和西皮導板都游刃有餘，人人叫好。可是《寶蓮燈》裏的『睹此情心欲碎痛淚難忍……』這一大段二簧，您也唱得委婉悽愴，特別有味，令人落淚。真不知道您是怎麼唱出來的？」

「京劇不能一味死唱，」李微笑著回答：「一定要揣摩劇中人的身分和心理狀態，情緒激昂時，不妨盡量拉高。唱高撥子、導板，就不能有氣無力，有音無韻。情緒低沈悲傷時，就要放低，盡量唱得委婉悽迷，嗓子再好也不能拉高。我吊嗓子時也錄音下來，反覆地聽，直到滿意為止，才定音定位。」

「您的臉部表情變化，又怎麼掌握？」紹芬又問。

「我對著鏡子練，反覆檢討，還錄像存證，不斷改進，直到滿意為止。」李薇一面說一面指指許昌：「我愛人也是一樣。」

「難怪您們兩位演唱得這麼好！」紹芬笑著拍拍她。

「演什麼就要像什麼，吃我們這行飯的，可不能偷懶。」李薇說。

「您們兩位這種敬業精神我很佩服。」紹芬說：「這邊的京戲演員有沒有改行去演電視劇和電影的？」

「這邊京戲演出的機會仍然不多，少數人不甘寂寞，偶爾去客串一下是有的，可沒有人改行。不知道您們那邊怎樣？」

「我們那邊是，很多人一出科，就去當電視、電影打仔演員，根本不唱戲。」紹芬說。

「那多可惜！」李薇輕輕一歎：「那不是前功盡棄？」

「大家向錢看，急功近利。青年人更是走在前面，很少人從一而終的。」

「這邊倒不一樣，上上下下都很重視京劇，演員也很上路，以能演好自己的角色為榮。每年還要參加大競賽，讓前輩行家評鑑，不努力就會拉下馬來。」

「京戲這種國粹，非千錘百鍊不可，絕不能像電視演員、電影明星那樣速成。京戲可不是速食文化。」

「您說得對！我也是這種看法，我們京劇演員和您們作家一樣，是不能一夜成名的。」

「可是我們那邊不但有一夜成名的演員，也有一夜成名的作家。」

「那經得起考驗嗎？」李薇笑問。

「反正那些人只看今天，不管明天。」

「恐怕也沒有明天。」李薇向紹芬一笑。

她們雖然是初次見面，卻很投緣，談得十分愉快。分別時彼此才交換名片，以便通信。

第二天，紹芬她們四姐妹一吃過早點，就趕到機場，又是原班人馬送行。

紹華、紹鈴、紹珍三人乘國內班機，分別回新疆、雲南、廣西，先走幾十分鐘。她們走後，紹芬若有所失，過了一會才自言自語：

「我這次總算看到她們。以後能不能團圓？真的只有天知道了！」

第一一二章　姑紹芬穿針引線　姪傳祖繼往開來

紹芬本來想買京戲錄影帶，大陸叫錄像帶，帶回臺北。但龍子告訴她，大陸的錄像帶到臺灣電視機不能放，必須要經過轉錄，費用相當貴。她便退而求其次，多買京戲錄音帶，能聽也是好的。這件事龍子替她一手包辦了。她便帶著大批錄音帶，從北京飛東京，再轉回臺北，又兜了一個大圈子。

回到臺北，她才知道：香君過世了。是睡覺睡過去的，沒有任何痛苦，大家都說她好福氣。喪事也隆重地辦過了，慧心法師還在廟裏替她作了七天法事。傳祖正準備去大陸，接到電報便順道回臺北祭拜。紹芬看到他十分高興。

紹天她們看她回來了，也十分高興，便陪她一道去看蝶仙。

蝶仙的身體精神都很好，氣色紅潤，彷彿脫胎換骨，返老還童的樣子，而自然有一種威儀。也似乎更洞徹人生，表情十分平靜。

她的房間本來很大很安靜，現在更少閒雜人等來打擾她。她一心向佛，一如老夫人當年情形。只有慧心法師每星期來兩次和她講經說法，陪她打坐。林阿足專門照顧她，一切家務由紹文的太太姚婉如料理，杏芳也不管事，只陪紹天做些重要應酬。整座天龍山莊人口愈來愈少，連天行那個大房間也空著，只有紹天、紹文、紹君偶爾在家中集會商量家務事時用用，處理公務時他們都在公司。天龍山莊完全成了度假別墅，和當年北京翰林第的熱鬧情形大不相同。

紹芬回來了蝶仙也高興，禁不住問紹芬回去後的情形。紹芬一五一十地講給她聽。她耳聰目明，反應靈敏，比老夫人當年還強多了，紹芬講的每一件事她都記在心上。紹天、紹文、紹君他們還不時歎息、落淚，她只是沈默不語。紹芬講完之後，她才問紹天他們該怎麼辦？

紹天他們一時也想不出萬全之策，答應仔細研究之後再報告她。

她將紹芬單獨留下，又仔細問紹芬一遍，紹芬照實告訴她。最後她笑問：

「妳有沒有什麼事兒瞞著我？」

「大媽，我是實話實講，我怎麼敢瞞您這塊老天牌？」紹芬好笑。

「妳這次回去不但破財，一定也流了不少眼淚？」

「大媽，錢財身外之物，又是用在親人身上，我倒不在乎。只是傷心的事兒太多了，我又不是鐵石心腸，怎麼不落淚？」紹芬眼圈一紅，隨後又一笑：「不過也有兩件令我高興的事兒。」

蝶仙笑問是什麼事兒？她便將遇著奇衣曼和廖淑君的事告訴蝶仙。

「少數民族還有這麼可愛的姑娘？」

「大媽，以前我也沒有想到，這次親眼得見，不由人不愛。我還囑咐純純和凌菱為傳祖和奇衣曼撮合呢！」

「奇衣曼真適合做我們龍家的媳婦嗎？」

「我認為不但合適，如果成功，將來奇衣曼還能接您老人家的衣缽呢！」

紹芬說著便將隨身帶著的她和奇衣曼、廖淑君的合照遞給蝶仙看。蝶仙仔細端詳了一會，不禁笑說：

「果真維吾爾和白族有這麼好的姑娘！我看真是魚與熊掌，恐怕傳祖也難以選擇了。」

「先看奇衣曼和傳祖有沒有緣份？有緣更好，如果無緣，再介紹廖淑君也好。」紹芬說。

「我看不要亂了他的方寸，讓他吃在嘴裏望著鍋裏，最好是一個一個地來。」

「大媽，說實在的，她們兩人我都喜愛，要不是隔了一條海峽，我早收廖淑君做乾女兒了。」

「可惜傳宗是個洋腦袋，又不大上路，不然將廖淑君介紹給他也好。」蝶仙說。

「大媽，隔了一條海峽不是那麼簡單，傳宗雖然有綠卡，可以隨時去美國，可是他在美國混不下去。廖淑君又不能到臺灣來，這就卡住了！」

「婚姻這椿事兒真難！」蝶仙輕輕一歎：「當年你二伯折騰得死去活來，他那麼一個世事洞明、通情達理的人，唯獨在這種切身利害的事兒上，一輩子沒有展過眉頭，不知道傳祖會是怎樣？」

「他以前也有個很好的女朋友，不知道是怎麼吹了？他一直不談婚姻的事，我也暗自替他著急。所以這次一遇見奇衣曼，我就想替他做媒。」

「妳不妨趁他去北京之前，找個機會和他談談，他也早該成家了。」

「大媽，您不反對傳祖娶個維吾爾姑娘嗎？」紹芬笑問。

「一代管一代，何況現在時代不同了？中國這麼大，民族又這麼多，紹華、紹珍、紹玲又都嫁了少數民族，紹地的兒子也娶了一個藏人媳婦兒，只要人好就行。我還能像當年老夫人一樣，擔心葫蘆藤扯上了絲瓜架不成？」蝶仙無可奈何地一笑。

「您同意就好，」紹芬收回照片高興地說：「我想紹天大哥和杏芳大嫂是不會反對的。」

「杏芳正為她娘去世難過，要是有件喜事兒沖一沖，她會高興的。」

「大媽，要不要先告訴杏芳大嫂？」

「現在八字兒還沒有一撇，何必告訴她？等妳和傳祖談過之後再看好了。」

傳祖回來後住在天行的房間，一是天行房間裏書多，二是他的《中國文化新論》原稿藏在這裏。傳祖已經開始翻譯，需要對照原文參考，他是抽空翻譯。

紹芬突然來到，他很高興，他正想和她單獨談談，好多瞭解一點大陸情況。他從小和紹芬在沙坪壩那個茅屋裏一起生活，來臺灣以後又和紹芬相處了二十年，紹芬也一直疼他，紹天又沒有同胞姐妹，他一直把紹芬當做嫡親姑姑。由於紹芬抗戰時的不平凡經歷，來臺灣後又專心照顧孤兒，還是一位業餘作家，他對這位姑姑更多了一份敬愛。他將天行坐的那張太師椅讓給她坐，笑著對她說：

「姑姑，您這次做了家庭特使，搭起了骨肉間的橋樑，圓滿達成任務，不失巾幗英雄本色，真教姪兒敬佩！」

「你別給姑姑戴高帽子！你知道姑姑流了多少眼淚？」

「姑姑，您流了多少眼淚，那我怎麼知道？」

「不知道拉倒！」紹芬笑著白了他一眼。隨後又忍不住告訴他大陸親人的情形。

「紹華姑姑嫁了個維吾爾人，紹珍姑姑嫁了個白子，紹玲姑姑又嫁了個壯人，傳薪還娶了個藏族姑娘，我們龍家現在可成了聯合國了！」傳祖聽說後不禁好笑。

「這有什麼好笑的？」紹芬又白了他一眼：「形勢比人強，他們在那種環境裏，還能挑精揀肥？去找門當戶對的？姑婆婆還說只要人好就行，難道你還有偏見不成？」

「姑姑，我可沒有說這種話？您可別先打我一頓手心？」傳祖叫屈起來。

「其實少數民族有很多是優秀的，只是我們過去很少注意他們。」紹芬說。

「姑姑，我們一向只知道漢、滿、蒙、回、藏，其他的民族就知道得很少，難道中國的民族比美國還多？」

「美國的情形我不清楚。這次我去了大陸少數民族地區，才知道中華民族有五十六種之多，而除了漢族之外，人數次多的竟不是滿、蒙、回、藏，而是廣西壯族。」

「壯族有多少人口？」

「一千三百八十多萬。」紹芬回答：「而滿族才四百三十萬，蒙族才三百四十多萬，藏族才三百八十多萬，回族還有七百二十多萬。」

「以前我竟全不知道。」

「我也不清楚。」紹芬說著拿出那張她和奇衣曼的合照遞給他看，笑著問他：「你看和我合照的這位小姐是那一族？」

傳祖看了一笑，搖搖頭說：

「不知道，不過她很漂亮。姑姑，您是怎麼認識她的？」

「她是你三嬸的乾女兒。就是她陪我和你二嬸一道去伊寧看紹華姑姑的。」

「她是哈薩克還是維吾爾？」

「維吾爾。」

「以前我也聽說過維吾爾姑娘一枝花，果然不錯。」

「你現在也不小了，還是孤家寡人，我替你做個媒好不好？」紹芬笑問。

「姑姑，婚姻的事兒可不是兒戲！我是一朝被蛇咬，十年怕井繩的。」傳祖突然正色起來。他曾經有一位很好的女友，兩人相戀了四、五年，她得了博士學位之後，忽然變了卦，嫁了一個白人。他十分傷心，一直不敢再交女朋友。

「你緊張個什麼勁兒？她又不是一條毒蛇！」紹芬笑著白了他一眼：「難道姑姑還會害你不成？」

「姑姑，我知道您是怕我光桿兒打到底。但是，我完全不清楚她的底細，我去北京又是做客，來去匆匆，那怎麼可能？」

紹芬便將奇衣曼的情形和她的家庭背景告訴他。最後還說：

「我只是替你穿針引線，又不是把鐵鍊子套在你的頸上。你看了滿意，就在北京多留幾天，多多瞭解，結婚的事兒可以慢一步。要是不滿意，我還有第二張牌。」

傳祖聽了笑了起來，望望紹芬說：

「姑姑，您這次去大陸好像是專門替我做媒似的？」

「我可不是專門替你做媒，也許是你正走桃花運？我順手給你逮住了兩位好姑娘，可以讓你選擇。」

「姑姑，您好像認定了全世界只有我這個活寶，人家姑娘非嫁我不可似的？」傳祖又笑了起來。

「你的條件是不錯，」紹芬笑說：「大陸姑娘要找你這樣的貨色，還真打著燈籠、火把也找不到呢！」

「姑姑，您那第二張牌又是怎樣？能不能先亮給我看看？」傳祖笑問。

「那可不成！」紹芬笑著搖搖頭：「買票看戲可也有個先來後到，我可不能讓你吃在嘴裏望著鍋裏，你一隻手也按不住兩隻鱉。要相親就先看奇衣曼，你大伯母、二嬸、三嬸都會幫你的忙，不必你操半點心。」

「姑姑，如果我相上了維吾爾姑娘，您那第二張牌不是打不出去了？」

「這可不關你的事兒，你不必替我操心。」

傳祖聽了好笑。又問龍子在北京的情形？紹芬也照實告訴他。隨後他又關心地問：

「不知道他有沒有動手翻譯公公的著作？」

「我沒有問他。」紹芬搖搖頭：「不過他的應酬多，恐怕還沒有動手？」

「這是一項大工程，需要很多時間。他那麼忙，是不容易動筆的。」

「他在那邊的人緣很不錯，也想重振家聲。我們龍家能不能再骨肉團圓？就看龍子大哥和你爹兩人了。」

「爹在這邊使不上力氣。」

「你爹已經和龍子大哥合資在那邊設廠，你這次去也可以使一點力。」

「姑姑，我能使什麼力？」

「你的聲望和身分不同，那邊很重視這一點。你只要隨便提一提，他們就會重視。」

「我提什麼呢？」

「有幾件事兒我覺得你可以提。」紹芬想起幾個棘手的問題。

「姑姑，您說說看，我再見機行事。」傳祖拿出原子筆、小筆記本，準備記下來。

「首先是我們九江的祖墳有被挖掉的危險，在九江我們家的活人已經沒有片瓦寸土，我回去連個落腳的地方都沒有，更別說葉落歸根了。因此，我們祖先安葬的地方，千萬不能再挖掉，不然我們真對不起列祖列宗。這件事兒又非你關照不可，別人是沒有這麼大的面子的。」紹芬十分鄭重地說。

「姑姑，您可別把我估計得太高了？」傳祖在美國生活久了，沒有什麼特權觀念。「我在美國也是靠腦袋打工的，沒有什麼了不起。」

「你要知道，那邊的情形可不同，你和我的份量可不一樣，那邊是因人而異的。你爹又不能去，你要是去了不講，祖宗的墳墓恐怕很難保住？」

「我記住這件事就是。」傳祖在筆記本上寫了下來。

「另外，那邊的戶口不能隨便遷移，你二叔的兒子傳薪想遷回北京，你伯父、二叔就辦不到。這件事你可以先和二叔談談，如果你能幫忙解決這個問題，你二叔、二嬸會感激不盡的。他們兩人吃盡了苦頭，年紀也不小了，又只有這麼一個兒子，現在還流落青海那個充軍的地方，可不像你是住在美國。」

傳祖答應盡力，紹芬遲疑了一會才說：

「還有，我弟弟紹義也是同樣的情形。」

「紹義叔在什麼地方？」

「他倒離老家九江很近，不過他的戶口卻在湖北孔壟，和老家九江只有一江之隔，幾十里路，也還不回來。」

「他在那邊幹什麼？」

「他受了我的累，當年吃了不少苦頭。他沒有工作，在那邊當赤腳醫生，想回九江當個體戶，做點小生意，可是辦不到。我現在就只有他這麼一個弟弟，他還和我一樣，都是孤家寡人，我這一房也快絕了！」紹芬說著忍不住哭了起來。

傳祖從來沒有看過紹芬流淚，他一向認為她是巾幗英雄，現在所謂的女強人，想不到她竟當著他的面哭了！這和她從小教他不要流淚、不要哭泣，竟是兩回事。他連忙扶著她，拍拍她說：

「姑姑，您別難過，我一定盡力而為就是。」

「本來姑姑不該向你提這些問題，增加你的壓力。但我們骨肉相連，你還沒有跳出地球，仍然在三界之內，五行之中。姑姑是個俗人，自然不能免俗，希望你能體諒姑姑這一片心。」紹芬抹抹眼淚說。

「姑姑，我知道您一片苦心。您是我們龍家的好兒女，更是我的好榜樣。」

「你可千萬別學我這個沒有出息的姑姑！姑姑丟人現眼一輩子，現在還是個孤家寡人。」紹芬又抹抹眼淚。

「姑姑，您怎麼說這種話？」傳祖笑著搖搖她：「您在我心裏始終是位巾幗英雄、犧牲奉獻的孤兒保姆，又是一位澹泊名利的女作家……」

「得了，得了！你別給我戴高帽子。」紹芬笑著打斷他的話，站了起來：「你只給我記住：可不能再打單身。」

「姑姑，你也不能硬打著鴨子上架呀？」傳祖向她苦笑。

「你五官端正，四肢健全，又上過太空，你是那一點不如別的男人？」紹芬望著他說：「別這麼沒有出息！失戀一次，就不敢再碰女人，你還想跳出地球嗎？」

「姑姑，這是兩碼子事兒，我認為女人比飛碟更難抓住。」他向她苦笑。

紹芬禁不住笑了起來。隨後又問：

「你把我們女人看成什麼怪物？」

「瞻之在前，忽焉在後；有孫悟空的七十二變；又像臺北的天氣：晴時多雲偶陣雨。」

紹芬又被他說得笑了起來。隨後又說：

「你自己也該檢討、檢討，你是不是研究飛碟走火入魔了？」

「姑姑，我是搞天體物理，搞太空科學的，不是搞什麼宗教的，我怎麼會走火入魔呢？」傳祖神定氣閒地說。

「比方說，你把我們女人看成宇宙人啦！天使啦！一會兒是有形的女人，一會兒又變成如花似霧的仙女，你只是冷眼旁觀，碰都不去碰一下，那不就吹了！」紹芬說。

「姑姑，您真是一位了不起的作家，這種地球以外的事兒，您是怎麼想出來的？」傳祖笑了起來。

「怎麼你忘記了？是你自己和我講的。」紹芬反問他：「你說宇宙人就是那麼神通廣大的。」

「姑姑，不錯，我是講過這種話。」傳祖笑說：「不過我並沒有把地球上的女人看成宇宙人哪！」

「誰知道你腦袋裏是怎麼想的？」紹芬一笑：「說不定你還會把我們女人看成什麼五維、六維宇宙人呢！」

「姑姑，您真是舉一反三，比我還行！」傳祖笑了起來：「我花了十年、八年時間研究的心得，您居然一語道破了！」

「我看著你出生，從小到大，你這個科學腦袋，不斷地擴大，現在裏面裝的是整個宇宙，不止是我們這個地球，也許你的眼睛裏面已經不分什麼男女，沒有性別了！」

傳祖高興得跳了起來，雙手抓住紹芬的兩臂說：

「姑姑，您真是一位天才！您的想像力真豐富！您已經想到四維以上的宇宙人了！」

「我可不管你什麼四維、五維、六維、七維的。你現在是在你說的三維，是在這個地球上，在這個婆婆世界，而且是在天龍山莊，是站在我的面前。那您就得記住我的話：不要再打單身，早點成家。」紹芬指著他的心口說。

「姑姑，我真怕您！」傳祖苦笑說。

「我又不是母夜叉，你怕我何來？」紹芬笑著反問。

「姑姑，您的腦袋實在比我靈光。您要是當年學了物理、天文，可能您早就跳出地球了！」傳祖笑說。

「我比你早生一世，我沒有你幸運，我是來到這個世界吃苦受罪的。」紹芬黯然地說。

「姑姑，我看您是有慧根、有來歷的。」傳祖一臉正經地說。

「你少和我來這一套？」紹芬白他一眼：「姑姑是個俗人，所以和你談了這些俗事，如果你真的跳出這個地球，姑姑就不能向您嘮叨了。」

「姑姑，將來跳出地球，成為外星人、宇宙人的，可能是您不是我。」傳祖似笑非笑地說。

「姑姑兩腳踏地，可不敢做那個神仙夢。」紹芬笑說：「死後不下地獄就好了。」

紹天、紹君、紹文走了進來。紹天笑著對紹芬說：

「紹芬，我們到處找您，想不到您和傳祖躲在爹的房裏？」

「大哥，我和傳祖談幾句私話兒。」紹芬連忙讓坐說：「您們有什麼事兒找我？」

「您這次回家，解開了我們心中的疑團。但是善後的問題，我們還得同您商量商量。」紹天說。

「大哥，他們眼面前的問題，我已經當面解決。我無能為力的棘手問題，剛才我已經和傳祖談過，以他的身分聲望，或許可以解決。」

紹天問是什麼棘手的問題，傳祖轉告紹天，紹天對他說：

「你是應該盡力，我們龍家弄到這種地步，再不能連祖宗的墳墓也保不住了。我還想整修祖墳，和祖父母、母親、大伯的墳墓。我又不能回去，你可以和二叔商量，請二叔、二嬸負責這件事。」

「我會和二叔當面談。」傳祖說。

「紹芬，您看整修祖墳的費用大概需要多少？」紹天問。

「大哥，這很難說，沙坪壩這次我沒有去，還不知道情況怎樣？」紹芬說。

「連沙坪壩祖父母的墳墓在內，您看五千美金夠不夠？」紹天又問。他知道在臺北五千美金還買不到五坪墓地。

紹芬盤算了一下說：

「以那邊的物價來看，應該修得很好。」

「我想紹地、純純也會做得很好。」紹天說：「這次您給他們的那些錢，應該還您，您已經破費不少，不能由您一人承擔。」

「大哥，您提這幹什麼？都是自己骨肉，我只是盡我一點心力而已。」紹芬說。

「您一向公私分明，收入又不多。我這個做哥哥的，嘴裏不講，心裏一直感激。我們在臺灣的這一支人，就是因為不分彼此，沒有私心，所以才能創出這個局面。您這三十多年來，一直犧牲奉獻，這次又自告奮勇地回去，替我解決了不少難題，我們三兄弟都以您為榮，心裏十分安慰……」

「大哥，您快別這樣說。」紹芬打斷紹天的話：「我兩肩扛一口，無牽無掛，有吃有住，大樹底下又好遮陰，我要錢幹什麼？」

「您雖然這麼說，可是我總過意不去。」紹天說。

「能將老家生生死死的人安頓好，就行了。」紹芬說。

「九江老家我一直沒有去過，姑姑說那是個好地方，當年大伯祖父、三叔祖父曾有意在湖邊蓋棟別墅讓老夫人養老，爹也有意住在湖邊，可惜都成夢幻。」紹天遺憾地說。他在抗戰前夕赴英留學，沒有隨天行逃到九江老家避難。「您這次回去看了個究竟，您覺得現在怎樣？」

「湖山依舊是美好的湖山，只是市面蕭條，房屋破敗。本來我也想落葉歸根，但我們已經沒有片瓦寸土。紹臣哥嫂年紀大了，我弟弟紹義已經成了外鄉人，又無家無室，日久之後，我們的祖墳都會無人祭掃。」紹芬說著不禁哭了起來，大家跟著落淚。

紹天沈思了一會之後，當機立斷地說：

「先請紹地將祖墳修好，同時請紹臣留意在湖邊一帶租塊地蓋棟房子，日後我們回去掃墓也有個落腳的地方。分久必合，您想葉落歸根也就不難了。」

紹君更贊成這個決定。他沈重地說：

「雖然我們在此地艱苦奮鬥了三十多年，有家有業，可是心裏總不踏實。」

紹天也覺得現在的情況不如以前，問題愈來愈多。工人的要求多，流動性大。職員中炒股票的不少，都想一夜致富，不勞而獲。但他都放在心裏，不想講出來。他也在暗自擔心，怕自己辛勤建立起來的事業，有朝一日也會土崩瓦解，大陸老家的情況，的確是一面明鏡。

「大哥，您有這個心意最好。」紹芬轉憂為喜地說：「先讓祖先睡在地下安心，再一步一步地解決生者的問題。」

「我準備給傳祖帶兩萬美金過去。那邊有七支人，北京的紹地、紹人、九江的紹臣、紹義、新疆的紹華、雲南的紹珍、廣西的紹玲，每戶再給他們兩千美金。其餘六千，就做為修墓和紹地的開支，您們看，這樣分配合不合適？」紹天徵詢大家的意見。

「大哥，這太好了！」紹芬首先贊成。「這是生死兩相宜的辦法。在我們來說，這筆錢不傷筋骨，在他們那邊看來，卻無異神仙大補丸，可以脫胎換骨了。」

本來大家也衷心贊成，紹芬這一說，大家更高興。傳祖還打趣地說：

「姑姑到底是作家，講起話來滴溜溜的，任何事兒經她一描，就畫龍點睛了。」

「你少貧嘴！」紹芬白他一眼：「我囑咐你的事兒可別忘記？這次可就要看你的了。」

「姑姑，我還沒有走，您就給我戴起緊箍咒兒，到了那邊我不是動彈不得了？」傳祖笑說。

「我倒是擔心你到了那邊被捧上了九重天，下不了地，把我們龍家的事兒全忘了！」紹芬說。

「傳祖，姑姑說的雖是笑話兒，你可要當真。」紹天對傳祖說：「我沒有你方便，現在又不能過去，很多事兒是想得到，做不到。你到了那邊，多向伯父母和二叔、二嬸請教。凡是你能夠解決的問題，最好及時解決。你現在是香餑餑，公公一輩子就沒有走過你這樣順風順水的好運，但撐起了這個大家，保全了我們這一批子孫。你也不妨為龍家盡點心力。」

「爹，您放心，我並沒有忘記我是龍家的子孫。」傳祖回答。

「但願如此。」紹天欣慰地站了起來，要大家和他一道去報告蝶仙。

林阿足告訴紹天說蝶仙正在靜坐，待會兒她會去請他們。紹天、紹臣有事，要去公司，他們對林阿足說，晚上再來。

紹文、紹芬和傳祖又回到天行房間。紹文這才對紹芬說：

「芬姐，幸虧您這次回去在爹墳前祭掃了一下，要是我回去，找到找不到。我這個做兒子的是真慚愧！」

「這不能怪你。大伯殉國的時候，你還小，下葬時你又不在場。當時在場的現在也只有我和二哥兩人。」紹芬說。

「娘先前雖然沒有特別問您，我知道她心裏很掛記。」紹文說。

「大媽現在好像更虔誠禮佛了？」紹芬說。

「娘本來是個灑脫人，一向看得很開。現在老一輩的只有她一人在世。她雖然身在紅塵，卻心在紅塵外，這一點我十分理解，所以我也很少打擾她。」紹文說：「希望娘真能跳出三界外。」

「大媽是很有慧根的人，我們都趕不上她。二伯一向尊敬她，對她也最瞭解。照傳祖的說法，二伯顯然已經得道。果真如此，一定會度大媽。」紹芬說。

「俗話說：『佛度有緣人。』這就要看娘的緣份。」紹文說。

「姑婆婆閱歷很深，人情世故早看透了，做人已經爐火純青。現在心無牽掛，正是修佛修道的最好時機。」傳祖說。

「傳祖，你認為人真的可以成佛成仙嗎？」紹文說。

「小叔，我的看法是，地球人是可以升級為外星人、宇宙人的。」傳祖說：「照宗教的說法，就是成佛成仙了。」

「這樣說來，做人還有點後望了？」紹文望著傳祖說。

「小叔，不論道家、佛家，都認為人身難得。就是因為人是地球上的萬物之靈，可塑性高。佛家說：『人人皆具有佛性。』道家說：『天地一大宇宙，人身一小宇宙。』都是同樣的看法，一點不玄。所以我認為我們地球人，突破四維、進入五維乃至六維以上宇宙，是很有可能的。如果得到佛道兩家正確的法門修行，人還可以一世得道成佛。但我不是在世佛，我不敢談佛道修行的事。我只怕人自恃聰明，自作孽，為非作歹，喪德敗行，一墮入畜牲道，那就萬劫不復了。」傳祖說。

「傳祖，別人聽起來，會以為你這番話是在說教呢？」紹文說。

「小叔，依我看來，如果佛家、道家，能夠揭開那一層朦朧的面紗，直指人心，是一點也不迷信的。我就是根據《易經》的宇宙觀，以科學方法，來探索宇宙的奧祕，來研究飛碟的。我並不是宗教家，我不傳教。不過在我探索宇宙的過程中，我發現佛道思想是息息相通的，修佛修道的終極目標也是一致的。公公的著作裏也有同樣的看法。」

「你這番話要是給姑婆婆聽見了，她更會高興的。」紹芬說：「她在沙坪壩那個茅屋裏就把你養得白白胖胖的，總算沒有白費她一番心血。」

「姑姑，多謝您也給我戴了一頂高帽子。」傳祖向紹芬一笑。

林阿足來叫他們過去。蝶仙已打坐完畢，神定氣閒地坐在那裏，面色更好，鶴髮童顏。

紹文將紹天的決定報告她，她聽了很高興，然後悠悠地說：

「我十三歲就進翰林第，服侍老夫人。我像個白頭宮女，龍家的事兒我比誰都清楚，我對龍家的感情也比誰都深，龍家遭劫，我心裏也比誰都難過。我和天行彷彿是為龍家而生，是來龍家還債的。以後龍家的事兒，就要看你們了。」

第一一三章 太極夾克起議論 幽浮學會講星人

傳祖到香港一下飛機就有人來接，侍候得十分周到。記者也圍著他，閃光燈像閃電一般，在他面前閃動。

到北京下機時，來機場迎接的人更多，除了同行外，還有相關部門的要人，記者更不在話下。而令他驚奇的是，龍子夫婦也來了，他事先並沒有通知他。連紹地夫婦、紹人夫婦也來了，但他已經不認識他們，他們更不認識他。經龍子、玲玲一一介紹，他才彷彿似曾相識，十分抱歉地對他們說：

「二叔、二嬸、三叔、三嬸，我們分別太久了！請恕姪兒眼拙，認不出來。」

「那時你還是小不點兒，我們更認不出你來。」純純笑說：「想不到你長得這麼一表人才！」

「二嬸，您取笑了。」傳祖笑著回答。

「他很像三十年前的紹天大哥。」紹地端詳著傳祖說：「也有爹當年的影子。」

「傳祖，我給你介紹一下。」凌菱指指身邊的奇衣曼說：「這是我的乾女兒奇衣曼，我特別帶她來歡迎你這位美國來的太空科學家。」

傳祖已經注意到她，看她本人比照片上的她更動人，不敢冒昧招呼。真想不到她也來了？凌菱一介紹，奇衣曼便大方地先伸出手來，他輕輕一握，就覺得她手軟如綿，柔若無骨，他不免一怔。幸好來迎接他的有關人員，把他簇擁到一部相當豪華的轎車門口，請他進去。他只好抱歉地對龍子、紹地、紹人他們夫婦說：

「伯父、伯母、叔叔、嬸嬸，對不起，我先走一步，待會兒我有話和您們談。」

記者們還圍著轎車問他一些問題，閃光燈也對著低頭鑽進車子的他，咔嚓咔嚓地照個不停。車子開動了，他們還追著搶鏡頭，隨後又坐上車子跟在後面追趕。

那陣人潮過去之後，龍子向紹地、紹人他們一笑說：

「我們幾個人加在一起，這輩子也沒有他這樣風光過。」

「連爹也沒有過。」紹地說。

「恐怕他做夢也想不到，我們吃過什麼苦？受過什麼罪？」純純說。

「他不過大傳薪兩、三歲，他們堂兄弟倆竟有天淵之別！」紹地感慨地說。

「我一點兒也不妒忌傳祖，只怪我當年狠不下心來丟下您不管，沒有跟著爹一道去臺灣。」純純流著淚對紹地說：「連累了傳薪和我們一樣，再也翻不了身。」

「要是您帶傳薪去了臺灣，他和傳祖的教育機會均等，說不定他也會和傳祖一樣，是個什麼博士、專家？傳薪這孩子並不笨。」紹地黯然地說。

「二哥、二嫂，不談也罷。我們也是一步錯，滿盤輸。」凌菱苦笑說：「不過這可怪不得誰。」

紹人始終不作聲，奇衣曼卻忍不住說：

「奇怪！他這位洋博士怎麼不穿西裝？而且皮夾克上還繡了一個太極圖？這是怎麼回事兒？」

「奇衣曼，想不到妳還認識太極圖？」龍子笑著拍拍她：「他學文學的洋博士弟弟，連太極圖也不認識呢！」

「大哥，您說什麼笑話兒？」純純望著龍子說：「那有文學博士連太極圖都不認識的？」

「我怎麼會說笑話兒？」龍子正色地說：「這是我在臺北親眼目睹的事實，不信您問玲玲好了。」

說著他就領先走進麵包車，大家跟著他上去。上車之後，玲玲才對純純說：

「他說的是真話，一點兒不假，當時爹和紹天都很生氣。」

「學文學的人怎麼會連太極圖都不認識？這豈不是天大的笑話？」純純大惑不解。

「傳宗學的是西洋文學，不是中國文學。」龍子向純純一笑。

「難道他不是中國人？」純純反問：「中國人也很少不認識太極圖的，何況是我們龍家子孫？」

「現在那邊的情形可不同了！洋為貴、土為輕。不但太極圖變成了破銅爛鐵，傳祖的外婆香君還說大學生提起母親的年齡會說『徐娘半老』，寫信給母親表示思念會寫『音容宛在』，紹文的一位同學，國文教授，寫歌功頌德的文章居然用『罄竹難書』呢！」龍子笑說。

大家都笑了起來，笑出了眼淚。純純抹抹眼淚說：

「大哥，您該不是尋我們開心吧？」

「純純，我怎麼會尋您們開心呢？這是香君外婆親口對我說的。」龍子向她解釋：「當時我也不敢相信。」

「現在呢？」純純又問。

「我去了幾次臺北，已經像看卡拉ＯＫ一樣，見怪不怪了！」龍子向純純笑笑。

「這樣說來，即使傳薪像傳宗那樣，得個什麼洋文學博士，我也不稀罕。」純純說：「更別說紹文的那位狗屁同學教授了！」

「大伯，這我就不明白！為什麼學文學的傳宗不認識太極圖？學生教授又鬧出『徐娘半老』、『音容宛在』、『罄竹難書』的笑話來？而學物理，研究飛碟、太空科學的傳祖，反而將太極圖繡在皮夾克上，這到底是什麼道理？」奇衣曼問龍子。

「這道理說來也簡單。」龍子笑答：「傳祖不但數理好，文才也高，他是從物理、天文學的觀點，去認識太極的宇宙觀，發現了這個聚寶盆的，所以他要把太極圖繡在皮夾克的胸口上。像傳宗這種人，既沒有科學頭腦，又不認識中國的聚寶盆，只是搭上了美國巴士，就瞧不起那些騎著驢子的自己人。但是他前不巴村，後不著店，好像無舵之舟，卻又以為在美國取了經回來，將一些想搭美國灰狗巴士的青年人唬得團團；更將中國的聚寶盆當成破銅爛鐵，說成印地安圖騰。當然，鬧笑話的還不止他。現在的卡拉ＯＫ、搖滾樂又把人的耳朵都快震聾了！我擔心的是，以後連京戲都看不成了，連李薇也會被你們年輕人轟下臺。」

奇衣曼聽了啼笑皆非，又不知道如何說好？凌菱便笑著問她：

「你看傳祖怎樣？」

「我有些奇怪，他在美國那麼多年，怎麼身上還沒有洋騷味兒？」奇衣曼笑說。

「因為他喝了不少中國墨水兒，吃的牛排、麵包又能消化，所以他還像龍家的子孫。」龍子說：「他弟弟傳宗就是中國墨水兒喝得太少，可口可樂喝得太多，吃的牛排、麵包又不能消化，所以回臺北拉瀉了。」

大家笑了起來。奇衣曼更笑著說：

「大伯，您這樣說我就全懂了！」

「奇衣曼，妳懂了就好！我就怕你們年輕人鬧得我連京戲都看不成，那我賺再多的錢，也不過是一身銅臭。」龍子笑著拍拍她。

「大伯，我雖然喜歡熱鬧，但卡拉ＯＫ、搖滾樂吵得我也受不了，我還是喜歡陪您看京戲。」奇衣曼笑說。

「敢情好！我這個老戲迷有妳這個小戲迷作陪，我更會年輕二十歲。」龍子笑了起來。

傳祖坐的車子開得很快，後面跟著記者的車子好多部，龍子的車子落後很多，但他並不著急，他知道UFO學會要在北京飯店舉行記者會，在記者會中他們不可能與傳祖閒話家常。晚宴以後是否有時間還很難說。他們也以親屬身份應邀參加晚宴，奇衣曼卻不在內。

紹人先前看了傳祖那樣風光，心裏感觸很多，卻一直悶在心裏，這時他突然開口了：

「看來還是學科學好，文學沒有搞頭。」

「您怎麼突然有這種想法？」龍子問他。

「不是突然想起的。」紹人搖搖頭說：「我在監獄中就一直在想這個問題，剛才看了傳祖的情況，只是證明我的想法沒有錯。」

「可是立言是三不朽之一，文學作家就是立言的人。歷代多少帝王將相，都如過眼煙雲，唯獨詩人作家名垂千古，您怎麼說文學沒有搞頭？」龍子反問。

「可是中國詩人作家都是提著腦袋寫作的，風險太大！不知道那一天突然被扣上一頂帽子，那就吃不了兜著走！尤其是我們這一代，誰沒有十年、八年的牢獄之災？科學家就比我們要筆桿兒的安全多了。」

「科學家扣不上帽子，」凌菱說：「科學不但不姓社，也不姓資，科學也沒有國界。所以傳祖才成了香餑餑。」

「科學是對就對，錯就錯，是就是，非就非，沒有中間地帶，沒有模稜兩可。文學可以公說公有理，婆說婆有理，沒有那一把尺是標準尺。張三當道，可以扣你一頂帽子；李四當道，又可以扣你一頂帽子。同樣的，張三可以把你捧上九重天，李四也可以把您打下十八層地獄。大哥，您說文學怎能搞？」紹人望著龍子說。

「而且文學沒有公式，沒有法則，是無中生有的事兒，真比我們女人生孩子還難；靈感又比飛碟更難捉摸，來無影，去無蹤，照相也照不到。作家縱然嘔心瀝血寫了一部好作品，也不一定能出版；縱然出版了，又拿不到幾文錢，大不了落個虛名。而很多人寫了一輩子，還是默默無聞，衣食不周。這怎麼能和科學家比？」凌菱說。

「您們不打算再寫了？」玲玲問。

「想寫的還不能寫，能寫的又不想寫，只好這樣耗下去了。」紹人說：「而且不止我們兩人如此，我們這種年齡的作家，差不多都是這樣的。」

「您們這一代的作家已經很久沒有作品了，為什麼不把過去的那段空白填起來呢？」龍子望著紹人夫婦說。

「我們現在已經力不從心，怎麼填得起來？」紹人說。

「現在已經平反，反正有工資可拿。不寫不錯，寫了反而要冒風險。又不是撐著難過，何必和自己過不去？」凌菱說。

「您們學會了明哲保身，不寫；那邊的作家為出版商打工，寫了也等於白寫，一個字兒也休想留下來；不為出版商打工的，作品又很難見天日。您們這一代的中國文學還有什麼希望？」龍子望著紹文夫婦說。

「這也不能怪作家。我開頭不就說了文學沒有搞頭嗎？」紹人回答。

他們的車子開到飯店時，記者們已經蜂擁進入會場。他們進入會場時，主人早已陪傳祖坐好，正站起來致歡迎詞。他看了傳祖一眼後，從容地說：

「龍傳祖博士是世界知名的天體物理學家、太空科學家。尤其是他以我們老祖宗的《易經》太極原理，運用到最尖端的現代飛碟研究上，有突破性的大成就。因此本會特邀請他回到祖國來，和國內航天專家、易學專家以及特異功能人士，相互印證，以求共同揭開宇宙、人生的奧祕……」

記者的閃光燈，不時打斷主人的話。當主人請傳祖致詞時，閃光燈更照得他幾乎睜不開眼睛。他在說了幾句客套話之後，便亦莊亦諧地說：

「我老家是江西九江，曾祖父時落藉北京，我生在重慶沙坪壩，長在臺北，現在又住在美國，在北京的時間反而最少，那時也完全不懂事。這足可以說明我是一個地球人。從地球的這一邊，到地球的那一邊，又從地球的那一邊，來到地球的這一邊。剛才主人已經說明我是搞太空科學的，因此，我是立足地球，放眼宇宙。我願意就教於全中國的易學專家、太空科學家，以及特異功能專家，完全站在科學的立場，共同探討、印證，共同發揮人類的智慧，跳出地球，進入四維以上時空，成為宇宙人……」

掌聲、閃光燈，完全淹沒了他的話，以後講些什麼？龍子他們都聽不清楚。奇衣曼更睜大眼睛，側著耳朵傾聽。

「請問龍博士，宇宙人和我們地球人有什麼不同？」傳祖一講完，一位記者就搶著發問。

「我們地球人有衣、食、住、行、生、老、病、死的問題，宇宙人沒有。」傳祖回答。

「那不是神仙了？」

「這是一般人的說法，我只說宇宙人。」

「請問宇宙人是怎樣解決衣、食、住、行、生、老、病、死的問題的？」一位女記者問。

「他們能直接吸收宇宙能維持生命，自控生命，操控時間順逆、快慢，返老還童。也可以看到過去未來。他們的身體隨時可隱可顯，沒有重量，不佔空間。所以在地球這個物質世界內的地球人的一切問題，他們都已經解決了。」

「難道宇宙人也不結婚生孩子？」

「沒有這個必要。他們本身的生命是永恆的，不需要生育來延續自己的生命。」

「這不太玄了？豈不是神話？」

「不玄，也不是神話。」傳祖笑笑：「從前認為唐明皇遊月宮是神話，現在阿姆斯壯不是早上月球了？」

他這一答覆就把記者的嘴都堵住了。他們實在不知道怎樣問好？他們連地球這個物質世界的可見事物都難看透，跟著別人忙得團團轉，為了採訪他，就忙了好半天，對於地球以外那看不見，摸不著的事兒，實在不敢深究。他們都有他的活動日程，想找別的機會旁敲側擊，挖出一點新聞，能夠把他拉回現實社會最好。他們對於現實問題、政治問題，訓練有素，可以應付得很好。

記者會結束後奇衣曼就告辭。凌菱、純純都留她，她笑笑說：

「我又不是海外親屬，他們又沒有請我，我怎能厚著臉皮參加宴會？」

「妳不要走，我們另外請妳吃飯。」

「您們不參加宴會？」奇衣曼笑問。

「我們不在乎那一頓吃，陪妳更重要。」凌菱說：「我邀妳來，怎能讓妳不吃飯回去？」

她們隨即向龍子他們打了個招呼，龍子笑著對奇衣曼說：

「我會安排時間請他團聚一下，少不了妳。」

她們三人便到附近一家餐廳吃飯。

「乾娘，您這位姪兒子可不是牛頓那樣的科學家，養一隻貓要開兩個洞讓牠進出。」奇衣曼一坐下就笑著對凌菱說。

「因為他是中國人。」凌菱也笑著回答。

「妳認為他要是養兩隻貓會開幾個洞呢？」純純笑問。

「我認為他即使養十隻貓，也不會開兩個洞。」奇衣曼笑著回答。

「妳看得不錯。」純純笑著點頭。

「本來嘛！」奇衣曼得意地一笑：「進進出出一個洞就夠了，何必多此一洞？北京飯店一天進進出出幾千人，還不是一個大門？並沒有規定那個門只能進，不能出。這家餐廳現在也有幾十個人在吃飯，還不是一個門進出？可見科學家也不一定聰明。」

「那妳認為傳祖比牛頓聰明了？」純純笑問。

「我是有這個想法。」奇衣曼笑著點頭：「不然他在記者會上講話，怎麼一開場就滴水不漏？三言兩語就把記者的嘴巴堵住了？」

凌菱和純純都暗自高興，他們也沒有想到傳祖會不是牛頓那樣的科學家。

「您們和他是那一年分開的？」奇衣曼問。

「四八年」凌菱說。

「我記得他小時候就聰明可愛。」純純說：「想不到現在也不討人嫌。妳說對不對？」

「看樣子他倒很隨和，一點兒也不裝模作樣。在記者會上還是穿的那件皮夾克。」奇衣曼說。

「那好像是他的商標？」純純說：「我聽玲玲大嫂說，他在臺北也是穿那件夾克。」

「那件夾克有好大的學問，很多人都不懂。」奇衣曼說。

「當年爹就跟我和紹芬幾姐妹，講過那種學問，可惜我到現在還是不大明白。」純純對凌菱說。又望望奇衣曼：「妳想不想向傳祖學學？」

「那有這麼簡單？」奇衣曼一笑：「他神龍見首不見尾，他又不在這邊開課，怎麼去學？」

「只要妳有興趣學，我們有辦法讓他指導妳。」凌菱、純純都這麼說。

奇衣曼不作聲，低頭吃飯。

他們來餐廳時，龍子他們就跟傳祖去他的大套房。本來UFO學會要安排傳祖住那個國際政治顯要住的賓館，傳祖婉謝了，所以他才住北京飯店，但這個大套房也是國際名人住的。

幸好有龍子、玲玲一道，不然傳祖還會有些拘束，因為他和紹地、紹人分別太久了，他們兩人完全不認識他，他對他們兩人也很生疏。龍子夫婦一道，那就自然多了。

他等他們坐定之後，就將紹天、紹芬他們的話轉告紹地，同時將兩萬美金交給他。紹地先分了兩千美金給紹人，紹人、凌菱都很高興。傳祖又問紹地有沒有什麼困難？

「修墓的事兒，我可以一肩承當。在甘棠湖邊租地的事兒，紹臣哥的力量恐怕不夠？可能要借重你。遷移紹義、傳薪的戶口，更非你出面不可。」紹地說。

「三叔，這邊的情況我一點都不清楚。該向那個菩薩燒香？請您先弄明白，我才好開口。不過，我可沒有時間去九江。」傳祖說。

「我會將一切資料準備好交給你，你在適當時機，交給他們就行了。」紹地說：「他們自然會交下去，用不著你親自出馬。」

「三叔，您該不會把我看成城隍、土地了吧？」

「傳祖，你在我們眼睛裏面的確是城隍、土地。除了你，我們再也沒有第二張牌了。」紹地說。

「伯父不是大牌嗎？」傳祖說。

「我算什麼大牌？現在連我也要沾你的光了。」龍子笑說。

「他當然也有他的用處，」玲玲插嘴：「但你現在正在鋒頭上，而且來日方長。如果你能趁這次機會，將比較棘手的問題解決，以後的事兒我們自然會處理。」

「伯母，您這樣說我就放心了。」傳祖高興地說：「因為我充其量只是個過路神，真正的城隍、土地還是您們。」

純純、凌菱送走奇衣曼後又回到飯店，她們剛來到傳祖的房間，UFO學會的人就來請傳祖他們赴宴。純純、凌菱吃過，留在房間休息，準備等傳祖散席後和他談談奇衣曼的事。

出席接風宴會的全是第一流的物理學家、航天專家，其中最著名的是夏宗周、劉光漢、李興唐。而特異功能人士方面，則有李繼聃、周希文、華振東、吳修身。這幾位都是被認為是不可思議的人物或是活神仙。只有龍子、紹地、紹人、玲玲是以親屬身分參加的。

出席宴會時，傳祖雖然換了西裝，但還是那麼平易近人，滿臉笑意。主人介紹之後，大家一見如故，他年輕、謙虛，更贏得大家的好感。

「龍博士，您是接受西方教育的，您怎麼會對中國的《易經》發生興趣？」李繼聃笑問。他是一位六十上下，面貌清瘦、精神矍鑠而又謙沖內斂的人。

「這有兩個原因。」傳祖笑著回答：「一方面是我從小受到祖父的薰陶；一方面是我在研究飛碟方面遇到了瓶頸。《易經》的陰陽互變的理論使我茅塞頓開，愈鑽就愈有興趣。老子的道生一、一生二、二生三、三生萬物、有生於無的高見，更成為我探索多維宇宙的路燈。」

「高明，高明！」大家輕輕一笑。

「當年梁勉人在國內成為大學閥，可以說令祖是道不行才乘桴浮於海的。」夏宗周說。他大約七十左右，身體厚實、聲音洪亮，光頭。

「梁勉人是屠為的門徒，他完全不懂《易經》，也不瞭解物理、天文。可是他那一套伎倆，卻能以假亂真，將軍閥、政客唬得團團轉，變成了一犬吠日，百犬吠聲。所以龍老前輩反而變成了沒有聲音的學人。這實在是黑白顛倒，價值倒錯。」劉光漢說。他大約六十多歲，天庭特別飽滿，兩眼炯炯有神，口齒清晰。

「這倒不足為奇，」傅祖笑說：「老子到現在還吃不到冷豬肉，也只有我們少數搞物理、太空科學的人瞭解他、敬佩他。何況家祖父？」

「龍博士，您倒是頂豁達的。」李繼聃說。

「老前輩，我們學物理、太空科學研究易學、老子學說的人，如果連這一點都看不破，還想跳出地球、追上飛碟、成為宇宙人嗎？」傅祖笑說：「梁勉人的知識，不但局限在地球這個有限的物質世界裏面，連人文主義方面的學術，他也是一知半解，沒有全方位的認知。但是他什麼都敢談，彷彿全知，所以當時就有人說他是聖之時者也。可惜那個『時』，實在太短暫了。」

大家聽他這麼一說，不但不以為狂，反而肅然起敬。因為他們對於時間空間都有共識，都已超越以地球自轉一週二十四小時的計算標準。他們的空間觀念更不限於地球，而是整個宇宙。

「可惜當時民智未開，令祖孤掌難鳴，徒令豎子成名。」夏宗周說。

「就是現在，也只有諸位先進和在下有此共識，我們也是少數。」傳祖笑說：「舍弟傳宗，連太極圖都不認識呢！」

「令弟是學什麼的？」大家探問。

「他也是受西方教育的，是留美的比較文學博士，可不是白丁。」

大家面面相覷，不好怎麼說。傳祖卻笑語解頤：

「他的名氣可比家祖大，編輯、出版商都很捧他，他的書有人搶著出版，家祖的著作卻沒有人問津。」

大家好笑，卻笑不出聲音。過了一會劉光漢才說：

「這大概就是所謂曲高和寡吧？」

「連唱的機會都沒有，更談不上和了。」傳祖笑說。

「龍博士，您這次來訪，我們特別安排了他們幾位特異功能專家，表演幾項特異功能，一方面是供您參考印證，一方面是讓國內外觀眾，瞭解意念力的作用有多快多大？也許可以使西方太空科學家，瞭解飛碟運動的真象？」劉光漢指指李繼聃他們四人說：「他們都平易近人，和普通人一般無二，姿態很低，希望西方人不要把中國人的特異功能當作魔術，或是怪力亂神。」

「西方是有一位魔術家，本領不小。」傳祖笑說：「但那是障眼法，可不是意念功能。沒有那塊黑布，或是別的道具，什麼戲法兒都變不出來。意念功能可不一樣，那是意到即到。」

「就怕魔術家以假亂真，使人真偽難分。」李繼聃說。

「所謂道高一尺，魔高一丈。但魔術畢竟是魔術，意念功能是通往多維宇宙的唯一捷徑，也是佛道二家勸人修持的不二法門，而且以德為先，不像魔術以技炫人。俗語說：真金不怕火；把戲，把戲，都是假的。意念力就足可以破除魔術，不必介意。」傳祖笑說。

大家頻頻點頭，劉光漢和李繼聃還輕輕鼓掌。夏宗周補充說：

「西方科學多重知識不重道德，龍博士重視術德兼修，這倒是少有的。」

「以科學的眼光來看，我認為宇宙人是有很高的道德水準的。以宗教的立場來說，修仙也好，修佛也好，都是修德為先。道魔之分就在一個德字。」傳祖又向大家一笑說：「我是來向諸位取經，想突破太空科學的瓶頸，可不是來傳教的。我只追求真理，我不屬於任何宗教。」

大家看他這麼坦蕩，十分高興，紛紛向他敬酒。茅臺很香，但他菸酒不沾，他只端起杯子在鼻尖聞聞，向大家謝罪。

「龍博士，西方人都歡喜喝啤酒、白蘭地、威士忌，您怎麼滴酒不沾？」劉光漢問他。

「因為我還沒有被他們同化。」傳祖笑著回答。

「這可不容易，沒有幾分定力是不行的。」李繼聃說。

「我的生活很簡單，沒有什麼應酬，從來沒有酒肉徵逐。」傳祖坦然地說：「研究室就是我的家，整個宇宙就是我的精神寄託。」

大家知道他還沒有結婚，都說願意給他做媒。奇衣曼的影子突然在他腦中一閃而過，他笑著對大家說：

「追小姐比追飛碟還難，不知道我有沒有這個緣份？」

大家輕鬆地一笑。

宴會在融洽愉快的氣氛中結束，他和龍子、紹地他們一道上樓。

純純、凌菱已經等了不少時間，看他進來十分高興，他笑著對她們說：

「嬸嬸，對不起，讓您們久等了。」

「我們怕你太忙，沒有時間分身，就抓住今兒晚上這個機會，和你聊聊。」凌菱說。

「紹芬姑在臺北和你談什麼沒有？」純純笑問。

「紹芬姑談了很多，她真是一位了不起的好姑姑，我以她為榮。」傳祖笑答。

「你先別捧她，」純純笑說：「我只問你，她和你談過奇衣曼沒有？」

「不但談過，而且給我看了奇衣曼的照片。」

「你覺得奇衣曼怎樣？」凌菱問。

「是一位聰明美麗的姑娘。」

「她認為你比牛頓還聰明呢！」純純說。

「那她一定看走了眼。」他向純純一笑。

「你別和我兜圈子，我對你直說了吧！」凌菱性急地說：「紹芬和我們兩人，都想替你做這個媒。」

「嬸嬸，您們可別一廂情願。人家是如花似玉的妙齡小姐，您們有沒有問她願不願意？她有沒有答應嫁我？」他笑著說。

「我們怎麼能這樣問她？這是你自己的事兒，由你自己問才好，我們只能給你打邊鼓，怎能代你披掛上陣呢？」純純說。

「嬸嬸，」他向她們兩人一笑：「我是來北京做客的，時間由主人安排，那有功夫談戀愛？」

「你可以多留幾天，我們會替你安排。」玲玲說。

「伯母，您看我這種年齡，還能談戀愛嗎？」他指指自己的鼻尖說。

「你又沒有七老八十，怎麼不能談戀愛？」玲玲笑著白他一眼。

「伯母，她在北京，我在美國；她是維吾爾，我是漢人；她的家庭和我的家庭背景又不一樣。這許多差異、距離，怎樣解決？您們想過沒有？」

「我們都想過。」純純點點頭：「其他的都不成問題，我只問你：一旦你們結婚，你能不能帶她去美國？」

「這倒不成問題。」

「那就好辦了。」

「這邊准不准她和我結婚？會不會放人？」

「從前不行，現在可以。」玲玲說。

「既然這樣，姪兒就不能辜負您們一番好意。不過，我可不能再失戀，一失戀我真會跳出地球的。」

大家被他說得一笑，同時增加了幾分壓力，這種事兒是很難保險的。玲玲笑著對他說：

「我們替你拉縴，你自己可也得使點兒力，有很多事兒我們是不能代勞的。」

傳祖聽了笑了起來。龍子笑著對他說：

「你立足地球，胸懷宇宙，這種雞毛蒜的小事兒，你還不能應付？」

「伯父，這種事兒才難應付！」傳祖坦然一笑：「上次我接到『愛人』的囍帖時，才知道自己失戀了！」

大家被他說得笑了起來。玲玲忍住笑說：

「我不相信你會這樣笨！」

「伯母，牛頓養一隻貓，為什麼要開兩個洞讓貓進出呢？」他笑著反問。

「那不過是笑話兒，那會是真的？」玲玲一笑。

「我可是一坐進研究室，就會忘記時間，不知道天南地北的。」傳祖說。

「北京沒有你的研究室，你正好改一改。」玲玲說。

「說不定一回美國我就忘了？」

「我會打長途電話提醒你。」

他們兩人的對答，又把大家逗笑了。龍子問他明天的日程怎樣安排？他說都是官式應酬，領導請客。他問龍子是誰通知他去機場接機的？龍子說表面上是ＵＦＯ學會，實際上不是。他也懶得再問。反正瞎子吃湯圓，心裏有數就是了。隨後龍子他們告辭，玲玲將電話號碼告訴他，又特別叮囑他：

「你是香餑餑，忙人。我們找你不容易，你要是得空，隨時打電話給我們，我好安排時間，替你拉縴。」

傳祖聽了一笑，望著她說：

「伯母，只要有空，我就當個傀儡人兒，完全交給您們耍好了。戲演不演得好？奇衣曼來不來電？那就要看您們幾位大導演了。」

「那天表演特異功能？你可得先打個電話告訴我，我要見識、見識，也想學學氣功。」龍子叮囑他。

「伯父，這是我來北京的目的。人能不能跳出地球？成為宇宙人？這是一個契機，我想得到證實。」傳祖正色地說。

第一一四章　特異人隔空取物

龍博士笑語解頤

傳祖來北京後，做了幾次官式應酬、兩場學術講演，也參觀了長城和明陵。中南海是在赴宴時參觀的。這些活動，龍子他們都沒有參加。

特異功能表演，龍子夫婦、紹地夫婦、紹人夫婦和奇衣曼都到飯店大廳來參觀，所有電視、報紙記者都來了。本來這種表演的機會很多，各地都有，不足為奇，大陸老百姓也看得多了。只是這一次是專為傳祖表演的，所以媒體也特別重視。

大廳的一端，放著一缽盛開的大輪紅玫瑰，一共有三朵碗口大小的鮮艷的紅花。花缽旁邊放著一個一尺高的玻璃瓶，瓶內有一粒白色的樟腦丸，瓶蓋蓋的很緊，還加上膠布封貼的十字封條。UFO學會人員還請記者親自驗證。一位男記者將玻璃瓶端起來仔細察看、搖搖，別的記者紛紛拍照存證。一位漂亮的女記者彎腰低頭，用鼻子去聞聞那三朵盛開的紅玫瑰，她笑著對大家說玫瑰花還有香氣，這也被其他的攝影記者攝進鏡頭。

特異功能專家來了兩位，一位是吳修身、一位是李繼聃，他們一左一右地坐在傅祖兩邊。其他和他們坐在一排的是物理學家、太空科學家夏宗周、劉光漢、李興唐等十多人。他們坐在大廳的這一端，距離花缽、玻璃瓶有三十公尺遠。

UFO學會主持人宣佈，要請吳修身將三朵玫瑰摘一朵過來，請李繼聃將玻璃瓶內的樟腦丸取出來。

有人竊竊私語，認為這怎麼可能？玻璃瓶、玫瑰花並沒有罩上黑布或其他道具，而吳修身、李繼聃又和大家一樣空手坐在這邊，距離那麼遠，他們怎麼去取？尤其是玻璃瓶內的樟腦丸，就是讓他打開蓋子伸手去取也得花幾分鐘時間。奇衣曼就輕輕對凌菱說：

「這可不能用障眼法、不能變戲法兒。我擔心他們會當眾出醜？」

「俗話說：『沒有三兩三，不敢上梁山。』他們既然敢在大庭廣眾面前表演，我想不會失手。」凌菱說。

「除非他是千手觀音，不然真教人不敢相信。」奇衣曼還是搖頭。

主持人看看手錶，宣佈開始。吳修身坐著不動，兩眼微閉，略一凝神，一朵紅艷的玫瑰就到了他的手中，誰也沒有看清楚他是怎麼摘過來的？而那一端的花缽裏確實少了一朵。那位女記者趕過來聞聞那朵玫瑰，還有香氣。吳修身笑著送給她留做紀念。

李繼聃隨即對大家說：

「請諸位留意，我要取出玻璃瓶裏的樟腦丸了。」

大家屏聲靜息，記者們更用鏡頭分別對準他和玻璃瓶。不知怎樣的？突然玻璃瓶內空空如也，樟腦丸卻握在李繼聃的掌心，他笑著將手掌攤開給大家看，一點不錯，是同樣一粒樟腦丸。那位女記者不信，拿起樟腦丸放在鼻尖聞聞，是有一股樟腦氣味。她笑著對李繼聃說：

「這一粒樟腦丸我也留著做個紀念。」

「對不起，小姐，我還要放回原處。」李繼聃笑著對她說。

她只好將樟腦丸交還他。一瞬間，樟腦丸又回到瓶內。這三十公尺的來回運動過程誰也沒有看見，照相機裏也是一片空白。

於是大家紛紛議論起來，不知道是怎麼回事兒？魔術嗎？沒有黑布，沒有任何道具，更沒有助手。他是怎樣取得的又是怎樣放回去的？他們百思不解。因此紛紛請教傳祖：

「龍博士，您看這是不是變戲法兒？」

「您們看，他們兩位有沒有用黑布，或是其他道具？有沒有助手？」傳祖反問。

「沒有。」大家異口同聲回答。

「這就得了！這怎麼會是魔術呢？」傳祖向大家笑笑。

「那他們是用什麼方法辦到的呢？」

「您們請教他們兩位好了。」傳祖笑說。

於是大家又紛紛問吳修身和李繼聃。吳修身說：

「我說出來您們未必相信？」

「您說說看？」

「很簡單，一想就成。」

「怎麼我們想得到做不到？」

「您們有沒有打坐？有沒有練過氣功？」吳修身反問。

有人搖頭，有人說有，但是也辦不到。李繼聃笑著問他們。

「您們有沒有拋開七情六慾？和貪、瞋、癡三毒？」

大家都笑著搖搖頭。李繼聃又笑著對那些圍著他的記者說：

「尤其是您們記者先生、小姐，腦子裏面裝的東西太多，一切聰明才智都放在人事上面，成天跟著別人團團轉，絞盡腦汁挖新聞，一天二十四小時，頭腦裏恐怕難有一刻鐘是清如明鏡的。即使打坐，也是雜念叢生，心猿意馬。您們的靈臺就像一隻垃圾桶，智慧眼不開，即使打坐又有什麼用？」

大家聽了有的不禁失笑，有的面面相覷。李繼聃又對他們說：

「恕我說幾句直話，光打坐還是不行，必須積德修身，心存善念，千萬不可整人害人。本來人人都有道根佛性，就是因為七情六慾和貪、瞋、癡三毒，壞了道根佛性，所以愈陷愈深，連我們這一點點能耐都沒有，還把我們當做魔術師或是奇人，這就有些可笑了。」

很多人都聽不進李繼聃的話，又轉問傅祖：

「龍博士，您看他們兩位用的是什麼法術？」

「這不叫法術，這是意念功能，是振動力。他們是運用意念力取物。思想意念、振動力，是比什麼都快的功能、力量。剛才他們兩位用意念力取物，超過光速，所以您們看不到，也照不到。」傳祖笑說。

「龍博士，您是研究飛碟的，為什麼對這種事兒有興趣？」

「這和飛碟的關係可大啦！」傳祖正色地說：「飛碟是以超光速來往地球的，而操控飛碟的外星人、宇宙人，不用燃料，不要引擎，全憑意念力，只是他們的意念力特別強大，不像他們兩位只能取花、取樟腦丸。如果他們兩位的意念力再強，那再大再遠的東西也可以隨時取來，這沒有什麼好奇怪的。」

「龍博士，他怎麼能隔著玻璃瓶把樟腦丸取出來又放回去呢？」

「因為他以意念加速，使物質的樟腦丸，化成虛子團，沒有重量，不佔空間，克服地球時空障礙效應，穿透粒子組成的玻璃瓶，取出樟腦丸，自然是輕而易舉的事兒了。」

傳祖這一說，大家比較容易瞭解。但是還有幾分惶惑地望著吳修身，看他胖乎乎的身體，發亮的光頭，一身灰布中山裝，帶著幾分土氣，居然有這份意念功能？還是有點不可思議。李繼聃雖然有幾分仙風道骨，但他也是吃五穀雜糧的普通老百姓，如果他要取銀行保險櫃裏的人民幣、金銀珠寶，那不是同樣容易，一夜之間就可以發大財了？傳祖看大家還有些惶惑，又笑著對他們說：

「如果他們兩位的意念力強大到能加速身體自旋至超光速，他們的身體就可以化成虛子團而隱形，穿透地球上的一切障礙，來去自如了。」

「那不和勞山道士所說的隱身術一樣了？」

「不錯，那並不是神話。」傳祖點點頭：「其實那是一種特殊的振動力、頻率。只是大家不瞭解其中的道理，所以將信將疑。如來佛、觀世音菩薩，無所不在，無所不能，有千百億化身，也是振動力、頻率的關係。」

「龍博士，您認為只有這樣才能追上飛碟嗎？」

「不錯，」傳祖點點頭：「我認為西方科技在這方面已經無能為力，任何地球上的載體都不能穿越粒子、不能超光速，必須另闢蹊徑。所以我又回到東方，以我們老祖宗的智慧結晶為法。希望我們人類早日進入四維以上時空，不必你爭我奪，鬥得死去活來。」

「那談何容易？」有人大大地歎了一口氣。

「是不容易，也不是人人都能辦到的。但是我們應該有這種理想。像吳先生、李先生，他們如果繼續努力，那就比較容易。河況，佛家、道家都認為人人都有佛性道根，所以並不是不可能。」

傳祖說到這裏，大家帶著三分希望，七分惶惑，逐漸散去。李繼聃感慨地對傳祖說：

「龍博士，您到底是科學家，您解釋得比我清楚多了！」

「龍博士，您到底是家學淵源！您將現代太空科學帶到一個新境界了。」夏宗周說。

「可惜中國人並不重視自己老祖宗的智慧結晶，臺灣不少的所謂易學專家、教授，還停在望文生義階段，以實驗主義的觀點曲解《易經》，充其量只認為《易經》可以用來卜筮吉、凶、禍、福而已。一些學習西方的實驗主義學者，對老子的曲解、誤解，已經到了可怕的程度。」傳祖感慨地說。

「那他們怎麼解釋《易經》呢？」夏宗周又問。

「《易經》對他們來說，還是一部天書。因為他們不能從美國販買《易經》回來。」

「龍博士，照您這樣說來，還只有我們這些搞太空科學的人，才摸到門道了？」

「所以我說我們還是少數。」傳祖向夏宗周笑笑：「我們應該共同努力，讓人類早日脫離地球的困境，不要做無謂的鬥爭。」

「龍博士，恐怕您也會曲高和寡的？」夏宗周擔心地說。

「我們搞科學的人不講空話，只要我們能共同努力，相互印證，用事實揭開神仙、如來佛的那層面紗，那就不會曲高和寡了。」傳祖冷靜地說。

這次特異功能表演之後，UFO學會還請了易學專家、中醫師、特異功能專家與太空科學家舉辦了一場聯合討論會，就易學與醫學、特異功能、太空科學的相互關係，發表意見，綜合整理，做成結論，準備印成專輯，做為研究參考。還特別請傳祖返美後寫篇專論寄來付印。

這些活動結束之後，傳祖才有個人的活動時間，由龍子一手安排，他先讓傳祖和家人輕鬆地團聚一番，邀傳祖到他的辦事處來。玲玲將傳祖來北京後的報紙新聞、專訪，剪貼成冊，交給他留做紀念。傳祖沒有想到她這麼細心，笑著對她說：

「伯母，您真把我當成要人看待了？」

「我不是把你當成要人，我是把你當成中西合璧的科學家。」玲玲笑著回答：「你是龍家的光榮，龍家並沒有真垮。你的名字也沒有取錯，你已經替祖父揚眉吐氣了。」

「伯母，我可沒有公公那種道行。」傳祖笑說：「看了吳修身和李繼聃兩位前輩的表演，我更相信公公是真人不露相。」

「你以為公公會比李繼聃還高嗎？」龍子關心地問。

「公公不但學問好，他又從小受過柳神仙的指點，他在臺灣那麼多年，與世無爭，澹泊名利，又無牽掛，他下的功夫我們都不知道，連那本大著都是到最後關頭我們才發現的。伯父，您想想看：這其中有多少玄機？」

「你說的不錯，」龍子連連點頭：「我要是沒有看見吳、李兩位先生表演，我也想像不到人真有那種本領？」

「仙佛本來都是人修成的，只是宗教加了一層面紗，反而使人像霧裏看花，不容易發現真諦。縱然讀破萬卷經論，也像在打啞謎。」傳祖笑說：「反而不易明心見性，立地成佛。」

「傳祖，你這次來北京，也使我開了竅。」紹人說。

「三叔，您說這話兒我怎麼敢當？」傳祖似喜還驚。

「三叔算是白活了這一輩子！」紹人激動地說：「當年爹的話我總聽不進去，以為爹的思想落伍，我最前進。現在才如夢初醒，覺得我白白地浪費了這一生！吃苦受罪也是活該！」

「三叔，您怎麼突然有這種想法？」傳祖笑問。

「我剛看完爹那本大著影本，又看過特異功能表演，聽過你講的這些話，覺得我以前是坐井觀天，把自己關在那個小框框裏，抱著何仙姑叫二姨，真是幼稚無知！」

他的話真的使純純、紹地、龍子、玲玲又驚又喜。連奇衣曼也睜大眼睛望著他，凌菱卻欣慰地一笑說：

「他一直是一位拗相公、槓子頭，總是自以為是。這個毛病一直不改。他和爹更有幾十年的心結。這回我逼著他看爹那本書，想不到他愈看愈開竅。加上看了表演，聽了您一席話，彷彿頓悟似的，虛心起來。但我也沒有想到，他會在傳祖面前說出這番話來？這可真不容易！」

「那今天我們要好好地喝幾杯！」龍子高興地說：「這幾十年的折騰，總算沒有白費。」

「這代價也實太大了！」紹人說。

「您要不要恢復寫作呢？」龍子問。

「我過去寫的那些東西，實在一文不值，而且誤己誤人。」紹人懊悔地說：「既沒有文學價值，更不瞭解宇宙的奧祕，和人生的真正意義。像瞎子摸象，抱住一隻象腿，便肯定那就是全象，還要否定別人的看法，真是兒戲。」

「三叔，作家最好多瞭解一點文學以外的東西，不要只在人文主義裏兜圈子，尤其不要只在文學的什麼主義方面兜圈子，那樣很難寫出什麼偉大的作品來的。」傳祖說。

「這幾十年來我和外面的世界幾乎完全隔絕，不知道西方作家有沒有什麼偉大的作品？」紹人問。

「三叔，我不是研究文學的，我不敢信口雌黃。」傳祖說：「不過當代英美作家的作品，我也看了不少，我還看不出有那一部作品稱得上偉大？」

「他們可以隨心所欲地寫作，怎麼會寫不出偉大的作品？」凌菱問。

「西方是個功利主義的社會，作家也是功利主義者。沒有理想，沒有思想深度，一切向錢看，那怎麼能寫出偉大的作品來？」傳祖笑說：「要是這邊的作家能把眼光放大一些，站在全中國人的立場來寫，我認為還有希望寫出偉大的作品來。」

「西方人看不懂中文，縱然寫出了偉大的作品，拿不到諾貝爾獎，他們也不會承認。」凌菱說。

「三嬸，何必要他們承認？」傳祖一笑：「曹雪芹寫出《紅樓夢》時，諾貝爾還沒有出生呢！中文讀者有十幾億人，中國人難道不可以辦一個比諾貝爾更高的文學獎嗎？」

「傳祖的話有理，我贊成！」龍子高興地說：「日本就辦了幾個不錯的獎金。」

「只要您們兩位寫出好作品，可以拿到臺灣去出版。」玲玲說：「紹文和紹芬現在正在辦一個文化基金會，沒有問題。」

他們兩人聽了也精神為之一振，不禁會心地一笑。紹人又問：

「那邊不要審批嗎？」

「不必，誰有錢誰都可以出書。」龍子說：「可惜的是不能保證作品的品質。」

「要是我寫了一本書，也可以出版嗎？」奇衣曼笑問。

「像妳這樣漂亮的女孩子，出版商最歡迎，還可以使妳一夜成名。」龍子笑說：「保險會把妳捧成維吾爾的大作家。」

「那不笑死人？」奇衣曼好笑。

「好笑的事兒多了也就沒有人笑了。」龍子說：「工商業社會，只要賺錢就好。」

「這也是美國風，但不算仿冒。」傳祖笑說：「美國不會祭出《三〇一條款》。」

傳祖的話使大家的心情更輕鬆愉快，他自己也感到無拘無束，彷彿在臺北家中一般。吃飯時更輕鬆自在，小房間，八個人一桌。玲玲安排奇衣曼和傳祖坐在一塊，她看他們長輩都是一對一對，他們兩人是晚輩，沒有話說，便大方地坐在傳祖身邊。

龍子準備了茅臺和洋酒，他問傳祖是喝軒尼詩還是喝茅臺。傳祖說：

「我不喝酒，但我要聞聞茅臺的香味。」

「今天都是一家人，一定要喝一點。」玲玲說。她同時給他和奇衣曼各斟了一杯茅臺。奇衣曼沒有喝過茅臺，她也喜歡茅臺的香味。她喝過蒙古人製的馬奶子酒，甜中帶一點酸，她一次能喝兩碗。

紹地、紹人夫婦很久沒有喝過茅臺，聞到茅臺的芬芳，也很高興。龍子夫婦因為應酬多，喝的次數也多。龍子更偏愛茅臺，他的酒量也好。他先端起杯子對大家說：

「今天算是我們在北京吃團圓飯。不喝酒的也得喝兩杯。茅臺不但比日本清酒好得太多，也比洋酒合我的口味，喝多了也不會頭暈，睡一覺也就好了。」他又特別對傳祖和奇衣曼說：「你們兩位年輕，不妨多喝兩杯。」

「抗戰前我們住翰林第的那段日子，過年過節一定喝茅臺。只有那種場合，祖母才准我們三兄弟喝酒，我也愛喝茅臺。」紹地說：「現在一瓶茅臺，抵一般人的三個月的工資，實在喝不起。」

「今天大家開懷暢飲好了，不要想它多少錢一瓶？免得掃興。」龍子笑說：「我這個老哥也代表紹天和大家團聚。可惜他不便來，不然我們更高興。」

「傳祖在場也是一樣。」玲玲說。

因為是一家人，大家心裏高興，又都有意促成傳祖和奇衣曼的婚姻，都勸他們兩人喝酒，他們兩人也心照不宣，奇衣曼年輕，十分開朗，又喝過馬奶子酒，那種香甜的味道，餘味猶存。茅臺是中國名酒，她也想嚐嚐，因此不必多勸，她就舉杯先喝了一口，還笑著說：

「茅臺很醇、很香。」

她先喝了，傳祖也不得不喝，他嚐了一小口，細細品味，忽然一笑說：

「今天我才知道，酒並不是壞東西。」

「酒比菸好，少喝有益。」龍子接嘴：「尤其是茅臺這類好酒。」

「古人說三月不知肉味，我是三十多年不知酒味。」紹地說。

「今天你不妨多喝兩杯。」龍子看他牙齒已經裝好，笑著勸他。

酒一下肚，人就興奮開朗起來。紹人一向心情很重，現在也有說有笑。傳祖看他高興，也笑著敬他，他更高興地對他說：

「傳祖，三叔不成材，幸好你替龍家爭了光，我也水漲船高起來。」

「三叔，請別這樣說，姪兒承擔不起。」

「傳祖，這不是客氣話。」凌菱說：「你學的是真學問，我和你三叔是沙灘上砌寶塔，浪費了一生。」

「三嬸，不能這樣說。」傳祖向凌菱一笑：「古人說：『世事洞明皆學問。』倒不在於幹那一行。」

「傳祖，世事洞明談何容易？」紹人也向他一笑，不過笑得有點淒涼。「我就是在這方面差勁，人家給我一根棒槌，我竟當作繡花針。像爹那樣，才能算是世事洞明，才是真學問。我是自作聰明，再回頭已百年身了。」

「公公是經過一番寒徹骨的。像他那樣的讀書人，到底太少太少。」傳祖說。

「你年紀輕，對公公的瞭解卻比我這個做兒子的深得多，莫非這也是所謂隔代遺傳吧？」紹人望著傳祖說。

「三叔，我不是研究生物學的。只是我從小跟著公公和姑婆婆生活，他們的一言一行對我都有影響。看了公公的著作後，我對公公的瞭解自然更深。這對我做人做學問都有很大的幫助。」傳祖說。

「我也不知道是怎麼回事兒?我和爹為什麼那樣南轅北轍?有時還故意和他唱反調。」

「您是被人牽著鼻子走,還拉著我墊背。」凌菱輕輕白紹人一眼。

「瞭解爹的人並不多,我是學生又是媳婦,也未必瞭解,過去的事兒就不必談了。」純純對紹人說。

「今天都是一家人,紹人憋了幾十年的話,說出來也好,不必再悶在心裏。」龍子說。

「可惜我已經沒有贖罪的機會了。」紹人說著猛喝了一口酒,「我真希望去臺灣看看姑姑,在她面前懺悔、懺悔!她最清楚我從小是怎麼叛逆的。」

「隔了一條海峽,比上天還難。您又不會隱身術,這一輩子恐怕也見不到她老人家了。」凌菱說。

「姑婆婆很關心您們,她對龍家的感情比誰都深。」傳祖想起了蝶仙對他講的那番話。

「我們三兄弟是她從小帶大的,這點你還不清楚。」紹人對傳祖說:「只有你爹還盡了一點孝心,我和二哥她算是白帶了。」

奇衣曼完全不瞭解這些情形,她兩眼在他們臉上轉來轉去,插上不嘴。她忽然舉起杯子笑著對紹人說:

「乾爹,您說累了,我敬您一杯。」

「我不能再喝,再喝會丟人現眼,妳敬傳祖好了。」紹人對她說。

奇衣曼舉著杯子望著傳祖不講話,只是笑。她喝了酒臉色更紅潤,比吳修身摘的那朵玫瑰花兒還美，傳祖舉起杯子輕輕碰了一下她的杯子，先喝了一小口。她揶揄地笑說：

「您一個大男人，這樣喝酒，還想跳出地球？」

傳祖被她說得一笑，又喝了半口。她笑著白了他一眼，將自己的半杯酒一飲而盡。

龍子他們看了十分高興。他們都喜歡奇衣曼的爽朗、風趣、乾淨俐落。

飯後，龍子對傳祖說：

「你送奇衣曼回去，明天是星期天，我們有應酬，不能陪你遊頤和園，請奇衣曼陪你好了。」

「大伯，您還沒有問我願不願意呢？」奇衣曼笑說。

「看在我們同是戲迷的面子上，妳還好意思拒絕大伯？」龍子笑說。

奇衣曼嗤的一笑，望望大家說：

「衝著您們的金面，我心裏就是一百個不願意，也不好說出來。」

傳祖被她逗得一笑，她卻輕盈淺笑地挽著傳祖的手臂，走了出去。走了兩步又回過頭來笑著對大家說：

「我怕他喝醉了東倒西歪，跳不出地球，只好扶著他走。」

大家被她逗得笑了起來，看他們雙雙離去之後，紹人說：「現在是他們的世界。」

「我看紹芬的眼光不錯。」純純高興地說。

傳祖坐上UFO學會提供的車子送奇衣曼回去，上車之後，奇衣曼笑著對他說：

「我不相信，你笨得連一個女朋友都沒有交過？」

「我坦白告訴你，我交過一個女朋友，而且交了四、五年。後來她突然把我甩了，嫁了一個白人。」

「為什麼？」

「大概因為我太笨？」

「那以後可得學聰明一點。」

「現在的女孩子太聰明，比飛碟更難抓。」

「您應該向吳修身、李繼聃兩位高人學學。」

「臨時抱佛腳也不行。」

「那您就在北京多待一陣子，學會了再回美國去。」

「我是個大笨蛋，不知道要多少時間才能學會？」

「到時候去問您三嬸、二嬸好了。」她忽然向他慧黠地一笑。

隨後她又向他探聽美國的情形和他在美國的生活狀況，他簡單地告訴了她。

「我們也知道美國人姓資，有沒有人姓社？」她笑問。

起先他不知道姓資、姓社是什麼意思？《百家姓》裏似乎沒有這兩個姓？但他立刻領悟過來，不禁一笑說：

「您們都是天才，很會創造名詞、術語。」

「如果中國人沒有這點兒幽默感，那不都進了死胡同？」

「妳是姓社還是姓資？」他笑問。

「這很難說！」她有點猶豫。「姓社我不贊成吃大鍋飯，使人人變成懶豬，一窮二白；姓資我又反對唯利是圖，見利忘義，不擇手段，人人都變成了賺錢的機器，賺不到就搶、就綁票勒索。我不想坐翹翹板，但又沒有找到一個平衡點，您教我怎麼說？」

「這的確是一個困擾地球人的難題，不但是妳。」他拍拍她說。

「那您姓什麼？」她笑著反問。

「我姓龍。」他也笑著回答。

「您沒有回答我的問題。」她搖搖頭。

「這是我的標準答案。我們龍家是三條大路走中間，所以我行不更名，坐不改姓。」

「難道您沒有取個美國名字？」

他搖搖頭。她望了他半天，然後一笑說：

「原先我以為您是個美國腦袋？想不到您還是個老中國！」

「美國有好有壞，我在美國是學人家的長處，不是檢破爛，我不贊成一面倒。」

她笑著點點頭，下車時又握握他的手說：

「明天我會陪您去頤和園，上午九點我到飯店。」

他隔著玻璃窗，望著她踏著輕快的步子離開。

回到飯店，傳祖認真地考慮和奇衣曼的婚姻問題。

首先是年齡問題，他和奇衣曼相差十多歲，這在西方的婚姻中是很普通的事，有的甚至相差二、三十歲。以龍子和玲玲來說，相差也二十來歲，他們不是過得很好嗎？

其次是種族問題，這在美國人的婚姻中，異族通婚、黑白通婚，更是司空見慣。他的中國女友後來嫁的就是白人。奇衣曼雖是維吾爾人，但是膚色接近，沒有太明顯的差異，她還兼有東方美；語言、文字更沒有問題，她漢化的程度相當深。她對中國文化的認同甚至超過臺灣一些中國女孩子，尤其是那些唸美國學校的女孩子。

三是教育程度。她不久就可以取得碩士學位，還懂俄文。這對他可能很有幫助，因為蘇聯也是科技大國，是美國的最大對手，在太空科技方面有不少地方還領先美國。他不懂俄文，她正可以彌補他的不足。

最後是人的問題。奇衣曼是維吾爾的美女，兼有東方美女的靈秀和西方美女的健康。人更聰明伶俐，個性爽朗而不粗獷，機智而又風趣，相當果斷獨立，沒有漢人女孩子的忸怩作態，不必像捧著鳳凰蛋似的捧著她。他想：「只要她同意，我就娶她。」

奇衣曼回去後也考慮了一番。她對傳祖的學識、地位、人品，沒有話說，在國內實在找不到。很多小姐都想嫁個美國人出國，他有中美雙重國籍，可以美國、臺灣、大陸通行無阻。種族不成問題，維吾爾、哈薩克、蒙古人，都有通婚的事實，還以與漢人通婚為榮，尤其是像傳祖這樣身世的漢人，她的父母家人絕不會反對，何況她父母還見過他兩位姑母紹華、紹芬和二嬸純純，對他們都很尊敬。她唯一的考慮是年齡問題。但現在男女年齡的差距愈來愈大。北京有些條件很好的小姐為了出國，甚至不惜嫁個美國老頭子。傳祖雖然大她大十多歲，但看起來還很年輕，尤其是他那張面帶笑容的臉，更像娃娃臉，再過十年、八年，也許他看起來比自己還年輕。何況龍子、玲玲的婚姻不是很美滿嗎？

「只要他肯娶我，我就嫁他。」她懷著這樣的心情，安然進入夢鄉。

第二天，她吃過早點之後，準時來到飯店。傳祖正在等她，一看見她一身維吾爾裝，又是一種風情，十分高興地說：

「妳真準時！」

「我從來不遲到早退。」她笑著回答。

「昨兒晚上睡得好不好？」

「很好，一覺睡到天亮。您呢？」

「我一夜輾轉反側，這是我到北京後的第一次失眠。」

「是不是跳出地球的夢碎了？中途摔了下來？」

「妳猜錯了。」他搖搖頭。

「那還有什麼事兒讓您失眠的？」她歪著頭笑問。

「我夢見我又失戀了！」他兩手一攤說。

她嗤的一笑。隨後又指著他說：

「您根本沒有談戀愛，怎麼會失戀？您把我當作三歲的小孩？」

「奇衣曼，我們別再兜圈子好不好？？」他雙手按著她的兩肩說：「我實在沒有時間談戀愛，這對妳很不公平。如果妳不討厭我，我們先訂婚，等妳學業完成之後，我們立刻結婚好不好？」

奇衣曼笑了起來，白了他一眼說：

「您未免太猴急了？您不覺得太快了嗎？」

「一點不快！光速每秒三十萬公里，我們見面已經好幾天，在機場我第一眼看見妳，就愛上了妳。現在是太空時代，速度第一，速度不快，怎麼能抓住飛碟？」

奇衣曼被他說得一笑。她本來已經心許，看他心急卻故意逗他說：

「縱然您的速度快，我又不是飛碟，恐怕我父母也未必同意？」

「難道你們維吾爾人也有種族偏見？」他急著問。

「那也因人而異。」

「妳父母不同意妳嫁漢人是不是？」

「他們根本不知道您是橫鼻子還是豎眼睛？也許他們把您當成外星人？那他們怎麼會同意？」

傳祖聽了不禁一笑。他知道電影上的外星人那種怪模怪樣，他也看不順眼，因此笑問：

「照妳這樣說來，我還非妳父母驗明正身不可了？」

「您敢不敢見他們？」她笑著激他。

「太空我都上去過，我倒沒有什麼不敢的。只是我沒有時間耗下去。」

「那該怎麼辦呢？我又不能自己作主？」她故意顯出為難的樣子。

「能不能請令尊、令堂來北京一趟？我在這兒等他們幾天好了。」

「您既然有這番誠心，我就打電報去請他們來看看您。但看不看得中？我可不敢保險。」

「那我只好承認第二次失戀，一心一意去追飛碟。跳出了地球，就不會有這麼多障礙、煩惱。」

奇衣曼開心地一笑。想不到他這位太空科學家的感情，也和普通人的感情一樣脆弱？她怕他又受到傷害，便笑著安慰他：

「請我父母來，是您的禮貌，也是我做女兒的規矩。他們把我養大了，我的婚姻就自作主張，不讓他們過問，他們豈不傷心？其實我父母是最疼我的，他們人也頂好，您紹芬姑姑和純純二嬸都見過他們。他們會相信我的眼睛。」

傳祖沒有想到奇衣曼還有這份美德？這份孝心？他立刻擁著她，在她光亮寬廣的額上輕輕一吻，隨即拉著她去服務檯發電報給奇衣曼父母，請他們坐飛機趕來。

奇衣曼很細心，她怕父母買不到機票，還請傳祖以他的身分向中國旅行社交涉，請旅行社通知烏魯木齊分社預留兩張機票，傳祖先在這邊付錢，旅行社知道他的地位，立刻打電話過去交代。

事情辦好之後，他們不去頤和園，直接來看龍子、玲玲。他們看奇衣曼一身維吾爾裝，顯得更加俏麗，他們也更加歡喜。

「怎麼，你們沒有去頤和園？」玲玲笑問。

「伯母，去頤和園已經不重要了。」傳祖笑著回答。

「你們已經──？」龍子笑問。

「大伯，他是研究飛碟的，做什麼事兒都以光速做標準，我已經變成他捕捉到手的飛碟了！」

奇衣曼的話說得龍子、玲玲、傳祖都笑了起來。傳祖又告訴他們，奇衣曼剛發過電報，請她父母來主持訂婚。

「這太好了！」龍子雙手一拍說：「訂婚的事兒我和你伯母全權辦理，你們不必操心。結婚時再請你爹娘來主持。你們還應該特別感謝紹芬姑姑，她真是個有心人，我們都佩服她的眼力。」

「結婚時一定要請紹芬姑來。」傳祖說：「我這次來北京時，她還一再叮囑我，我看過她和奇衣曼的合照後，我早就打定主意了，不是在機場才決定的。」

奇衣曼聽了也高興地一笑。

龍子夫婦很快將這個喜訊轉告紹地、紹人夫婦，他們自然高興，尤其是凌菱，自己的乾女兒嫁給姪子，是親上加親。她一趕過來就摟著奇衣曼笑出了眼淚，奇衣曼也笑著對她和純純、玲玲說：

「乾娘，我早知道您們三位的苦心，以後我會好好地孝敬您們。」

「昨兒晚上你們兩人走後，我還有些擔心，生怕好事不成？」凌菱抹抹眼淚說。

「乾娘，我是怕他有點兒不老實。」奇衣曼俏皮地說：「他在美國那麼多年，白人小姐、黑人小姐、亞洲小姐一大堆，難保他不吃魚腥？」

大家被她逗得一笑，傳祖也好笑。玲玲笑說：

「他連臺北的小姐都沒有看上，單看上妳，可見他是一隻挑嘴的貓兒。不是什麼白的、黑的、黃的都吃。」

玲玲又把大家說笑了。奇衣曼暗自高興，傳祖這時才說：

「其實紹芬姑還怕我挑嘴，替我準備了第二張牌。」

「什麼第二張牌？」龍子一時沒有想到，因此發問。

傳祖便講出廖淑君來。奇衣曼聽了先是暗自一驚，隨後更高興地粲然一笑，凌菱才說：

「昨兒晚上我擔心的正是這一點！憑良心說，廖淑君的條件也很好，也是人見人愛。我還只看過她的照片，二嫂還見過她本人。」

「可是紹芬姑連那位白族小姐的照片都不肯給我看。」傳祖笑說。

「那又為什麼？」奇衣曼關心地問。

「她怕我吃在嘴裏，望著鍋裏。」傳祖一笑：「要是我看了廖小姐的照片，也許真會心猿意馬呢？」

「您還好意思說出來？」奇衣曼白他一眼。

「乖女兒，這正是傳祖坦白可愛的地方。」凌菱摟著奇衣曼說：「我看妳真要好好地謝謝紹芬姑這位好媒人！」

「她隔了一條海峽，我在這邊謝她一千句她也聽不見。」奇衣曼遺憾地說。

「所以我主張你們結婚時一定要請紹芬姑來。」龍子說。

「她不來我也會親自去請。」傳祖說：「她對我實在太好了！」

「替你們完成終身大事，我心裏也是一大安慰。小龍還小得很呢！」

三天後，奇衣曼的父母終於趕到北京來了，傳祖招待他們住在隔壁房間。他們沒有住過這麼豪華的飯店，奇衣曼陪著他們，他們從奇衣曼口中完全瞭解傳祖的情形，對這位美國來的準女婿是愈看愈愛，彷彿天上掉下一顆星來。

傳祖送了一千美金的紅包作為見面禮，不說是聘金，以免俗氣。他們從來沒有見過美金，奇衣曼告訴他們這是個大數目，他們盤算一下，可以過四、五年生活，這份高興不是言語可以形容的。

龍子夫婦也送了他們衣料、金戒，給奇衣曼買了最時髦最鮮豔合身的洋裝，再加金戒、項鍊，將奇衣曼打扮成全北京最時髦、最漂亮的小姐。

傳祖在飯店請了四桌最好的酒席，將ＵＦＯ學會的有關人員和夏宗周、劉光漢、李興唐、吳修身、李繼聃、周希文、華振東都請了來，龍子請了龍翔、馬長青這些和他經常往來的朋友，奇衣曼請了她幾位老師來，正式宣佈訂婚。有些記者也聞風趕來湊熱鬧，還有幾位部長級領導也趕來道賀，的確風光。

傳祖、奇衣曼陪她父母遊了頤和園、故宮、中南海，才送他們回新疆。

傳祖回美前夕，家人又一起聚餐。本來有說有笑的奇衣曼卻有些食不下嚥，眼中隱隱有淚。大家知道她動了真情，盡量說些開心的話給她聽，傳祖講了一個美國黑白婚姻的笑話逗她：

從前有一對黑白夫妻，先生是黑人，黑得像煤炭。太太是白人，白得像白雪公主，但膽子小得要命，既怕黑夜，白天見了蟑螂也要驚叫，見了老鼠、蛇，要喊救命。他們新婚之夜，突然停電，伸手不見五指。但黑人丈夫在黑暗中可以看見白得像白雪公主一般的太太。白人太太卻看不見黑煤炭一般的丈夫。偏偏丈夫身體像公牛一樣，精力旺盛，電燈又老是不亮，他一時情急，在太太忐忑不安的心情下，突然對她毛手毛腳起來，這一突襲，使她驚駭得哭叫了起來：

「ghost! ghost!」

黑人丈夫卻用力蒙住她的嘴說：

「達令，不是ghost，是husband（黑漆板凳）。」

大家爆笑起來，笑得東倒西歪。奇衣曼倒在傳祖懷裏，抬不起頭來，兩肩直抖，滿臉眼淚。

過了好半天，玲玲才伸直腰來，白了傳祖一眼說：

「傳祖，你真惡作劇，你也不怕笑壞人？」

「伯母，我不講個笑話兒，奇衣曼會哭起來。」傳祖笑說。

奇衣曼又氣又笑地用筷子在他腦殼上敲了一下。

「想不到傳祖還會編笑話兒？」純純、凌菱笑著抹抹眼淚說。

「您們不知道，他的笑話兒可多呢！」玲玲說：「有一次在臺北機場，他也編了一個老美講中文的笑話兒，把蝶仙大娘和我們都笑得伸不直腰來。」

奇衣曼望望傳祖，又不自禁地笑了起來。傳祖笑著對她說：

「妳不要怕，我可不是那個黑漆板凳。」

大家又被他逗笑了。奇衣曼掄起粉拳，笑著搥了他一拳。

這次聚餐，不但沒有感傷惜別的氣氛，傳祖的笑話反而給大家帶來了歡樂。尤其是奇衣曼，心裏更有一種甜甜的感覺。

第一一五章 恨投機紹芬震怒 遭恐嚇兄弟憂心

傳祖在北京的情形，龍子寫信告訴了紹天，純純也寫信告訴了紹芬。杏芳知道這個消息，十分高興，一掃香君去世後的抑鬱心情。

紹天、紹芬將他們兩人的來信都送給蝶仙看，蝶仙也很高興。她看了兩遍，才將信交還他們說：

「想不到我和天行在沙坪壩養雞種菜，用糙米飯把他養得白胖胖，養出這麼個有出息的孫子來。他不但給天行吐了一口氣，我們龍家居然訂了一個維吾爾的媳婦兒？這真是老夫人當年做夢也想不到的。」

「姑姑，現在和曾祖母的時代是大不相同了。」紹天笑說：「在她那個時代，不可能發生這種事情。」

「這幾十年來，我們龍家真是變得太大太多了，以後還不知道會變成什麼樣子？」蝶仙望望他們兩人說。

「姑姑，萬變不離其宗。」紹天說：「您放心，曾祖父母傳下來的家風，您和爹一直維持到現在並未改變。縱然到了傳祖這一代，表面上是不一樣，但骨子裏還是龍家精神。我很慚愧，沒有爹的涵養學問，但傳祖比我強，他很可能將爹的思想學問發揚光大。」

「從小看大，三歲看老。傳祖這孩子，在沙坪壩時代我和你爹就看中他，現在果然未出所料。」蝶仙安慰地一笑。

「大媽，您放心。」紹芬對蝶仙笑說：「奇衣曼是棵好秧子。雖然她是維吾爾人，但無論身體、頭腦，都是一等的。不然我也不敢搭這座橋，日後您要是親眼看到她，您會更滿意。」

「那時候生米煮成了熟飯，不滿意我也得嚥下去了。」蝶仙故意逗紹芬。

「大媽，奇衣曼比我強多了。二嫂、三嫂都滿心歡喜，她們的眼光該不會比我差？傳祖更是一隻挑嘴的貓兒，他自己看中了，您就放一百二十個心吧！」紹芬笑說。

「奇衣曼要是趕得上妳，我就很高興了。」蝶仙望望紹芬笑說。

「大媽，我那有奇衣曼那麼足的本錢？我都老了，您還拿我開心？」紹芬不禁一笑。

「在我面前，妳永遠是十七、八歲，妳還敢賣老？」蝶仙笑著白她一眼：「我還記得妳眼淚汪汪，揹著個背包，離開沙坪壩，跟在大家後面擠上木炭車，趕往廣西南寧報到的情形呢！」

紹芬聽蝶仙提起往事，眼淚不自覺地滾了下來。蝶仙笑著對紹天說：

「那時你還在英國沒有回來。她那種不服輸、咬著牙和男子漢硬拚的精神，連你祖母都很感動。」

「往事如煙，現在誰也不記得那一段血和淚的歲月了，我自己也不敢想。」紹芬抹抹眼淚說。

「說真格的，妳雖然是龍家的女兒，可比男子漢還爭氣。這次妳又為傳祖訂下了終身大事，也是為龍家繼往開來下的伏筆。」蝶仙對紹芬說。

「大媽，我就是希望龍家下一代有人能接您的腳。」紹芬說：「男子漢再能幹，一個巴掌也拍不響。」

「不錯，傳祖是我們龍家的希望。不過他待在美國，我心裏總有點兒不踏實。」蝶仙望望紹天說。

「姑姑，現在這種搖搖擺擺的情況，我真不敢和他談歸根的問題。就是請他回來當天龍企業董事長，也是糟蹋了他。」紹天說。

「好在傳祖雖然人在美國，但他不會數典忘祖。」紹芬說：「他和別人的確不一樣。只要中國人不再關起門來拼個你死我活，把眼光放大一點，放遠一點，讓傳祖使得上力，他的問題自然會迎刃而解。」

「姑姑，我看也只好等時間來解決問題了。」紹天說：「像傳祖這樣寄人籬下的炎黃子孫，還多得是。不是他們不想回來，是他們回來了也使不上力。尤其是傳祖，他必須走在最前面，他真是和時間賽跑，落後一步，他不但會落伍，他的理想更會泡湯。」

「純純的信上也說，她看了特異功能表演，又經傳祖一番解釋，她也茅塞頓開。顯然傳祖心中的世界比地球大得多。可惜我不在場，這邊又看不到，我也想像不出來。」紹芬說。

「下次他結婚的時候，你們一定要去，也許有機會可以看到？」蝶仙若有所思地說：「當年老夫人過世時，柳老前輩突然來靈前祭弔，我們就沒有看清楚他是怎麼來的？照傳祖那樣解釋，這就有譜兒了。」

「姑姑，您打坐的情形怎樣？」紹天向來不敢問這些事兒，聽她提到柳神仙，才禁不住問。

「自然有進步，現在比較容易入定。」她向紹天一笑：「不過還得靠觀音菩薩特別加持，才能收放自如。」

「姑姑，我相信您會有福報，會成正果的。」

紹天不敢多打擾，說過之後，他就和紹芬一道出來。

紹芬忙著基金會的事，有三、四天白天沒有回美雲孤兒院處理院務，日常事務她都交給得力助手周正芳代理，晚上再由周正芳向她報告。這天是星期六，下午兩點她就回孤兒院。她正在和周正芳商談這一星期的院務，一對孤兒夫婦劉季兒、李小蘭突然來看她。他們都是她介紹到天龍公司工作的，劉季兒在公司當職員、李小蘭在工廠當領班。兩人生活都很安定，劉季兒因為紹芬的關係，還得到一些照顧。紹芬也把他們當作自己的子女，看見他們回來很高興。可是他們兩人臉上卻佈滿愁雲，紹芬大惑不解，以為是他們的婚姻出了問題？不禁探問：

「你們兩人是不是吵架了？」

「沒有。」劉季兒搖搖頭。

「既然沒有吵架，怎麼哭喪著臉來看我？」

「媽，他不敢啟齒，連我也不好意思向您開口？」李小蘭說。

「到底是怎麼回事兒？你們不講我怎麼知道？」

「媽，他玩股票玩出了紕漏。」李小蘭終於說了出來。

「你也玩股票？」紹芬兩眼盯著劉季兒。

「媽，現在很多人都在玩股票，我也是被人拖下水的。」劉季兒不敢正視紹芬，兩眼望著地上說。

「你們在院裏時，我就不厭其煩地對你們講過，做人要腳踏實地，不可投機取巧，不可貪非分之財，怎麼你這麼快就忘了。」

「媽，我看報上說，作股票也是投資行為，理財的一種方法，當初我並不是想投機。」劉季兒這才抬起頭來解釋：「我是作長線的。」

「我不清楚什麼長線、短線？我只知道作股票的風險很大。我年輕時就知道上海灘作股票的人跳樓、跳黃埔江的事兒，時常發生。」

「原先我選好股票作長線，也賺了一點，只是賺得少、賺得慢。後來看別人作短線，甚至當天搶帽子，賺得又多又快，我這才改作短線。」

「他作短線本來也賺了上百萬。」李小蘭說：「可是他人心不足，還想大賺。自己的本錢不夠，又去融資，終於出了紕漏，一次斷頭，就把賺的錢全吐出去了。」

「及時收手，不也就沒事兒了？」紹芬說。

「媽，您是旁觀者清，說得容易。」李小蘭一笑：「玩股票就像賭博一樣，賺了想再賺，賠了想翻本。股票市場又是大魚吃小魚、大戶吃小戶。像他這樣的小戶，一向是被大戶養、套、殺。這一次他就被殺得卸甲丟盔了！」

「你父親就是因為賭博，弄得家破人亡，把你送到孤兒院來的。」紹芬指著劉季兒說：「你怎麼又走你父親的老路？」

劉季兒又低下頭來，過了一會才抬頭申辯：

「媽，其實我並不打牌，作股票也不能算是真賭。」

「你還要狡辯？」紹芬瞪了他一眼：「你把錢放在銀行裏，怎麼會卸甲丟盔？」

「媽，他現在還有後遺症。」李小蘭說。

「什麼後遺症？」紹芬瞪著她問。

「他挪用了公司的公款。」李小蘭低聲低氣地說。

紹芬一怔，氣得臉色鐵青。隨後又急著問：

「挪用了多少？」

「八十萬。」劉季兒囁嚅地說。

「你簡直胡作非為，你教我怎樣做人？」紹芬指著他的鼻尖問：「總經理知不知道這件事情？」

「今天上午才發現，所以我們趕來見您。」劉季兒紅著臉說。

「你出了這個紕漏，見我又有什麼用？」

「媽，我們兩人到處借債，剛好將公款歸還。現在事情還沒有鬧開，就怕星期一上班，總經理通知人事室把他開除，那就無救了。」李小蘭哭喪著臉說。

「你們該知道公司的紀律？總經理、董事長都最忌這種事兒，他既然犯了公司的大忌，我還有臉替他說情？」

「媽，您不說情，兒子的飯碗是砸定了！別的地方也沒有人敢要，那怎麼得了？」劉季兒說著就雙膝一跪，哭泣起來。

李小蘭看丈夫跪下，也隨即跪下，聲聲哀求。

紹芬鐵青著臉不作聲。劉季兒出了這種事，她也臉上無光，怎麼好再去講情？周正芳看她為難，又看著劉季兒、李小蘭跪在地上，便對他們說：

「院長心裏正煩，你們識相一點，不要挺在這兒，我還有事要請院長裁奪。明天還有一天時間，還要看你們的造化如何？」

劉季兒看看紹芬的臉色，知道她心裏不好受。又瞭解她平時賞罰分明，而她又是介紹人，等於抹了她一臉的鍋煙，要想她當面答應講情，是絕不可能，再不識趣，可能會把他轟出去。聽周正芳這麼講，似還有乎一點希望，便乖乖地站起來，向紹芬九十度鞠躬，默默退出，李小蘭卻以感性的聲音向紹芬說：

「媽，您從小把我們撫養成人，到現在，我們能夠自己混口飯吃，這都是您的恩德。季兒這次犯了錯，也是一大教訓。如果他砸了飯碗，您心裏也不好過。不如趁事情還沒有張揚出去，請您在總經理面前方圓幾句、從輕發落，留給他一條生路，就是恩同再造了。女兒保證他以後不會再犯。」

紹芬仍然不作聲。周正芳示意李小蘭離開，李小蘭望了紹芬一眼才走。

他們兩人走後，紹芬歎了一口氣說：

「現在大家利欲薰心，只想發財，而且希望一夜致富。正事不做，一窩蜂去玩股票。連季兒也陷了進去，把我平日的話當成耳邊風，現在又要我講情，我豈不是自打嘴巴？我怎麼開口？」

「院長，好在他錢已經還了，您可不可以見機行事？」周正芳說。

「雖說總經理、董事長都是我的堂哥，但公司有公司的規矩，季兒又是我推薦的，現在他先打了我一個耳光，我應該向兩位哥哥請罪才是，怎麼好厚著臉皮講情？」

「我也知道公司企業最怕職員監守自盜、公私不分。天龍公司又是有名的大企業，萬一季兒因挪用公款被開除，還有那一家公司敢再用他？」

紹芬知道開除的後果，又覺得李小蘭還通情達理。她雖然同情他們，但要她以私害公，她也不敢貿然行事。因此她反問周正芳：

「您看過《赤桑鎮》這齣戲沒有？」

「看過。」周正芳也是個戲迷，她聽過廣播，也看過舞臺演出。她對演包公的黑頭和演嫂娘的老旦印象都很深刻。

「您對包公鍘他的姪兒包勉的看法如何？」

「包勉貪贓枉法，包公又是執法者，所以他不能不大義滅親。」周正芳說。

「您對季兒這件事的看法又如何呢？」

「這兩件事的性質、輕重不同，您又不是執法者，我看不能相提並論。」

「可是我是介紹人。季兒既然犯了錯，如果我再徇私講情，豈不是是非不分？」

「院長，國法也不外天理、人情。季兒還沒有到其罪當誅的程度。我並不是主張您硬講人情，見機行事應該可以，不過事不宜遲。」

紹芬沈吟了一會，隨即拿起話筒，撥了一個電話到紹君家裏。紹君的太太告訴她紹君去天龍山莊了。

「我去天龍山莊一趟，院裏的事明天再談。」她放下話筒對周正芳說。

紹芬趕到天龍山莊時，紹天、紹君、紹文正在天行房裏，神情相當輕鬆。他們看她來了很高興。紹芬卻對紹天、紹君說：

「大哥，我是來向您們請罪的。」

「您有什麼罪？」紹天向她一笑，他完全不知情。

紹芬隨即將劉季兒的事說了出來，紹君笑說：

「好在他已經彌補起來，我正要找妳商量呢。」

「大哥，我還有臉跟您商量？我也應該受罰。」紹芬說。

「現在人心變了，大家都急功近利，和我們當初創業時，大家克勤克儉，腳踏實地，大不相同，尤其是年輕人，變得可怕，這不能怪您。」紹天說。

「劉季兒的事不處理也不行，」紹君對紹芬說：「但怎樣處理才能恰到好處？妳來了正好商量一下。」

「大哥，公司的規矩我並不十分清楚，如果按規矩辦，您看該怎麼處理？」紹芬問。

「可以開除，也可以記過、調職。」

「他平日的工作情形怎樣？人緣如何？」紹芬問。

「那倒不錯。」紹君說。

「能不能留他一條生路，以觀後效？」

「妳說得太嚴重了，」紹君一笑：「我只想給他調個職務。」

「大哥，您是不是看在我的份上，從輕發落？」

「當然，我既要顧到公司的紀律，也要顧到我們的兄妹之情，我覺得這樣做，可以擺平。」

紹君又望望紹天：「紹天，您看怎樣？」

「大哥，這是您的職權，我尊重您的意見。」紹天說。

「紹文，您看怎樣？」紹君又問紹文。

「大哥，我和芬姐一樣，對公司的情形沒有您清楚，您能擺平就好。」紹文說。

「紹芬，那我就這麼辦好了？」

「大哥，劉季兒雖然是我撫養大的，但您不要以私害公，您從輕發落是顧我的面子，但千萬不要再讓他經手金錢，還要留意察看，這樣對他也是一個教訓。對他有益無害。」紹芬說：「再則，公司其他的職員有沒有玩股票的？您也得留意，這不是什麼好事兒。」

「妳說得很對！」紹君點點頭：「我雖然早已留意，但只要他們不作內線交易，我不能干涉，不過這種投機心理和風氣，對任何企業都是一大傷害。」

「您可以將劉季兒這件事，作一次機會教育。」紹芬說。

「大哥，紹芬的意見很對。」紹天對紹君說：「現在很多人都想不勞而獲，此風不可長。我們公司一向腳踏實地，您一定要想辦法維持勤儉風氣，不然好景不長。」

「我已經決定下個禮拜天，舉辦天龍企業全體員工眷屬登山健行大會，美雲孤兒院人員也一道參加。一方面是鍛鍊身體，提倡正當娛樂；一方面也可以增進大家的情感，不分彼此，享受大家庭的快樂。」紹君說。

紹天、紹文、紹芬聽了都很高興。紹天問登什麼山？紹君說七星山。他從前和天行上過山頂很多次。他假日多以登山消遣，也常和紹芬一道。他也暗自上山尋找過天行，但是不見蹤影，他也不作聲。紹天多以游泳、打高爾夫球鍛鍊身體，同時也可以與各界高層人士建立友誼。尤其是高爾夫球，已經取代了從前的「政治麻將」。他不打牌，但每週必打高爾夫，每天都要晨泳，所以他的身體也很好。不但精力旺盛，看來還像個中年人。不過聽說是七星山，他就不免心中戚戚，父親天行的事，他一直揮之不去。雖然他曾聽天行說過，有一位陳調元老前輩，是康熙年間的進士，和柳敬中是同門師兄弟。他還時常來往日本、臺灣，也經常出入大屯山、七星山，他不用護照，不用身分證，不坐飛機、不坐船，來去自如，而衣著又與一般人無異，但無人認識。天行因為柳敬中的關係，和他在山中相識，以前輩師禮事之。這豈不是與「飛過洞庭人不識」的呂洞賓相似嗎？紹天當時還年輕，認為不可思議，並未當真，也一直不敢提，恐怕別人誤解他，對他另眼看待。天行是不是和那位陳老前輩一道走了呢？他心中一直疑惑。紹君問他那天去不去登山？他卻冠冕堂皇地說：

「這是團體活動，我怎麼能不去？獨樂樂，不如眾樂樂。我更希望天龍公司成為大家的公司，禍福與共，休戚相關，我怎麼能不去？希望紹文、紹芬也去，我們兄弟姐妹在山上野餐，也有另一番情趣。」

其實，他更想暗中留意一下山上的情形，看看有沒有什麼玄機？

紹芬更願意參加這種活動。她還告訴他們三人，他回九江時還上過鎖江樓的塔頂、上過長城的敵樓。紹君說：

「長城我沒有去過，鎖江樓寶塔倒是很熟，不過也沒有上過塔頂。」

「我也只在寶塔下面玩過。」紹文說：「芬姐的身手比我們靈活，登山她也是老手。那天我要跟著她走。」

「你小我好幾歲，上七星山沒有問題。」紹芬望望紹文，覺得他最年輕，先天條件又好，他有蝶仙、天放的良好遺傳，從不生病。雖有文人氣質，卻不是文弱書生。「以後我們最好多做一些戶外運動，留得青山在，就不怕沒柴燒。」

「芬姐，我真服了您！」紹文向她一笑：「您還有當年在武漢從軍的豪情。」

「說真的，我從來沒有想到老是怎麼回事兒？那天我還要上七星山頂，不是到夢幻湖公園就算了的，希望你能陪我上去。」紹芬對他說。

「現在我不敢打包票，到時候再看。」紹文向她笑笑。

登山這天，天氣很好，氣象報告也說一連三天都是晴時多雲，沒有偶陣雨。紹天大為放心。上午九點，紹天、紹文、紹芬共坐一部轎車先到登山口，紹芬路熟，她做嚮導。紹君率領全體員工，隨後趕到。所有的空車子都開到夢幻湖那邊的公路上等他們下山。帶著飲料、摸彩箱、野餐的車子已先開到那邊，以便大家及時享用、摸彩。

從登山口到夢幻湖公園並不遠，路也比從前好走多了，尤其是最近修好公園之後，更不必在箭竹林、灌木叢中鑽來鑽去，自然更不會迷路。紹天看看地形，覺得登七星山並沒有危險。那天行不是和陳調元就是和柳敬中一道走了。怎麼走的？他就不知道了。現在大家都不瞭解此中奧妙，他更不敢提，因為他講不出傳祖的那番道理，他也沒有看過特異功能，不瞭解什麼意念力。

紹芬一馬當先，到達公園。這裏視野特別開闊，草坪不小，有一條新建的小型的古典走廊，高處還建了一座兩層的古典亭子。野餐、飲料、摸彩箱都放在空曠的草坪上。

紹天站在高處放眼一望，心胸更開朗許多。他笑著對紹芬、紹文說：

「人不能老窩在臺北，眉毛、眼睛、鼻子擠在一塊，眼光自然大不起來。」

「大哥，孔子登泰山而小魯，我們登七星山也小臺北。」紹文說：「難怪二叔經常獨自登山，才不會被名利所困。」

「恐怕爹心中另有天地，還不只是我們肉眼看到的這種世界？」紹天說：「照傳祖的說法，肉眼所見到的境界實在有限，連世界上最大的望遠鏡也只能望到有限宇宙。比方現在我們站在這兒，連臺北的公車都看不到，人是更不必說了，但我們能否認臺北沒有公車、沒有人嗎？」

「可是現在的人，都是以自己的眼睛、耳朵作標準，來判斷有、無、真、假的。」紹文說。

草坪上漸漸擠滿了人，紛紛領取飲料、餐點，紛紛將摸彩券的一半投入摸彩箱。有的人搶著拍照，還要求紹天合照。紹君事先指定了一位職員用錄影機拍下全部活動過程。

紹君看大家摸彩券都投進了票箱，便指示承辦人準備摸彩，獎品存在公司裏，中獎者憑中獎彩券號碼回去領獎，一切準備妥當之後，便請紹天摸特獎，紹君摸頭二、三獎。特獎是特大冰箱，頭獎是二十六吋電視機，二獎是錄放影機，三獎是廣角照相機。其他各種獎品應有盡有，統統有獎，普通獎品價值也在五百元以上。

紹天他們四人在草地上野餐，和許多員工、眷屬聚在一塊，在大自然中享受野餐的樂趣。紹天平日應酬多，成天西裝革履，穿得整整齊齊，他也很有英國紳士那種派頭，今天他是一身夾克便服，坐在草地上午餐，無拘無束，這是一次難得的經驗、享受。

飯後休息了一陣，紹芬、紹文、紹君要上七星山主峰，紹天晚上還有應酬，他先回去，有些年輕力壯的員工也要跟紹君他們上主峰，年紀大些的員工和眷屬不上去，就在原地流連。

紹君要承辦人統計了上主峰的人數，要他撥一部大車子在主峰那邊的下山路口等他們。他們三人一部小車子足夠。

從這邊上主峰的路很陡、很高，幸好現在修好了步道，以前紹君、紹芬多從左邊的小路上主峰。

紹文是第一次登這麼高這麼陡的山，雖然他的身體好，可是還是一身大汗，不免喘氣。那些平時缺少運動的年輕員工也是一樣，倒是紹芬、紹君兩人步伐穩健，不徐不急，不喘。紹文笑著對他們兩人說：

「大哥、芬姐，我真服了您們兩位。」

「紹芬是從軍時就訓練有素，」紹君說：「我也是那次從廬山逃難，翻山越嶺，才逃出一條命，才瞭解到身體的重要，所以一直不敢享福，沒有停止運動。你和紹天一樣，是我們兄弟姐妹中沒有吃過苦、落過難的人，你們兩人好像是生來享福的。」

紹文被他說得一笑。隨後又說：

「我是大樹底下好遮陰。先是享娘和二叔的福。這些年來又是享您和紹天大哥的福。幸好我還沒有變成紈袴子弟和放屁蟲。」

「要是那樣，你怎麼對得起大伯？」紹芬回頭望望他說。

「就是這樣我也覺得對不起爹。」紹文說：「他一生犧牲奉獻，我卻是撿現成的，說來慚愧！」

「這就是前人種樹，後人乘陰。您能想到這一點也就不容易了。」紹芬說。

「芬姐，傳祖結婚時，我也想和您一道去大陸一趟，請您陪我去爹墳前祭拜一下，不然我很難安心。」

「修祖墳的事，不知道紹地有沒有去辦？」紹君說。

「傳祖帶了錢去，二哥一定會辦。」紹芬說：「我相信他辦好之後會有信來。」

他們終於爬上了東峰。東峰到主峰隔了一道二、三十公尺寬的小峽谷，都是箭竹林，有一條小徑通往主峰，這一段路比步道難走得多，下坡時容易滑倒。紹芬又一馬當先，邊走邊提醒紹文小心。紹君押陣，怕有人落單迷路。

主峰上有一座塔架，上面面積很小，風很大，這是臺北的最高峰，從這邊下去，又要經過一大片箭竹林，才能沿著冒煙的山口拐到公路。

他們下來之後，車子正在路邊等候，員工都平安下山。大家分乘兩部大小車子開回臺北。

紹天、紹君正為這次登山活動辦得很圓滿感到安慰。可是紹君卻突然接到一通恐嚇電話，說公司裏放了炸彈，約好時間地點要他交出三千萬元，否則到時候定時炸彈會爆炸。近來恐嚇勒索的事件時有所聞。紹君不敢大意，除答應付款外，立即報警，並與紹天緊急會商對策。

紹天心頭立即蒙上一層陰影。他知道有兩位朋友都遭到恐嚇勒索，還不敢報警，只好用錢消災，但他覺得這也不是辦法，怕歹徒得寸進尺，後患無窮，他贊成紹君報警。警方詳細檢查之後，並沒有發現炸彈，確定這是一件純粹恐嚇勒索案，要紹君配合派人如約付款，他們會派員埋伏，希望抓住這個歹徒。因為他們手中有好幾件這類案子都沒有破，懷疑是同一人所為。

紹君派人交款時，歹徒好像先有警覺，並未出現，警方也撲了空。以後也沒有再來恐嚇電話。但另一家大廠商的兒子卻遭到綁架勒索。那家大廠商正是紹天、紹君的朋友。

「這次我們算是萬幸，逃過了一劫。」紹天看過報紙之後，對紹君說：「以後得處處提防。」

「從前是饑寒起盜心，現在為非作歹的人卻坐著轎車作案。生活奢侈，一擲萬金。人心到了這種地步，怎麼能防？」紹君搖搖頭說。

「要是這樣下去，我們辛辛苦苦建立起來的這份事業，真不知道會變成怎樣？」

「這種鬼事我們最好不要讓大媽知道。」

「我們應該交代一下，免得姑姑煩心。」紹天說：「紹文、紹芬不會講，就怕別人走漏風聲。」

「林阿足是應該特別交代。」

「好在她大門不出，二門不邁。除了慧心法師外，別人也很少打擾姑姑。」

「慧心法師是方外人，她不會過問這種事，她倒是大媽精神上的一大支柱，這是我們辦不到的。」紹君說。

「人要是真能像姑姑說的六根清淨、三毒皆空，倒也很好。」紹天感慨地說。

「這怎麼辦得到？」紹君不禁苦笑：「我們都是俗人，油、鹽、柴、米一樣也少不了。我們又不能喝露水、吃空氣。您沒有討過飯，不知道餓肚子是什麼滋味？當年我從盧山虎口逃命出來，沿途討飯，才知道小丈夫不可一日無錢！所以我一直拚命幹。我不想成佛成仙那種捕風捉影的事兒，我空不起來。如果我們這份基業也像老家那樣毀了，我就跳海！」

紹天十分清楚，來臺灣創業，如果沒有紹君這份幹勁，絕不會有今天的成就。當年他吃在廠裏、睡在廠裏，星期天也不休息，出差帶便當，和工人一樣穿呱噠板，生活比工人還節儉，工作比工人更辛苦，每天不止十二小時。公司大樓蓋起後，他才做了一套西裝、才結婚。原先外面的人都以為他是工人，不知道他是總經理，一切檯面上的應酬，他都讓紹天出面，他專心管理工廠和內部事務，不要紹天操一點心。工人職員看他領頭苦幹，大家也都兢兢業業，腳踏實地苦幹，因此工作獎金也多。可是近年來他發覺情形在變，新進的員工都好逸惡勞，爭取權利，不盡本分，甚至惹事生非。劉季兒玩股票，挪用公款的事發生後，他更加憂心。這次恐嚇勒索的事發生後，他更心驚了。如果再有綁票、炸彈、罷工、示威事件發生，那便岌岌可危了。他比誰都重視這份他用心血汗水堆起來的事業，他怎麼空得起來？

紹天看他這樣認真激動，真是一則以喜，一則以憂。喜的是，他雖然年紀大了，幹勁還不減當年，天龍企業只要他在，就不容易垮；憂的是，萬一他承受不起外來的打擊和內部的紛擾、破壞，不但天龍企業會垮，他自己的性命也保不住。當年他們兩人從上海運來的機器，就是向一家受不住工人罷工、遊行、破壞而倒閉的王姓老闆手中廉價買過來的。

蝶仙擔心龍家的變，是那一分表面上看不見的優良傳統的喪失；紹君擔心的是，眼面前的工廠、大廈，會像老家翰林第一樣化為烏有。

明天會是怎樣呢?誰也不知道。

他們兩兄弟，您望望我，我望望您，臉色自然黯了下來。

第一一六章 不肖子偷雞摸狗 女諸葛義正辭嚴

紹華、紹珍、紹玲、紹地、紹人，都有信來向蝶仙請安。蝶仙先後收到他們的信，心裏也感到十分安慰。他們都是在她的呵護之下成長的，卻都不在身邊，而且三十多年未見。只有紹天、紹芬、紹君，這些年來一直未曾遠離。紹文是自己生的，那不必說。

紹地還報告了九江祖墳、武昌天放墳墓和沙坪壩龍從雲夫婦和周素真的墳墓修整的情形。

「公公婆婆和娘的墳墓沒有毀掉，已屬萬幸。」紹天慶幸地說。

「爹娘他們與世無爭，又無一官半職，我倒不怎麼擔心。」蝶仙說：「我最擔心的是你大伯。幸好上次紹芬去看過，沒有毀掉，這次紹地又好好地整修了一番，我也安心了。」

「紹地信上說這次修大伯的墓，還得到當地的協助，工程十分順利，以後大概不會有人破壞了。」

「你大伯一生奉獻國家，他在九泉之下，也不應該受到打擾才是。」

「娘，傳祖結婚時，我也要和紹天大哥、芬姐一道去道賀，然後專程去爹墳前祭掃一下，不然我真對不起爹。」紹文說。

「我年紀大了，想去你們也不放心讓我去。無論如何，你是應該去的。」蝶仙說。

「姑姑，我想趁傳祖結婚的機會，我們兄弟姊妹帶傳祖夫婦一道去掃墓，讓他們知道根在那兒？」

「你這個意思很好。」蝶仙點點頭，又望望他說：「不過你樹大招風，現在還是猶抱琵琶半遮面的時候，你要特別小心謹慎才是。」

「姑姑，這我知道。」紹天回答：「我只辦理家務事，決不會抓把蝨子在身上爬。我會悄悄地去，悄悄地回來。」

「你最好帶傳祖、奇衣曼回來給我看看。」

「姑姑，這是理所當然的事。」紹天向蝶仙一笑：「您要是想他們在天龍山莊重新拜堂，我也會照辦。」

「他們在那邊已經沒有祖宗牌位可拜，天龍山莊倒還保留了祖宗牌位，那時候你看著辦好了。」蝶仙笑說。隨後又突然問他：「最近公司的情形怎樣？到時候你能不能離開？」

紹天沒有想到蝶仙會問公司的事？平時她是不過問的，這一年來她更沒問過。現在怎麼會突然問到呢？是不是走漏了風聲？他稍一考慮，故意淡淡地說：

「公司的情形還是和過去一樣，紹君哥負的責任比我多，我是沒有什麼不能離開的。」

「現在人心變了，吃得太飽了就不安分。你們雖然不和我談外面的情形，但是我不聾不瞎，那些為非作歹，綁票勒索、搶銀行的事兒，我不是不知道，我不提就是了。你們何必故意瞞我？」蝶仙望著紹天笑笑。

「姑姑，我們不敢瞞您，只是希望您能安心修行，所以一些雞毛蒜皮的事兒，都沒有向您報告。」紹天陪著笑臉說。

「放炸彈恐嚇勒索，也是雞毛蒜皮的事兒嗎？」蝶仙笑問。

紹天尷尬地一笑，紹文、紹芬也好笑。紹天故問她：

「姑姑，您是怎麼知道的？」

「我有天眼通、天耳通，您別想向我套情報？」蝶仙笑著白他一眼。

紹芬被她逗笑了。紹天故意笑說：

「姑姑，您真的修成了？您有天眼通、天耳通，我們就不怕壞人放炸彈恐嚇了。」

「你想我給你看門、巡邏、打更是不是？」蝶仙笑著反問。

「姑姑，您別折煞我了！我怎麼敢？」紹天苦笑說。

「這年頭顛顛倒倒，很多人都不按牌理出牌，你又有什麼不敢的？」

紹天被她說得啼笑皆非。紹芬連忙解圍說：

「大媽，大哥一向都按牌理出牌，他對您這塊老天牌，更是碰都不敢碰一下。」

「妳別和他一個鼻孔兒出氣。」蝶仙指指紹芬說：「妳要知道：諸葛亮一生不用險，在走投無路時，他也許會狗急跳牆，來一次空城計呢！」

紹芬被她說得笑了起來，紹天、紹文也忍不住笑。

「姑姑，我可沒有諸葛亮那種膽量。炸彈比司馬懿厲害，我可不敢玩兒命。」紹天忍住笑說。

「你既然不敢像諸葛亮那樣船頭上跑馬，也該想想釜底抽薪的法子？」

「娘，紹君哥剛舉辦了一次員工登山健行大會，效果很好。」紹文向蝶仙說：「炸彈恐嚇的事兒顯然是外面歹徒幹的，不會是公司裏面人所為。」

「你怎麼知道？是不是警察破案了？」蝶仙問紹文。

紹文笑著搖搖頭。紹天接著說：

「姑姑，我當時就請紹君哥要處處提防。紹君哥說現在人心太壞，不是饑寒起盜心，是想不勞而獲，一夜之間發大財，這就難防了！」

「娘，這是實情。」紹文說：「我們中國人自古以來的勤儉美德，被暴發戶的心理和西方的功利主義思想，一下子衝垮了！現在的年輕人大多不知道自己的父母是穿爪噠板起家的，只知道吃喝玩樂，用錢似用水，既不用功讀書，又不肯做事，以為錢是從天上掉下來的，沒有錢用就打歪主意，這就不是大哥所能防的了。公司、工廠又不能不用人，怎麼能釜底抽薪？」

蝶仙想想也難，工廠一天也不能停工，更不能裁員。她只好轉變話題，問紹文：

「傳真那孩子現在怎樣了？」傳真是紹文的兒子，蝶仙好久沒有看到他，不免有些掛念。

「他正在聖路易華盛頓大學唸化學工程博士學位，成績還不壞。」紹文回答。

「幸好他不是學什麼西洋文學、政治的，不然我真要你把他叫回來。」蝶仙一面對紹文說，一面又望著紹天：「傳宗現在怎樣？我連他的影兒都見不到了。」

紹天不敢回答，他就是龍家最不安分的子孫。現在正以青年學人的身分從事與學術毫無關係的社會活動，紹天正為此憂心。紹文看他為難，便代他回答：

「傳宗還在教書，不過名氣愈來愈大了。」

「他教什麼？」蝶仙笑笑。

「自然還是教他那一套。」紹文回答。

「他那樣誤人子弟，怎麼得了？」蝶仙搖頭苦笑。

「娘，他是洋博士，金字招牌，陰溝裏流水，紅得快要發紫呢！」

蝶仙的「名言」被兒子引用，也不免一笑，隨後又問紹天：

「他的婚事到底怎樣？」

「姑姑，他從來不跟我講，我也不問。」紹天無可奈地回答。

「聽說他正在和一位應屆畢業生談戀愛。」紹文說

「你是怎麼知道的？」

「是賈斯文告訴我的。」

「怎麼賈斯文又和你打得火熱了？」蝶仙望著紹文說。

「娘，您知道賈斯文是隻鑽熱灶的貓，他知道我現在負責天龍楊氏文教基金會，所以又走得勤了。」

「難怪他最近對我又忽然熱絡起來了！」紹芬若有所悟地說：「他還人前人後叫我大姐叫個不停呢！」

蝶仙聽了一笑，又問紹芬：

「恐怕他要大妳好幾歲吧？」

「可不是？」紹芬也好笑：「當年他參加我們女生慶生會時，他說他大我五歲，還以老大哥自居。現在他活回去了，一年小一歲，他居然又小我五歲了！不過我看他的兩條眉毛都白了！」

蝶仙笑了起來，紹天、紹文都好笑，紹芬自己更好笑。蝶仙看林阿足也好笑，不禁問她：

「阿足，妳那位姪兒子現在怎樣了？」

「太太，他現在更神氣了！」林阿足笑著回答：「他當了一家投資公司的董事長，兩家公司的董事，鈔票卡多啦！」

「他搞什麼投資公司呀？」紹天連忙問。

「我也搞不清楚，只聽說錢放在他公司裏息錢卡多啦！」

「利息多少？」紹天又問。

「有四、五分。」

「做什麼生意有這麼大的利潤？」紹文也有些奇怪。

「我也搞不清楚。」林阿足搖搖頭：「他要我兒子將錢存在他公司裏，還要我兒子代他拉股，據說好處很大。」

紹天聽了一驚，他知道這種投資公司就是老鼠會，參加的人風險太大，但是高利誘人，而銀行利息又太低，所以參加的人多，尤其是那些靠利息維生的退休人員和低收入的人，都紛紛跳進陷阱。一旦風吹草動，那可不得了。因此他對林阿足說：

「阿足，妳趕快告訴妳兒子，教他千萬不要上當，更不要拖人下水。他在我們公司裏工作，雖然不能一夜之間發大財，但穩穩當當，平平安安，不愁吃，不愁穿。萬一他走錯了一步，那就不堪設想了。」

「少爺，我也知道利害，所以我在府上做了一輩子，風不吹，雨不打，過了這麼多年的安樂日子。但是現在這一代人的想法和我不同，我姪兒子就要搞這種事，偏偏他又步步高，有名又有利，我兒子信不信我的話？我都沒有把握。」

「阿足，我確實是為你們一家人著想。」紹天語重心長地對林阿足說：「我從來沒有把你們當外人，但這種事兒由妳對妳兒子講，比我對他講方便，所以我特別提醒妳。」

「少爺，您照顧我們母子這麼多年，我知道您是一番好意，我會找機會當面和我兒子講。教他不要走進了迷魂陣，不然那兩隻腳就拔不出來了。」

「阿足，妳明白我的意思就好。」紹天吁了一口氣，隨後又對蝶仙說：「姑姑，現在這個社會五花八門，到處都有陷阱，真是防不勝防。」

「人為財死，鳥為食亡，芸芸眾生，都為名利二字迷失了本性，造成不少業障，不少悲劇，實在可惜。」蝶仙說。

「我那個姪兒子從來不想過去那種撿菜葉、打赤腳的苦日子，總是和那些發大財做大官的人比，也不想想人家是怎樣辛辛苦苦爬起來的？他現在除了沒有把月亮星星摘下來之外，什麼都有了，他還不滿足，還要在別人的雞蛋裏挑骨頭，恨不得把別人的雞蛋籃子都打翻，只許他一個人賣雞蛋。彷彿別人賣的都不是來亨雞蛋，只有他一個人賣的是來亨雞蛋。」

紹芬被她說得一笑。她卻一本正經地對紹芬說：

「小姐，您不認識他，我並沒有說他的冤枉話，而且不止他一個人如此，他的朋友也是一樣。連慧心都替他擔心，常常替他唸經消災，生怕他遭天譴。」

林阿足正說著，慧心法師突然出現在門外，雙手合十地站著，一臉微笑。大家都認識她，連忙起立請她進來。慧心念了一聲阿彌陀佛才進去，他們三人立即告退。慧心合十一笑說：

「少施主，貧尼一進來，您們怎麼就走？」

「法師，我們只是陪我娘聊聊天，解解悶兒，並沒有什麼大事。」紹文也向慧心合十說：「法師來了，我娘自然心如明鏡，不惹煩惱了。」

「少施主，煩惱即菩提，火中生蓮，轉識成智。少施主亦可作如是觀。」慧心法師笑說。

「多謝法師開示。我們兄弟姊妹塵緣未盡，一時難脫煩惱。只希望法師對我娘多加護持，讓她早日開悟，身證如來。」紹文雙手合十，深深一揖。

「今堂自有福報，少施主不必操心。」慧心也合十還禮。

他們一道離開天龍山莊，同車去公司。

「慧心法師年紀不大，法相祥和，看來道行不淺？」紹天說。

「道行深淺，不在年齡。」紹芬說。

「莫非她有慧根？」紹天望望紹芬說。

「我想出家修行也和我們上學讀書一樣，根器十分重要。有的人出家苦修一生，未必得道。有的人從小學到大學，甚至拿到外國博士學位，也未必真有學問。倒是有些人並未按部就班升學，也沒有得到什麼學位，可是真有學問，正如居士當中亦不乏高人，這就是根器問題。」紹芬說：「我看慧心法師出塵脫俗，修行起來也會事半功倍，早日功德圓滿的。」

「紹芬，妳也好像別具慧眼似的？」紹天望著她一笑。

「大哥，您別抬舉我，我是個俗人，肉眼凡胎，那有什麼慧眼？」

「先前姑姑突然問起公司的事，會不會是她點水的？」紹天說。

「這就難說了！她有沒有神通？別人不知道。」紹芬說：「此地佛教中人，都諱言神通，提倡人生佛教。」

「《長阿含經》中的《世紀經》是講宇宙起源的，不是單講人生。」紹天立刻接嘴：「正如《易經》最重要的是講宇宙自然法則，後來被別有用心的人把它變成君臣父子……人文主義的東西，實在是本末顛倒。幸好傳祖以科學的方法，使它恢復了本來面目，不然我們猜謎還不知道要猜到什麼時候呢？」

「出家人普度眾生的宏願固然是大慈大悲，如果本身沒有大神通，大法力，那也和不會游泳的人當水上救生員一樣。觀世音如果不是自在如來，有千百億化身，那又怎麼能救苦救難？」紹天說。

「大哥的話對！」紹文點點頭說：「就以芬姐上次去大陸來說，如果她平時沒有積蓄，不帶那麼多錢去，又怎麼能接濟華姐、珍姐、玲姐、三哥三嫂、二哥二嫂和紹臣哥、紹義他們？這不是空有心願就行的。如果龍子大哥不在北京設了一個辦事處，立下了根基，大家連個落腳的地方都沒有。如果傳祖不帶錢去，二哥又怎麼能去修祖墳？俗話說：『泥巴菩薩過江，自身難保。』大慈大悲的宏願固然要立，濟人濟世的宇宙大力量也要有。何必諱言神通呢？光是死讀經論、念阿彌陀佛，和一般只會子曰詩云的書獃子又有什麼分別？」

「紹文，你真是不鳴則已，一鳴驚人！」紹芬笑著拍拍他：「我贊成你的看法。」

「我是實事求是，不講空話，也不愛聽空話。本來是很科學的東西，卻要故弄玄虛，讓人墜入五里霧中？這是何苦？」紹文望著紹芬說：「以我們老祖宗的智慧結晶《易經》來說，如果不是傳祖以物理學、太空科學的方法來講解，對我也是一本天書，碰都不敢去碰。」

「你有沒有想到傳祖會打破不少人的飯碗？砸壞不少偶像？」紹芬向他一笑。

「如果傳祖生在二叔那個時代，梁勉人那個假聖人就神氣不起來。」

「這大概就是氣數吧？」紹芬笑說：「那時條件沒有成熟，誰也想不到人會登陸月球。自然也不會產生傳祖這樣的人了。」

「就是現在他也未必沒有困難。」紹天說：「恐怕還有不少人不能接受他那種觀念呢！」

「這種事兒自然難免。」紹文說：「說不定還有人想把他拉下馬來？好在科學不講空話，他比二叔省力多了，也幸運多了。」

「爹真是生不逢辰。」紹天輕輕一歎。

他們來到公司，直接到紹君辦公室。紹君站起來說：

「您們來得正好。」

「有什麼事兒？」紹天忙問。

「剛才王廠長來電話說，廠裏泰國工人和菲律賓工人打架，菲律賓工人把泰國工人殺傷了。」

「有沒有性命危險？」紹天又問。

「王廠長已經將受傷的泰國工人送到醫院急救，據說沒有生命危險。」

「他們為什麼打架？」

「據說是為了一個泰國女工爭風吃醋。」

紹天稍稍鬆了一口氣，他覺得這倒比較單純。他們的工廠因為本地工人不但要求高工資，還不肯做工，出現人力不足，不得不請外籍勞工。而供應勞工最多的又是菲律賓和泰國。但語言不通，生活習慣、宗教信仰又不相同，因此管理困難。菲律賓工人信天主教，泰國工人信佛教，上個月因為信仰和生活習慣不同打了一次架。但是又不能停工減產，本地年輕人不肯做工，就不得不用外籍工人彌補。這和當初本地人搶著進工廠做工大不相同。現在工資高漲，勞力不足，是他們面臨的最大問題。紹天、紹君因此大傷腦筋。

他們兩人決定親自去工廠、醫院看看，要紹文、紹芬留在公司。

紹芬將劉季兒找來，問問公司員工的情形和他自己的工作情況。他的職務調了，薪水並沒有減少。

「工廠的情形怎樣?小蘭有沒有同你談過?」紹芬問他。

「她跟我說過，現在工人難找。」

「她手下有沒有外國工人?」

「有兩、三個。」

「工作情形怎樣?」

「比本地工人肯幹，不過要比手劃腳才能溝通。」

「今天有外籍工人打架受傷，你知不知道?」

「還沒有聽說。」

紹芬便告訴他。他聽了之後立刻說：

「菲律賓人、泰國人都比較浪漫，多半過了今天不問明天。領了工錢就吃喝玩樂，一喝酒就容易發生打架的事。」

「小蘭可要小心疏導，不要讓手下的工人打架。」

「上工時比較好辦，下工後她就管不著。」劉季兒說：「而且這些泰國工人、菲律賓工人在國內多半是遊手好閒的人。泰國工人好泰國拳，菲律賓工人愛西洋拳，這都是危險的運動，一打起架來自然有人受傷。」

紹芬囑咐了他幾句，他才走開。紹文等他走到門外，才對紹芬說：

「芬姐，我一向是大樹底下乘陰，不大過問公司的事，您看我以後怎麼辦才好？」

「你要是能替兩位大哥分勞分憂自然很好。」紹芬說。

「我不是生意場中人，不知道怎樣使力？」

「你又不笨，歷練歷練就行了。」

「他們兩位合作無間，我怕三個和尚反而沒有水吃？」

「你的顧慮也有道理。好在兩位大哥都沒有私心，他們需要你分勞的時候，你也不必迴避。」

「我們的文教基金會和孤兒院，都是公司的包袱，是用錢的單位，不是賺錢的單位。」

「孤兒院是紀念美雲姑奶奶的，不能裁；基金會是新成立的，有另一層意義。我們把事情做好了，就是回饋社會。這是看不見的公益事業，我們是黑處作揖，我們不幹還有誰幹？」

「芬姐，您的話也很有理。」紹文向她一笑。

「沒有理的話我不講，沒有理的事兒我也不做。我們從小到現在，你幾時看過我胡來？」

紹文被她問得一笑。四位堂姐，他們兩人年齡最接近，他也最服她。

「芬姐，說真的，我倒很懷念沙坪壩的那段歲月。」

「那時您在我們四姐妹中間，像眾星拱月似的，您自然懷念了。」紹芬笑著白他一眼。

「娘也時常和我說，她很懷念和二叔他們在北京翰林第的那段日子。」

「人就是這樣：總是懷念過去，不知道珍惜現在。」

「過去有好有壞，我們懷念的自然都是好的，您總不會懷念野人山吧？」

「我想都不敢再想。往事如煙，現在也沒有人知道了。」

電話鈴突然響了起來，紹芬拿起聽筒，原來是傳宗打過來的。紹芬問他有什麼事？他先是吞吞吐吐，隨後又說：

「姑姑，我需要用錢，請您轉告大伯，派人給我送三十萬過來。」

「你要這麼多錢幹嘛？」紹芬沒好氣地問。

「姑姑，您不必細問，請大伯派人送來就是了。」

「公司有公司的制度，大哥也不能隨便動用公司的錢。你一開口就是三十萬，這不是給他出難題嗎？」

「難道他自己的戶頭裏連三十萬也提不出來？」

「他戶頭裏有沒有我不知道？他現在正煩，和你爹一道到工廠去了。」

「姑姑，那我再和大伯聯絡好了，這件事兒您不必跟爹講。」

他將電話掛斷，紹芬將話筒重重放下，歎了一口氣說：

「不知道傳宗搞什麼鬼？他一個光人，要這麼多錢幹什麼？」

「這件事最好不要告訴紹天大哥，不然會惹他生氣。」紹文說。

「不告訴紹天大哥，紹君大哥不是火燒烏龜肚裏痛？」紹芬望著紹文說：「我看這恐怕不是第一次了？」

「芬姐，您想的對！」紹文連連點頭：「傳宗這樣亂來，會將兩位大哥的情感搞壞，那就太危險了！」

「可不是！如果兩位大哥一有閒隙，那天龍企業不就完了？」

「正巧是您接到電話，我看我們不要走，等紹君大哥回來，當面問問他，以前有沒有過這種事兒？」

「不論以前有沒有這種事兒？我們既然知道了，就不能裝聾作啞，也只有我們兩人能將這個悶葫蘆揭開，不然會壞了大事。」

公司職員下班以後，紹君才匆匆趕了回來。紹文問他工廠的情形怎樣？他說沒有多大影響，但以後對外勞要加強管理輔導。

「泰國工人傷勢如何？」

「已經穩住了，只是要先墊一筆醫藥費。」紹君說。

紹芬等他休息一會之後才說：

「大哥，剛才我接到傳宗的電話。」

紹君聽了臉色突然一沈，過了一會才問：

「他打電話來幹什麼？」

「他說他需要錢用。」紹芬故意把語氣放緩和一點。

「他一個人要那麼多錢幹什麼？上星期我才給了他五十萬。」

「大哥，真有這回事？」紹文突然站了起來。

「我騙你幹什麼？」紹君望著他苦笑。

「大哥，您不該給他。」紹芬說。

「他那麼大的人了，又是堂堂的教授，我怎麼能不給？」

「大哥，我問您：那筆錢您從那裏開支？」紹芬問他。

「當然是在我私人名下開支！」紹君一板正經地說：「難道我還會慷公司之慨？」

「大哥，您不該縱容他！今天他又要三十萬。」紹芬說。

「我又沒有開銀行，那有那麼多錢給他？」

「他要錢的事您有沒有跟紹天大哥講？」紹文問。

「自己兄弟，我還好意思講？」紹君苦笑。

「大哥，您不好意思講，我和紹文來講。」紹芬當機立斷地說。

「紹芬，妳千萬不要講。」紹君連忙搖手：「免得傷了兄弟的和氣。」

「大哥，錢不是大事，但傳宗這種行為會壞了大事。如果我沒有碰上，倒也罷了，既然給我碰上了，我再不講，不但會傷了兄弟的和氣，更會害了天龍企業！您說是不是？」

紹君聽紹芬這樣說，不禁眼圈一紅說：

「現在外面風風雨雨，我正暗自擔心。如果自己人再出紕漏，我也撐不下去了。」

「所以傳宗這件事，我就非做惡人不可！」紹芬說。

「紹芬，妳不怕他怪妳？」紹君輕輕地說。

「該做的我做，該說的我說，我怕過誰來？」紹芬坦然一笑：「山高遮不住太陽，怎麼說他都是個姪子。」

「紹芬，我們龍家還真少不了妳！」紹君握著她的兩臂說。

「大哥，您知道我從小就不和稀泥。這幾十年來，我在您們兩棵大樹底下乘陰，我不能看著兩棵大樹倒下。」

紹君聽了不禁落淚，過了一會才說：

「當初二叔帶路，我和紹天同心協力，好不容易拚出今天這個局面。我們的老家全毀了，如果今天這份基業又毀在自己人手裏，我真是死不瞑目！」

「大哥，還沒有那麼嚴重。」紹文安慰他說。

「紹文，我有一句話不知道該不該講？」紹君望著紹文說。

「大哥，我們自己兄弟，您有什麼話不好講的？」

「上次傳宗向我要了五十萬，我不免有些奇怪？他一個堂堂的教授，收入不算少，又是孤家寡人，身體好好的，要那麼多錢幹什麼？我問他，他含含糊糊不肯講，還要我不要告訴紹天。因此我不免疑惑，就留意他的管行，從報紙上的蛛絲馬跡看來，和公司員工的傳說，才知道他要搞什麼尚黑？今天他又要錢，這就更不是空穴來風了。」

「那就更非和紹天大哥講不可了。」紹文說。

「我和紹天規規矩矩辦工商事業，以經濟報國，從來不惹騷惹臭。他花了大把鈔票從美國留學回來，不但對我們龍家沒有一點幫助，反而給我們惹麻煩，這就好像一顆定炸彈，比那個歹徒的恐嚇電話更令我不安。」紹君緊張地說。

「我們龍家只有犧牲奉獻，三、四代人都沒有渾水摸魚，只有遭池魚之殃。傳宗這樣不懂事，應該告訴紹天大哥好好教訓他一頓。」紹芬說。

「紹芬，他現在翅膀長硬了，恐怕紹天也教訓不了？」紹君說。

「不管怎樣，我們應該讓他瞭解，龍家的人不都和他一樣。三條大路走中間，這是我們龍家人立身處世的原則。他學的那點狗屁東西，還唬不到我和紹文，更唬不倒傳祖。」紹芬憤憤地說。

「但他可以唬我，所以他敢向我要錢。」紹君自嘲地說。

「以後一個子兒也不要給他！」紹芬斬釘斷鐵地說：「有錢不妨捐給窮人，做做好事，也不要給他這種龍家蟑螂！」

「紹芬，妳的話說得是不是太重了？」紹君望著她說。

「他先前打電話來時我還不知道內情，不然當時我就教訓了他一頓。」

「妳要是和紹天談這件事時，可要婉轉一點兒，不要傷了兄妹的和氣。」紹君關照她說。

「紹天大哥是個明理的人，我當然不會對他這樣講話。說不定他聽了比我還生氣呢！」

「真想不到，他兩個兒子會這樣南轅北轍？」紹君輕輕歎了一口氣。

「這就是造化弄人。」紹文說：「老天爺從來就不讓人稱心如意。」

紹芬問紹君，紹天在什麼地方？紹君說他應酬去了，晚上會回天龍山莊。紹芬要紹文晚上對他講，這種事兒不宜在公司談。她要回孤兒院去。

晚上，紹文在天行房間裏等紹天，他們多半在這裏碰頭。紹天回來時看到天行房裏的燈光，知道紹文一定在房裏，便直接走了進來。

他們談了幾句閒話之後，紹文和緩地將傳宗的事說給他聽。他臉色暗了下來，半天才說：

「幸好是紹芬接到電話，不然我還蒙在鼓裏！那就壞了大事。」

「兄弟之間也怕有隔閡，所以我不能不告訴大哥。」紹文說：「現在說開了，也就沒有什麼問題了。」

「紹君大哥的錢我會還他，但以後不能再給傳宗一文錢。他吃得太飽了，撐得難過，反而來挖牆腳！但這件事兒可不要給姑姑知道。」

第一一七章 蝶仙看信講古話 紹芬即席品佳人

傳祖來信，告訴紹天、杏芳，他與奇衣曼的結婚日期，請父母前往北京主持婚禮。他另有一封信給紹芬，寫得很親切詳細：

姑姑：

上次北京之行的結果，我請伯父寫信告訴父母，請二嬸寫信告訴您。他們旁觀者清，比我老王賣瓜，自賣自誇，比較公正客觀。同時我返美後又很忙，實在沒有時間寫信，奇衣曼來了十五封信，我才覆了五封，是三比一。幸好她沒有溜掉，這次她是被我抓住了。

人生的際遇真是難說得很，原先我以為我這個「單身貴族」可以做到老，大概我不是光棍命，見了奇衣曼，就有點「君子好逑」。雖然我很沈得住氣，不那麼猴急，而奇衣曼似乎心有靈犀，一點就通。說實話，在北京我沒有時間和她卿卿我我，做小兒女態。我回美後，她卻在信中「細訴衷情」，好像言情小說一樣動人，有時像黛玉的「欲語還休」，有時像寶釵的「意在言外」，但我更喜歡那帶有幾分湘雲的灑脫，大概那幾分灑脫就是維吾爾姑娘的本色吧？

我們已經決定九月十五日結婚，這是北京最好的季節，秋高氣爽，無風無沙。您是媒人，非去不可。爸媽是主婚人，不在話下。姑婆婆春秋已高，不敢勞駕，但我們婚後盡可能來拜見她這塊老天牌。其他的人能去的最好都去，趁此機會骨肉大團圓。一切籌備事宜，由伯父、伯母、叔叔、嬸嬸，全權料理，您們不必操心，我也做現成的新郎官，我已匯去一萬美金交伯父支用，這在北京是個大數目，婚禮不會寒傖，奇衣曼也會被伯母打扮得「宛如天仙」。只怕我「相形見絀」，醜了您這位大媒人。

屆時我會先直飛北京，在機場接您們。

又姑婆婆在心理上是否真能接納奇衣曼這位維吾爾孫媳婦？我還有點擔心。只要她老天牌高興，我受點委屈都沒有關係。

專此敬請

金安

侄兒傳祖敬叩，八月十五日

紹芬看了這封信心裏很高興，她拿給紹天、杏芳看，他們兩夫婦看了雖然高興，杏芳卻自嘲地對紹芬說：

「他寫給我們的信像八股文章，寫給您的信倒似閒話家常，這孩子竟是兩樣的心腸？」

「大嫂，您笑話了。」紹芬笑說：「只因他從小和我無話不談，這次奇衣曼的事兒我又先給他戴上了緊箍咒兒。幸好他這隻挑嘴的貓兒看中了奇衣曼，心中歡喜，嘴也就甜了！反正哄死人不償命，只怕新人進了房，我這個媒人就摺過牆呢！」

杏芳被紹芬說得一笑，連忙拍拍紹芬說：

「真是四川猴子服河南人牽！您對他是有一套，我就不如您。這次您決定了他的終身大事，免得他光桿兒打到底，我還沒有謝媒呢！」

「大嫂，我又不是劉媒婆，還用得著謝？我是看著他一表人才，居然打光桿兒，心裏又急又不服氣，所以才越俎代庖，硬上弓、硬搭橋。好在他賞了我這個臉兒，不然我還真的下不了臺！」

「紹芬，您是我們龍家的女諸葛、趙子龍，有膽有識、有謀有勇，辦起事兒來比我們男子漢還乾淨俐落。傳祖這次結婚，真了卻我一樁大心事！我們做哥哥、嫂嫂的也應該好好地謝您。」紹天高興地說。

「大哥，我拿這封信給您們看，是想讓您們高興高興，我們家很久沒有什麼喜事了。我可不是丑表功。您這樣說來，我真不敢再拿給大媽看了！」

「應該送給姑姑看，也讓她高興高興。走，我們一道送過去！」紹天拉著紹芬說，三人一道來看蝶仙。

「姑姑，傳祖決定九月十五結婚，恭喜您快抱曾孫了。」紹天一進門先報喜，隨後才將傳祖寫給紹芬的信遞給她。

蝶仙並未立即看信，她將信握在手中，帶著幾分感慨地對紹天說：

「算我的眉毛長，總算等到他圓房了！當年你曾祖母就是為了抱你這個曾孫，使你爹受盡了委屈和感情折磨。這樁傷心事兒又只有我這個白頭宮女最清楚，但我一直沒有對你們講。現在事過境遷，物換星移，你也快做祖父了，我就當作故事講給你們聽聽，你們也可以做個參考。」

於是她便將楊通悔婚、文珍改嫁、天行負氣東渡日本求學、遇異國紅粉知己美子，以身相許，矢志撫養龍子不嫁，天行被迫和周素真成婚，造成的悲劇原原本本地告訴他們。他們雖然零零碎碎地風聞了一些，也感覺到一些，但蝶仙從來沒有正面講過。當事人天行、文珍、香君更不會講，他們做子女的也不便問。儘管他們看到一些掩蓋不住的事實，但不清楚整個故事的發展過程和基本原因。經蝶仙將故事的來龍去脈、牽藤絆葛的關係，一一說個分明，紹天、杏芳不禁黯然落淚。杏芳抹抹眼淚說：

「姑姑，您這樣說來，我娘也確實受了池魚之殃了？」

「不但你娘受了池魚之殃，我也看《三國》落眼淚。」蝶仙說：「天行不愧是龍家的孝子賢孫，一切苦果他一個人吞了，但他並沒有放棄做父親的責任，所以我也義不容辭地將他們三兄弟一手帶大。你和紹天成親，也許是老天見憐，暗中做一點補償。現在傳祖也要成親了，紹天雖然不是我生的，但他是我一手養大的，我自然有將要做曾祖母的喜悅，我也為傳祖高興，奇衣曼是他自己看中的，但願他們恩恩愛愛、白頭偕老。」

「爹為龍家真的揹了一生的十字架。」紹天說。

「你們可也不能怪曾祖母。」蝶仙對紹天、杏芳說：「老夫人對你爹真是恩深似海，你爹是她的心頭肉。雖然她並不偏心，可是她疼你爹比疼你大伯更多。因為時代不同，所以造成你爹一生的痛苦，一個大悲劇。如果你不恭喜我快要抱曾孫，也引不出我這一段話來。」

「大媽，您的記性真好！這麼久的陳年爛帳，您怎麼一筆也沒有忘記？」紹芬笑問。

「在妳看來是陳年爛帳，在我看來還是昨天的事兒。」蝶仙對紹芬說：「由於天行一生的痛苦，所以我對你們兄弟姐妹的感情事兒，只是暗中關心，絕不越俎代庖，生怕出了差錯，那就承擔不起了。」

蝶仙說完，這才打開傳祖寫給紹芬的信來看。看完之後，她放下信來一笑：

「傳祖這孩子還真有點天行的影兒！難得他有這份孝心，還考慮到我。」

「他不是現在才考慮到，去北京之前就想到了。」紹芬說：「是我告訴他，您說只要人好就行。免得他到了北京變成軟腳蝦，您的曾孫就抱不成了」

蝶仙聽了一笑，指著紹芬說：

「這次傳祖的婚事是妳當導演，等我見了奇衣曼之後，論功行賞，自然少不了妳一份。」

「大媽，我是黑處作揖，可從來沒有想到您會有賞？」

「我這倒是向妳學的。」蝶仙笑說：「妳一向賞罰分明，我也不能埋沒妳的功勞。」

「大媽，如果您看奇衣曼看不順眼呢？那我不是要受罰了？」

「生米煮成了熟飯，再不順眼我也只好認了。」蝶仙笑說：「我這麼大年紀了，還能把奇衣曼送回新疆？」

「大媽，您要是見了奇衣曼，您才捨不得放她走呢！」紹芬笑說：「這樣好的孫媳婦兒，真是可遇而不可求的。」

「莫非傳祖這孩子的妻宮真的很好！」蝶仙望望紹天、杏芳說。

「當年在沙坪壩也沒有心思找人替他算算八字，不知道他的妻宮是不是真的很好？」杏芳望了紹天一眼說。

「說來好笑，」蝶仙向他們三人一笑：「當年我和你們大伯結婚之前，老夫人還要靈姑奶奶悄悄地請人合過八字呢！」

「要是八字不合那怎麼辦？」紹芬笑問。

「我就不是龍家的人了。」蝶仙笑著回答。

「那今天龍家的歷史不是要改寫了？」紹芬笑了起來。

「那也不關我的事兒了。」

「姑姑，說起算八字的事兒，我不是不信，也不是全信。因為有的八字算得準，有的八字算不準，我就不知道那是什麼原因？」紹天說。

「以前我也不明白，年紀大了，閱歷多了，再加上認真修行以後，我漸漸瞭解了。」蝶仙說。

「姑姑，這裏面到底有什麼玄機？」紹天問。

「人在三界以內，五行之中，比較好算。如果修行的人，很有成就，他個人的磁場和振動頻率，已經改變不少，用他出生時原先的磁場和頻率來推算，自然不會準。因為他的肉體雖然在地球這個娑婆世界，而他內在的主人靈魂，卻已超出三界外，不在五行中。再用五行來算他，那怎麼會準？正如傳祖說天行書中提到坎離易位，子午轉向，乾坤都顛倒了，命學的原理原則自然就不適用了。」

「姑姑，佛道中的高人，固然有此可能。一般在家人那有這種道行？怎麼也算不準？」

「你爹也是在家人，可是他默默地修了一輩子，我相信他的八字就沒有人能算準。還有一般普通在家人，雖然沒有什麼修行，但是他暗中積了大德，或是缺了德，各有福報、業障，這又難算了。」

「這樣說來，那只有普通人的命才能算了？」

「就是最普通的人，還要看算命的人學問高低，其中的出入也大。從前王進士的命，那位天橋的什麼鐵嘴就算不準，柳神仙一算就準，就是這個原因。」

「姑姑，您也修成了！」紹天高興得幾乎跳起來。

「我沒有你爹的學問，我還差得遠。」

「姑姑，您是真有慧根！絕不是初次為人。」

「這是你說的，我可是個很普通的人。說不定還是什麼鳥兒、貓兒、狗兒投胎的呢！」蝶仙淡然一笑。

「大媽，依我看！就算您是最普通的人，龍家也不能沒有您。」紹芬說：「同樣的，以後也不能沒有奇衣曼。」

「紹芬，奇衣曼真有姑姑的能耐，真能接姑姑的腳嗎？」杏芳笑問。

「大嫂，我不哄您，我相信我的眼睛。您看了就會知道。」紹芬自信地說。

「我趕不上姑姑，但願奇衣曼真如您所料，我也樂得享點清福。」杏芳高興地說。

隨後他們就商量去北京的事。紹天、杏芳非去不可，紹芬自然也得去，紹文要趁便去掃墓。紹君離不開，只好等以後有機會再去。他們這次去是參加婚禮、骨肉團聚、掃墓，三件大事一次辦理。

龍子、紹地也有信來。龍子除了告訴紹天婚禮的籌備情形外，還談了一些生意方面的發展，有些事要和紹天當面商量。

一切準備停當之後，紹天、杏芳、紹芬、紹文四人，取道東京轉往北京。來機場迎接的是浩浩蕩蕩的一批人：龍子、玲玲夫婦；紹地、純純夫婦；紹人、淩菱夫婦；紹華、紹珍、紹玲；傳祖、奇衣曼；奇衣曼父母。

紹天、杏芳、紹文三人一時眼花撩亂，兄弟姐妹雖是至親骨肉，但由於分隔太久，他們三人幾乎都認不出來。尤其是紹天、紹地、紹文三胞胎，相形之下，差別很大。兩個弟弟看來至少大他十歲。純純、凌菱、紹華、紹珍、紹玲三姐妹看來也比杏芳蒼老多了。龍子、玲玲先替他們介紹奇衣曼父母，奇衣曼父母看紹天、杏芳那種派頭，顯得有些拘束。幸好紹天、杏芳對他們十分親切隨和，他們才慢慢輕鬆起來。兄弟姐妹妯娌相見，都不免眼紅鼻酸。但奇衣曼給大家帶來了歡樂，紹天、杏芳看著這位明眸皓齒、艷光照人、聰明伶俐、生氣勃勃的維吾爾媳婦，真是看在眼中，喜在心裏，杏芳忍不住抱著她親親。紹芬站在旁邊笑著對杏芳說：

「大嫂，我該沒有哄您吧？」

「妳放心，我會好好地謝妳。」杏芳向紹芬一笑。

「娘，您該謝的人還多呢！」傳祖笑著向她示意。

杏芳立刻握著奇衣曼父母的手笑說：

「親家公，親家母，謝謝您們生了這麼好的女兒。」

奇衣曼的父母似懂非懂，奇衣曼笑著用維吾爾語講給他們聽，他們兩人笑得合不攏嘴。

「緣，還真是萬里姻緣！」杏芳笑著對站在身邊的姐妹妯娌說。

大家都說她的福氣好，她聽了格外高興。香君過世之後她沒有這樣高興過。

他們一行住進傳祖住的北京飯店。

杏芳將帶來的大批禮物，一一分送給大家。奇衣曼的父母除了禮物之外，再加五千美金的紅包。他們高興得說不出話來。

隨後他們一家人聚在紹天的大套房中問長問短。紹天問紹華她們怎麼一個人來？她們說路途太遠，北京的飯店太貴、開支太大，不能增加傳祖太多的負擔。

「大哥、大嫂，我們一方面是來參加傳祖的婚禮，一方面要看看您們。我們分別了三十多年，正好趁這個機會團聚一下。但是北京這地方飯店實在太貴，我們又不能丟您們的面子，住在那些趕驢兒的雞鳴早看天的小客棧裏，而且北京市再也找不到那種客棧，您們也不會讓我們幾姐妹去住，我們就是想打腫臉充胖子又充不起來。一到北京，龍子大哥就安排我們住在一塊兒，這一住下來，就是把我們賣掉，也抵不了飯店錢，我們怎麼能再拖著愛人一道來？……」紹華說到這兒再也說不下去，眼淚已經像斷了線的珍珠一顆顆地掉下來。

紹天、杏芳初次聽到紹華說出「愛人」兩個字，很不習慣，但紹華說得那麼自然，想笑也笑不出來。

「大哥、大嫂，華姐說的是實話。」紹珍接著說：「傳祖天大的囍事，我們接到囍帖，不來說不過去，來了自然是增加您們的開支，心裏實在過意不去。所以我們三姐妹不約而同地單獨來。上次紹芬去看我們，又帶我們來北京，她和龍子大哥、大嫂已經破費不少，這次……」

「紹珍，不必說了。」紹天笑著搖搖手：「能夠見到妳們，我們就很高興。我們叨天之幸，能保存龍家這點元氣，一家人能藉這個機會團聚團聚，就很不容易，何必在意這些開支？」

「大哥，如果我們能住進翰林第，全家人來也沒有問題。現在連您們都要住旅館，我們就不能不面對現實了。」紹玲說。

「您們說的都是實話，我很瞭解。」紹天向紹玲說：「翰林第雖然收不回來，我還是想去看看。」

他隨即請龍子、紹地他們陪他去。龍子說：

「不急，我看您三、五天走不了，我會陪您去。」

「我還想帶傳祖他們去南方掃墓。」紹天說。隨後又問紹華她們：「妳們去不去？」

「本來我們和紹芬已經去過武昌、九江掃了墓，但是重慶沒有去，二公公、婆婆他們的墓我們是一定要去祭掃的。現在既然重新修過，大哥要去，我們也應該陪著一道去。」紹華說：「以後恐怕我們再也沒有機會去了。」

紹天想想她們住得那麼遠，真是天南地北，年紀也不小了。再要掃墓的確很難。他自己這一輩子就沒有上過祖墳，祖父母和他的生母下葬後他就沒有去掃過墓，當年天行希望還葬九江祖墳山的希望老早破滅了。以後的子孫會不會去？誰也不知道。那就很可能變成孤墳了！

隨後他又問龍子想不想同他一道去掃墓？龍子自小就聽母親美子轉述過九江的名山勝水，父親天行又是個孝子，對祖母尤其孝順，去九江一趟也好，天放對他們母子一直很好，他還記得天放的樣子，他為國犧牲，他應該去武昌祭拜一下。葬在沙坪壩的祖父母他雖未見過，但他知道他們對自己母子兩人都好，中日戰爭以前，他們母子的生活費和他的教育費，一直由龍從雲接濟，他又沒有去過重慶，也不能不去。由於這許多原因，他爽快地答應同去，紹天感到一份骨肉之情，十分高興。

紹地夫婦、紹人夫婦也有很多話想和他談，卻又不知從何談起？紹天關心地問他們現在的生活情形，他們都說現在生活很好。

「自從龍子大哥來北京後，我們的命運都轉變了。」凌菱說：「上次紹芬又在經濟上給了我們不少幫助，我們現在的生活，算是高檔的了。」

「你們現在都有固定的工資了？」紹天問。

「平反以後，我們就拿一級作家的待遇。」紹人說：「光靠工資，生活也過得去。」

「你現在有沒有寫作？」紹天又問。

紹人搖搖頭。紹文對他說：

「三哥，您要是肯寫，不愁沒有地方出版，我和芬姐會替您出。」

「紹文，我已經心灰意冷，現在怎樣也提不起勁兒來寫作了？」紹人意興闌珊地說。

「倒不急在一時，只要您寫，我負責給您出版。」紹文鼓勵他。

「我還在懷疑，文學除了給作家帶來痛苦、災難外，究竟有什麼用處？」紹人望著他說。

「三哥，這問題我實在答不上來。」紹文向他笑笑：「為名嗎？名是空的；為利嗎？利又太薄；為留傳後世嗎？那又談何容易？古往今來，又有幾位作家的作品能留傳後世？萬一犯了禁忌，就有橫禍飛來，中國作家大多如此。除非有那一位真不怕死、不要命、不計名利、又要命長、又行萬里路、讀破萬卷書的大傻瓜，真能寫出心裏的話，還要加上一點幸運，才有希望把作品留下來，不然都是一場空。倒是兩位大哥，搞工商事業，比較容易立竿見影。我和芬姐，都是託大哥的福，要是靠寫文章，早就餓死。我說能給您出書，也是有大哥撐腰，不然我和芬姐的書都沒有地方出版。」

「紹文，你的話是真是假？」紹人將信將疑地望著他：「最近有一位臺灣作家悄悄來北京，承他看得起，也來看了我一次。他說他的書有人搶著出版，他的稿子供不應求，還有人請他講演、上電視，一個月收入幾十萬，他的別墅、汽車，都是寫出來的。您們怎麼相差那麼遠？臺灣作家是否也有等級？」

「三哥，我講的句句都是真話。我何必騙您？」紹文回答：「臺灣作家人人都可以自稱齊天大聖，那有什麼等級？」

紹芬笑了起來。紹人更是一頭霧水，望著紹芬說：

「紹芬，妳為何發笑？」

「三哥，您和外面的世界隔絕太久了！您不知道，在工商業社會，做任何生意都要大本錢，只有吹牛不要本錢。那位作家文可能是吹牛學校畢業的。」

「那我實在太落伍了！」紹人自嘲地說。

「三哥，不但您落伍了，我和紹文也落伍了。現在老實人已經沒有市場。您在這邊還可以拿一級作家的工資，我和紹文是一個子兒也拿不到。所以那邊像我們這種年齡的作家，十之八、九也都不寫了。這些話似乎上次我已經和您談過了？不知道是您的記性不好？還是我的記性差？」

龍子和紹天要談生意上的事情，向大家打了一個招呼便去裏面密談。他們兩人一進去，氣氛就輕鬆多了。杏芳看奇衣曼愈看愈順眼，她拉著奇衣曼坐在身邊，笑著對凌菱說：

「凌菱，妳收她做乾女兒，卻給我帶來一個好媳婦兒，當初妳沒有想到吧？」

「那怎麼想得到？」凌菱一笑：「要不是紹芬來，她的腦筋轉得快，我還沒有想到這上面來呢。」

「這次我娶媳婦，也算妳嫁女兒，我們是親上加親了！」

杏芳說得大家一笑。紹芬卻指著傳祖笑說：

「算他狗屎運氣！又偏偏遇上我這個好管閒事的姑姑。」

「娘，您不知道，上次我來北京時，姑姑對我是軟硬兼施。」傳祖對杏芳笑說：「姑姑不像您不大管我的事兒。」

「你人在美國，我怎麼管？」杏芳笑著白他一眼：「那次在臺北託人介紹了一位小姐，你又不要，我還能像曾祖母對你公公一樣，硬塞一個女的給你不成？」

傳祖也略微知道天行婚姻的不幸，又笑著對杏芳說：

「娘，您這樣說來，我倒要感謝您了？」

「你當然要感謝我！」杏芳笑說：「如果娘急著抱孫子，不管你願不願意，硬塞給你一個媳婦兒，看你怎麼辦？」

「娘，那我只好跳出地球了。」傳祖一笑。

「你跳得出去嗎？」杏芳笑問。

「現在還不行。」傳祖笑著搖搖頭。

「那不是廢話！」杏芳笑著罵他：「縱然真有那麼一天，你也老得沒有人要了！」

大家都笑了起來，奇衣曼也好笑。杏芳拍拍奇衣曼說：

「幸好現在還不遲，還有奇衣曼要你，也沒有耽誤我抱孫子。」

奇衣曼的臉微微一紅，看來比初放的玫瑰更美。

紹華、紹珍、紹玲三姐妹，沒有想到傳祖「一下子」長大了，而且長得比紹天當年從英國回到沙坪壩時還帥氣，又是更時髦的太空科學家，又有美國國籍。這種身分地位，是這邊的青年人求之不得的事，而他好像無所謂，沒有一點美國人的洋味兒，還是道地的中國人，龍家的子孫。

「大嫂，您真好福氣！」紹華對杏芳說：「我沒有見到傳祖以前，以為他一定很洋化、很神氣。昨天見到他之後，覺得他不像美國人，還是我們龍家的子孫。明年您就可以抱孫子了。」

「您沒有看見傳宗，」杏芳對紹華說：「傳宗和他可不一樣。」

「我連他的一點影兒都沒有，」紹華說：「傳宗是什麼樣子？我真的想不起來？」

「外表上和傳祖也差不了多少，只是想法上、行為上和傳祖完全不一樣。」

「他們兩兄弟怎麼會差得這麼遠呢？」紹珍、紹玲說。

「我也不知道？」杏芳無可奈何地一笑：「他們兩兄弟都是我十月懷胎的，我還會分什麼彼此？」

「那要給他娶個好媳婦才行。」紹華說：「說不定對他會有影響？」

「那要看他有沒有傳祖這樣的命？」杏芳說：「我這個娘是影響他不了的！」

龍子、紹天從裏面走了出來，兩人臉上顯得十分愉快。紹天對大家說：

「我們先同大哥一道去翰林第看看，然後吃飯。」

杏芳也急著去看，翰林第她太熟了，她是在那裏結婚的，兩次逃難也都是從那個房子離開的。

可是一走到翰林第門口，她感到有些陌生，不但「翰林第」三個金字沒有了，門口的一對大石獅子也沒有了。房屋也顯得斑斑剝剝。她站在門口自言自語：

「這那是翰林第？」

「不錯，」紹天對她說：「房子還是老房子，只是隔了幾十年，今非昔比了！」

他立即和龍子先走進去，裏面還是住了那麼多人，他一個也不認識，別人也不認識他，不過都好奇地望著他，有人還問他：

「請問您找誰？」

「我不找誰，」紹天向他笑笑：「我只是來看看。」

「您先生好像不是本地人？」那人打量他的衣著說。

「我不但是本地人，我還是在這個房子裏出生的呢。」紹天笑著回答。

「請問您貴姓？」

「敝姓龍。」

「聽說這房子原先是龍翰林的，您先生莫非是他的後人？」

紹天笑著點點頭，那人又打量他一眼說：

「聽說他後人都分散了，有的在國外，有的在臺灣，您先生是那兒來的？」

「臺灣。」紹天說。

「那您先生發財了？」

「談不上，不過可以混得過去。」

「您是不是想收回祖業？」那人關心地望著他。

「我今天剛到，只是看看。」紹天淡淡地說。

他和龍子他們一直走進去，走到老夫人的佛堂，更是面目全非，月門拆了，裏面住了兩、三家人，都好奇望著他們，他只好退回來。走到大門外，又打量了一會，才對龍子說：

「如果能收回來，整修一番，我們龍家子孫就可以團聚在一塊兒；要是改建大樓，好幾家公司和辦事處都可以容納進來。」

「我也是這樣想，」龍子點頭：「只要有一點點希望，我都會全力以赴。」

奇衣曼的父母和奇衣曼用維吾爾語竊竊私語，他們沒有看過這麼大的私人房子。現在住了好幾百人，以前一家人住，那多寬敞？杏芳問奇衣曼，她父母說什麼？奇衣曼告訴她，她對奇衣曼說：

「以前不是這麼破破爛爛，那可是雕樑畫棟，古色古香，門口還有一對石獅子，那是這個樣子！」

奇衣曼說給她父母聽，他們向杏芳笑笑。

紹天請大家到餐廳吃飯，讓奇衣曼父母坐首席，奇衣曼父母有些拘束，紹天要奇衣曼和傳祖坐在他們兩邊，他們才安心。

他們一邊吃飯，一面商量明天的婚禮。龍子早有腹案，婚禮是採取現代式的，不過為了顧及奇衣曼父親，新娘由女儐相陪著走入禮堂，奇衣曼父親和紹天站在主婚人席位不動，也不必講話，由紹天代表主婚人致詞。

「男女儐相有沒有請好？」紹天問。

「女儐相是奇衣曼的好友，男儐相是一位青年天體物理學家，都安排好了。」龍子說：「介紹人自然是紹芬和凌菱，這該不用我講了吧？」

她們兩人笑著點點頭。紹天想起結婚證書上要主婚人蓋章，又笑著向龍子說：

「親家翁的圖章怎麼刻呢？」

「刻漢文的，奇衣曼和親家翁都同意了。」

紹天夫婦先敬奇衣曼父母一杯酒，表示謝意，隨後又敬龍子、玲玲說：

「多謝大哥、大嫂費神，這次我們是做現成的主婚人，沒有操半點心。不過我覺得證婚人很不好請，大哥考慮了沒有？」

「我知道你的顧慮。」龍子說：「依臺北的風氣，和你的身分地位，不是院長級的大官兒，不夠格做傳祖的證婚人，我知道您怕犯忌，不但不敢請此地的大官兒做證婚人，連請帖也不敢下，只有一兩位相關的科技首長，不得不請。證婚人是物理學方面的老前輩，年高德劭的夏宗周，這該不犯忌吧？」

紹天知道夏宗周，他連連點頭。

第二天的婚禮，照龍子的計畫舉行，奇衣曼化妝後，眼睛更黑而亮，兩眉如黛，鼻樑更高而準頭圓潤，不是西方人的那種孤峰鼻、鷹嘴鼻，而兼具東西方美，看來艷光四射，令人不敢逼視。伴娘是位滿族姑娘，有東北姑娘的健美。傳祖稍稍打扮之後，也年輕很多，兩人站在一塊，顯得珠聯璧合。夏宗周的證婚詞也簡短有力，沒有一點八股味。他客套了幾句，就轉入正題：

「新郎龍傳祖博士，是優秀的炎黃子孫，新娘奇衣曼小姐，是優秀的維吾爾姑娘。他們兩位真是天作之合，希望新郎能早日突破太空科學的瓶頸，突破地球的時空障礙，使人類進入一個更高、更新的境界，一個沒有障礙，沒有痛苦，沒有佛家所謂的『成、住、壞、空』的永恒樂土。也希望他們早生貴子，創造一個更優秀的中華民族……」

他的話贏得不少掌聲，紹天聽了也很高興，他最怕那些敏感的話題。

婚禮場面不算大，但很莊嚴隆重。有些客人是不請自來，紹天都不認識，也沒有出面招待，都由龍子夫婦、紹地夫婦、紹人夫婦招待，但龍子介紹其中一位客人時，他聽了大名又喜又驚，好在那位客人道賀了一番就走了。

散席之後，大家都鬆了一口氣。奇衣曼父母感到非常榮幸，他們沒有參加過這麼盛大隆重的婚禮。他們要奇衣曼將他們的意思告訴紹天、杏芳，他們兩人聽了之後，杏芳笑著對奇衣曼父母說：

「可惜婚禮不是在臺北舉行，不然光是我們公司的員工，就有好幾百桌，外面的客人，少說也有兩百桌。在北京省多了。」

「在臺北可以再補行一次婚禮。」玲玲說。

「大嫂，我不想招搖。」紹天說：「他們同我回臺北之後，我只想讓他們拜拜祖先和姑姑，另外請兩、三桌至親好友，讓大家認識認識就行了。」

「古話說：『窮居鬧市無人問，富在深山有遠親。』臺北更是錢趕大伴兒，人趕大伴兒。依我看，您想省也不行。」玲玲笑著對他說：「就以今天的客人來說吧，有些是當年和我們劃過楚河漢界的，我和龍子求見他們都見不到，今天卻不請自來了，這就是人情世態。我看走到那兒都是一樣，不管是姓社姓資。」

「大嫂，您看得是真透徹。」紹天向玲玲一笑。

「我和您不一樣，」玲玲也向他一笑：「我和龍子是滾釘板滾過來的，您是一碗飯長大的，我們知道冷暖，您未必能看透人心？」

「我託爹的福，可以說是一帆風順。不像您們遭遇那麼多的磨難。您們正好彌補我的短處。人生經驗是無價之寶，是買不到的。」紹天對龍子、玲玲說。

「說良心話，玲玲是我最大的助手。」龍子高興地說：「我到北京設辦事處以來，如果沒有玲玲，我也不會這麼順利。」

「這我就抵不上大嫂了。」杏芳向玲玲一笑。

「您的命比我好，一輩子沒有風吹雨打，吃香的，喝辣的，上有大樹遮陰，又生了傳祖這個好兒子，還娶了奇衣曼這個好媳婦兒，您只享福好了，什麼都不必管。」玲玲說

大家聽玲玲這麼說，都會心地一笑。尤其是凌菱、純純，更多一分感慨，凌菱說：

「我們妯娌四人，論命，杏芳大嫂最好；若論人情世故、才幹，玲玲大嫂確是第一。純純二嫂雖是文武全才，可是大掛子塞在醃菜罈子裏，出不了頭；我更是窩囊一輩子。」

「您們都是龍家的好媳婦，無奈際遇不同，造化弄人，白白地受了這麼多年的委屈。」紹天安慰凌菱、純純說。

「我們四姐妹也只有紹芬一人能幹。」紹華接著說。

「我對您們姐妹最清楚。」杏芳說：「在九江老家時，我就知道紹芬膽大心細，不服輸。若論勇氣、膽量、才華，不但我們都不如她，很多男子漢也不如她。您們三姐妹都是大家閨秀，知書識禮，安分守己，是典型的賢妻良母，但缺少紹芬那種膽量。但這不是您們的錯，是時代變得太快，太突然了，使很多人都措手不及。這真是無可奈何的事兒。」

「大嫂，我們姑嫂相處幾十年，今天我才聽您說出這番話來。」紹芬笑著對杏芳說：「我們四姐妹，她們三位是盛世的淑女，不是亂世的佳人。我沒有什麼長處，只是敢打爛仗，不信邪，但我也傷得最重。純純二嫂是我的患難生死之交，她就是淑女處亂世，打爛仗的犧牲品，所以遍

體鱗傷。」

「我們這一代人真是不幸！」杏芳摟著奇衣曼說：「但願她是幸福的一代。」

「大嫂，您放心！」紹芬笑著對杏芳說：「奇衣曼有我們八位姑嫂所沒有的長處。」

「姑姑，您別抬舉我。」奇衣曼笑著對紹芬說。

「我不是抬舉妳。」紹芬拍拍她：「妳既是盛世的淑女，也是亂世的佳人，縱然天塌下來了，我相信妳也能頂位。」

「哎唷！姑姑！」奇衣曼笑著叫了起來：「您以為我有三頭六臂是不是？您們幾位長輩，我是一個也趕不上的。」

「妳要是不超過我們，我還會一心一意搭這座橋？謀妳做我們龍家的媳婦兒？」紹芬笑著對她說。

「紹芬，我真佩服您的眼力，您倒是說給我聽聽，她比我們姑嫂們強在那裏？」杏芳笑問。

「大嫂，她既可以像您一樣做一輩子的少奶奶，享一輩子的福；更可以像我一樣打爛仗。享福她可以享得十分氣派，打爛仗也打得十分漂亮，決不會灰頭土臉。」

奇衣曼笑著雙手把臉一蒙，嘴裏不停地說：

「姑姑，您快別說了，再說我就坐不住了！」

大家看了高興地一笑。紹芬又接著說：

「所以我說她能接大媽的腳。大媽當年侍候老夫人的時候，大門不出，二門不邁。可是一遇到抗戰，那種苦她都能吃，那麼一個大家，她都能撐起來，這是我們親眼得見的事實。而且她還會做和事佬，不然在沙坪壩時我們龍家早就垮了！那有今天？」

「紹芬，您說的真不錯！」杏芳連連點頭：「當年爹內外夾攻，心力交瘁，如果不是姑姑撐著，爹的精神早已崩潰。」

「大嫂，人生無常，以後還不知道是個什麼樣的世界？您是福人，我們這一代，北京有玲玲大嫂撐著，下一代有奇衣曼這樣的媳婦兒，就不怕天塌下來了。」紹芬說。

「可是她婚後要去美國，她已經是美國人了，這可和姑姑不一樣呀！」杏芳說。

「大嫂，人是活寶，可以來來去去。再說，傳祖又不是為了那幾千美金一個月，非做美國人不可。何況他還有雙重國籍？目前只是權宜之計，我相信傳祖始終是我們龍家的子孫。傳祖，你說是不是？」

傳祖笑著點點頭。紹芬笑著對杏芳說：

「大嫂，這不就得了！您擔個什麼心？」

「紹芬，您真是我們家的女諸葛、趙子龍！您這一下子就解開了我心中的疑團。我一直不好和傳祖談這個問題。」紹天高興地說。

「爹，其實這些話也不必談。」傳祖笑著對紹天說：「楚材晉用，古已有之。現在我是使不上力，一旦使得上力，我自然知道該用在什麼地方。我始終是您的兒子，一旦有了孫子，也還是龍家的，決不會姓什麼 Smith、Armstrong 的。」

大家高興得鼓掌，紹芬笑問奇衣曼：

「奇衣曼，妳呢？」

「從今天起，我就跟他姓龍了。」奇衣曼指指傳祖，笑著回答。

杏芳笑著把她攬進懷裏，在她前額上親親。

大家聊得非常愉快，快到十二點，杏芳催新人去睡，大家把他們送進新房。大套房，佈置得喜氣洋洋，雙囍大紅字，貼了好幾處，粉紅色的燈光，照得整個房間柔和浪漫，照得奇衣曼粉紅色的新娘服裝，和粉紅色的臉蛋，更加嫵媚動人。大家退出時，紹芬站在門口指著傳祖的鼻尖笑說：

「傳祖，現在新娘子進了房，你可別把我這個媒人摺過牆呀！」

「姑姑，您放心，」傳祖擁著奇衣曼笑著回答：「明年姪兒一定請您吃紅蛋！」

第一一八章　傳祖新婚重倫理
紹芬參訪大觀園

第二天清早起來，奇衣曼更顯得精神煥發，笑容滿面。她先迅速地漱洗打扮了一下，在大梳妝檯鏡前左右看了一下自己，滿意地笑笑，再從床上將傳祖拉了起來，傳祖坐在床上，睜開矇矓睡眼，看她打扮得整整齊齊，人比花嬌，拉著她親了一下，問：

「妳怎麼起得這樣早？」

「您昨兒晚上不是說要早起拜見父母長輩嗎！」奇衣曼反問他：「怎麼您睡糊塗了？」

「人生難得糊塗，糊塗這一次也很好。」他笑著回答：「不過妳這一拉，可打破了我剛才的美夢！」

「是不是夢見了什麼漂亮的美國洋妞兒？」她似笑非笑地反問他。

「洋妞兒有騷味兒，我才不會做那種夢。」他笑著在她臉上親了一下，翻下床站了起來。

「那還有什麼美夢？」她望著他笑笑。

「我夢見抓住一隻飛碟。」他笑著回答。

「那是個好兆頭！」她輕輕一跳

「可是妳把我一拉，它又跑了。」他笑著兩手一攤。

「那下次再抓好了。」

「妳不知道，飛碟多快！好難抓。」

「我幫您抓。」她向他一笑。

他將她摟進懷裏，親了幾下。

她笑著把他推開，隨即替他放好洗臉水，擠好牙膏，催他洗臉。第一次有女人這樣服侍他，而且是一位維吾爾姑娘，他幾乎笑了出來。他一面洗臉一面偷偷地望望她，像一個頑皮的小孩子，她不禁笑著問他：

「您是怎麼搞的？像小孩兒一樣淘氣！」

「這是第一次有女人這樣服侍我，我好高興。」他笑著回答。

「您以前的女朋友沒有服侍過您？」

「現在的中國女孩子變了！別說是女朋友，就是太太也不會這樣，反而要先生服侍她。尤其是在美國、臺灣，所謂新女性都強調獨立、自主。」他有些好笑。

「您以為怎樣才是獨立自主？」她笑著反問。

「能獨立思考，獨立工作，單獨處理任何問題，不倚賴別人，這才是真正的獨立自主。」他一面擦臉一面對她說：「夫妻之間應該互相照顧、合作，彼此體諒，這才是正理，並不是照顧了丈夫就損害了獨立自主。妳說對不對？」

「我也是這樣想。不過您不要以為我是討好您，以後把我當作奴隸？」她似笑非笑地說。

「妳放心，我怎麼會那樣不識趣？」他笑著拍拍她。

「那就好！」她笑著點點頭：「您要是真不識趣，我就和您bye bye了！」

他看她那樣俏皮而又灑脫、頑強的樣子，高興地笑了起來，邊笑邊說：

「我娶妳娶對了！我就是需要妳這樣的太太，既不是花瓶，也不是女強人，而是一位好朋友，既賢慧又能幹的太太。」

奇衣曼聽了很高興，但她還是笑著頂他：

「您別假奉承。」

「這是實話，不是假奉承。」他笑著說：「妳以前有沒有這樣服侍過別人？」

「除了我父親母親之外，有那個臭男人值得我這樣服侍？」她的兩眉一揚，笑著反問。

「這樣說來，我倒不是臭男人了？」

「雖然不臭，也不怎麼香。」她嗤的一笑說。

他更高興地笑了起來。隨後又說：

「我高興妳說實話。我雖然不怎麼香，身上可沒有洋騷味兒。不像妳跟香妃一樣，有一種女人特有的香味兒。」

「您睜著眼睛說瞎話，您好像聞過香妃似的？」她笑著白他一眼。

「我雖然沒有聞過香妃，」他笑了起來：「不過……」

「少廢話，快換衣服。」她把他推到衣櫥前，打開衣櫥，取出西裝，幫著他換上。

他換好衣服，她又替他整整領帶，要他照照鏡子，他站在穿衣鏡前上下打量了一會，她點點頭一笑：

「這還像個地球人的樣子。」

「我從來沒有發現過，我還是個瀟瀟灑灑英俊的地球人？」他向她笑笑：「難怪妳會看上我。」

她嗤的一聲笑了起來，指著他的鼻尖說：

「我看您的臉皮比萬里長城還厚。」

「光是臉皮厚，倒沒有太大的關係，心不黑就還有救。」

「別盡瞎胡扯，我們快去看看父親、母親和幾位長輩，不然他們會說我們貪睡。」她一面說一面牽著他的手走了出來。

他們先去看紹天、杏芳。杏芳過來開門，她看見兒子、媳婦過來，十分高興。她想不到奇衣曼也能尊重這種禮數？她看奇衣曼滿面春風，生氣勃勃，兒子也穿得整整齊齊，精神煥發，更加高興，紹天也趕到前面來，傳祖和奇衣曼站在一塊，先問好，再向父母畢恭畢敬地三鞠躬，紹天高興地說：

「你們沒有忘記我們龍家的規矩，很不容易。快去向岳父母請安。」說著就陪同他們一道來奇衣曼父母的房間。

奇衣曼父母看女兒、女婿過來請安，十分高興，又看紹天、杏芳夫婦一道過來，便有些受寵若驚。紹天夫婦和他們寒暄了幾句，又告訴他們八點鐘在餐廳早餐，便回到自己的房間。

奇衣曼的母親也是丈母娘看女婿，愈看愈歡喜。奇衣曼很像她，她年輕時也是一位維吾爾的美女。她好像有很多話想和奇衣曼講，奇衣曼把她拉在一邊，用維吾爾語和她說悄悄話，她邊聽邊笑，終於笑出聲來，奇衣曼笑著把傳祖一拉，退了出來。

傳祖不懂維吾爾語，又沒有聽清楚，禁不住問奇衣曼：

「剛才妳和妳娘講些什麼？」

「我娘怕您欺負我。」她俏皮地回答。

「妳怎麼講？」他笑問。

「您猜我怎麼講？」她笑著問。

「我又不是妳肚子裏的蛔蟲，我怎麼猜得出來？」

「傻瓜蛋！閨房的事兒還有什麼好講的？」她笑著白了他一眼：「我只是咿咿唔唔，瞎混過去。」

「那她為什麼發笑？」

「她笑您這個傻女婿，傻得令人好笑。」

「我看我並不傻嘛，有什麼好笑的？」

「還不好笑？」她望望他說：「新婚之夜，居然還做了個抓飛碟的夢，這不比《天方夜譚》更荒謬。」

「這是我的本行，正好表示我不是見了姐姐就忘了妹妹。」

「像您這樣念念不忘飛碟，有一天不是會把我忘掉？」

「我並沒有得癡呆症，怎麼會忘掉妳？」

他們一路說笑，不知不覺來到紹芬、紹華同住的房間。紹芬來開門，一見面，傳祖就說：

「姑姑，我們來向您們請安。」

「唷！你還記得這個老規矩？」紹芬向他一笑，同時拉著奇衣曼進來。

紹華聞聲出來，傳祖拉著她和紹芬並肩坐在雙人沙發上，然後和奇衣曼站在一塊，向她們行了三鞠躬禮。紹芬打趣地說：

「幸好奇衣曼進了房，你並沒有把我這個媒人摺過牆。」

「姑姑，他不敢，我更不敢。」奇衣曼笑說。

「姑姑沒有看錯妳，」紹芬把奇衣曼拉在中間坐下，拍拍她說：「日後姑姑要是真的老了，恐怕還會享妳的福呢！」

「姑姑，我會孝敬您們。」奇衣曼對紹芬、紹華說，紹華和她父母都住在伊寧，她覺得這是一舉兩得的事。

「奇衣曼，有妳這句話我就高興了。」紹華也拍拍她說。

「姑姑，以後您可以常到我家去。現在不是外人，您更不要見外。」奇衣曼對紹華說：「我父親、母親想念我時，看到您心裏會好過些。」

「妳真是個孝順的女兒！為了妳我也會常去看看妳父親、母親，我在伊寧沒有一個親人，總算有妳父親、母親這對親家了。」紹華感動地說。

紹珍、紹玲走了進來，傳祖連忙拉著奇衣曼向她們問安行禮。傳祖向她們說：

「姑姑，我們正準備過去，想不到您們先來了！」

「不必這麼多禮，你們應該多睡一會兒，何必起得這麼早呢？」紹珍對他說。

「姑姑，我怕妳們笑話，所以我起得比平時更早。」傳祖笑說。

「還有什麼好笑的？」紹玲說：「人人都是這麼過來的。」

「玲姐，我可不是這麼過來的。」紹芬笑著接嘴：「今天他要是睡得忘了早朝，我可要笑他。」

「姑姑，我就是怕您笑。」傳祖向紹芬笑說：「不然我要睡到日上三竿。」

「你以為姑姑真的那麼不通情理？」紹芬白了他一眼：「姑姑就是怕你打單身，所以才硬做這個媒。現在又急著吃你們的紅蛋了！」

「姑姑，您放心，明年一定請您吃紅蛋。」傳祖故意湊近紹芬的身邊，輕輕地對她說。

紹芬打了他一下，又罵了他一句：「真不害臊，」然後故意問奇衣曼：

「傳祖說的話不算，妳說：什麼時候請我吃紅蛋？」

奇衣曼蒙著臉笑了起來，猛力搖頭說：

「姑姑，這種事兒怎麼能說？」

「他能說，妳怎麼不能說？」紹芬故意逗趣。

「姑姑，他的臉皮比萬里長城還厚，我怎麼講得出口？」奇衣曼仍然蒙著臉說。

紹芬笑著把她拉進懷裏，一手摟著她，一手拉著傳祖說：

「你要是向姑姑吹牛，姑姑可不饒你！」

大家都笑了起來，傳祖更好笑，奇衣曼將頭埋進紹芬的懷裏，嗤嗤地笑。紹芬一面拍拍她，一面向她打趣：

「有人說女人生孩子，像來亨雞生蛋一樣容易。如果明年這時妳不請我吃紅蛋，我不會怪妳，我只怪傳祖沒有出息。」

紹芬的話逗得大家發笑，傳祖更好笑，奇衣曼笑得不敢抬起頭來，傳祖忍住笑對紹芬說：

「姑姑，您一大早就拿我開心，我就不服氣。縱然奇衣曼是一隻不生蛋的來亨雞，我買也要買一籃雞蛋送您。」

傳祖的話又逗得大家好笑，紹芬接著說：

「買的不算，一定要奇衣曼生的才算。」

紹芬的話又把大家逗笑起來。

「什麼事兒這樣好笑？」紹文不聲不響地走了進來說。

「小叔，您來得正好。」傳祖迎著紹文說：「姑姑一大清早就尋我開心，我們本來想去向您請安，一時卻走不開，現在就在這兒向您行禮好了。」

奇衣曼聽他這樣說，連忙站在他身邊，一道向紹文行了三鞠躬禮。

「你今天怎麼這樣多禮？」紹文笑問傳祖。

「小叔，這是我們家的老規矩，不能廢。」傳祖說：「我們還沒有三跪九叩呢！」

「紹文，您來替他解了圍，要他向您磕三個頭才對。」紹芬笑說。

「芬姐，現在時代不同，不必行那樣的大禮。」紹文故意維護傳祖。

「還是小叔好，同情我人單勢孤。」傳祖笑說。

「昨兒晚上沒有鬧新房，今天早晨姑姑尋你開開心已經是從輕發落了。」紹文笑說：「可惜我來遲了，沒有看到姑姑怎樣消遣你。」

「紹文，他說明年請我吃紅蛋，」紹芬指著傳祖說：「我怕他吹牛……」

「姑姑，您就饒了他吧！」奇衣曼不等紹芬說完，紅著臉，笑著用力搖她。

「妳怎麼用這麼大的力？幸好姑姑早年練過立正、稍息，不然早被妳搖得四腳朝天了。」紹芬笑著瞋她一眼。

「姑姑，我知道您是野人山的女泰山、女金剛，不然我怎麼敢用力搖？」奇衣曼嗤的一笑：「您饒了我們好不好？」

紹芬看她頭髮有些蓬鬆，滿臉羞紅，又憐又愛，把她摟進懷裏，笑著對她說：

「看妳說得怪可憐的，姑姑饒了妳，明年他要是不請姑姑吃紅蛋，到時候姑姑再找他算帳。」

紹華、紹珍、紹玲又好笑，傳祖笑著對奇衣曼說：

「姑姑是假慈悲，到時候妳不生蛋，不會是我一個人受罰。」

奇衣曼聽了又好氣又好笑，罵他：

「您受罰活該！您以為我真是來亨雞？」

大家本來被傳祖逗笑了，奇衣曼這一說，大家更好笑。

紹人、凌菱過來看新郎、新娘，他們先到過傳祖的房間，發現傳祖、奇衣曼不在，就找到紹芬這邊來，奇衣曼一看見他們兩人就迎上前去叫乾爹乾娘，傳祖拉著奇衣曼向他們行禮問好。凌菱看奇衣曼十分快樂，心裏也更高興。她攬著奇衣曼說：

「現在我真是兩面人，隨便妳叫什麼我都高興。如果明年你給我添個孫子或是外孫，我更高興。」

「乾娘，怎麼您也把我當成來亨雞？」奇衣曼嬌瞋地說。

凌菱看大家都好笑，又望望奇衣曼，不禁笑問：

「是誰把妳當成來亨雞？我們這兒還只有土雞呢！」

「您問姑姑好了。」奇衣曼指指紹芬說。

凌菱望望紹芬，紹芬笑著對她說：

「三嫂，剛才我只是打個比方，希望傳祖不要吹牛，明年一定要請我吃紅蛋。我和您一樣急，三嫂，您說是不是？」

「紹芬，這邊實行一胎化，奇衣曼就算是隻來亨雞，也只能生一個蛋。」紹人裝作輕鬆愉快地說。

「如果奇衣曼是在伊寧就可以網開一面。」凌菱說：「她和傳祖去美國，那就隨她生多少，也沒有人過問。」

「臺灣雖說兩個恰恰好，這可不是硬性規定。而我們龍家現在人丁不旺，九江紹字輩的男丁損失太大，傳字輩後繼無人，傳祖是傳字輩中的老大，他們兩兄弟又都遲婚，依我們龍家的情形看，奇衣曼生十個八個我們都高興。您們說是不是？」紹芬一面說一面望望大家。

「我更希望他們多生一個兒子給我做孫子。」紹人說。

「傳祖，三叔的話，你聽見了沒有？」紹芬笑著對傳祖說。

「姑姑，我聽見了。」傳祖笑著回答：「可是我不敢在您面前吹牛。」

紹天打電話過來，請他們下樓去餐廳早餐，他說龍子、玲玲、純純都在餐廳等。

傳祖、奇衣曼去請奇衣曼的父母，請他們去餐廳。

紹芬他們來到餐廳，杏芳就問紹芬：

「他們兩人怎麼在您房裏坐那麼久？您們談些什麼？」

「大嫂，還不是為了您早天抱孫子的事兒？」紹芬笑著回答：「所以我們一聊就聊個沒完。」

「您也不怕奇衣曼害臊？」杏芳笑說。

「大嫂，我您怕不便出口，我這個做姑姑的旁敲側擊可方便多了。奇衣曼雖然表面有些害臊，心裏可是頂高興的。好在傳祖臉皮厚，我就怕他只會吹牛。」

紹芬這一說，紹天、杏芳也不禁一笑。紹天隨即說：

「我們紹字輩的兄弟，還沒有一個人見過孫子，打從八年抗戰起，我們龍家的人丁實在愈來愈單薄了！」

「大哥，您也有這個感覺？」紹芬笑問。

「我只是嘴裏不講，心裏何嘗不知道？」紹天望著紹芬說：「您這一著棋，實在下得很巧！」

「大哥，我看連我也要託紹芬的福。」紹人望著紹芬笑說：「如果傳祖能多生一個兒子，我真希望能夠過繼一個給我做孫子？」

「老三，您有這種想法，我就很高興。我們是三胞胎，這不是問題。」紹天對紹人說，隨後又問紹地：「老二，傳薪遷移戶口的事兒怎樣了？」

「還是不成。」紹地搖搖頭：「倒是紹義遷移戶口的事兒准了。」

紹芬一直沒有機會問這件事，聽紹地這樣說很高興。

「傳薪那孩子一個人留在青海總不大好。」紹天沈吟了一會，又望望龍子：「大哥，您看還有沒有什麼好辦法？」

「您不必操這個心，我和紹地會見機而行。」龍子輕鬆地說：「娑婆世界無常，地球上沒有什麼事兒是一成不變的，我們已經見得不少了。」

「大哥，您倒看得開。」紹天向龍子一笑。

「不是我看得開，」龍子也向他一笑：「當年我們父子兄弟變成了敵人，今天我們還不是骨肉團圓了？這幾十年來，世界改變有多大？前事不忘，後事之師。只要留得青山在，就不怕沒柴燒。當年我在北京的情形，玲玲清楚，紹人、凌菱、純純也清楚，所以對我來說，除死無大難，有什麼看不開的？何況傳薪這件事兒？」

「大哥，您的人生經驗真是買不到的。」紹天說。

「當年我在北京如喪家之犬，今天北京人都把我看成大亨，這也不過是轉眼之間的事兒，對我和玲玲來說，好像就是做了一場夢一樣。」龍子又說又笑。

傳祖陪著岳父母走了過來，他們四人的位子空著，自然坐了下去。

早餐是中式的饅頭稀飯，也有燒餅、油條、豆漿，隨各人喜歡吃。奇衣曼父母歡喜燒餅、油條、豆漿，傳祖和奇衣曼照顧他們吃，他們很高興。

龍子安排了早餐後的活動，他陪紹天、杏芳、奇衣曼父母、傳祖、奇衣曼去參觀八達嶺長城和明陵，紹文、紹地也去。紹人身體不好，不想去。玲玲、紹芬她們幾姐妹和純純、凌菱都去過，也不想再去。

飯後，龍子陪紹天他們去八達嶺。玲玲陪紹芬她們去宣武區南菜園參觀大觀園。紹人去過大觀園，不想再去，便獨自回家。這座大觀園是完全根據《紅樓夢》中的大觀園建造的。她們這些姑嫂都是《紅樓夢》迷，當年花樣年華時不知道為林黛玉流過多少眼淚？書中的大觀園既然能在北京重現，自然要參觀。

她們來到大門，一進去就是「曲徑通幽」。紹芬突然想起《紅樓夢》第十七回「大觀園試才題對額」賈政考賈寶玉的趣事就是從「曲徑通幽」開始的。寶玉雖有才華，但遇到賈政那種滿腦子子曰詩云的嚴父，就像老鼠見了貓兒一樣。她想想那一對父子的尷尬情形，就不禁好笑。

她們按著導遊圖參觀，過了「曲徑通幽」，就到「沁芳亭」、「滴翠亭」、「怡紅院」、「瀟湘館」。她們對「怡紅院」、「瀟湘館」最有興趣，這是她們讀《紅樓夢》印象最深的地方，也是寶玉、黛玉嘔氣、調情，賺人眼淚最多的地方。她們對寶玉、黛玉、襲人、晴雯、妙玉等人物蠟像更有興趣。紹芬卻最欣賞妙玉的蠟像，玲玲問她：

「您怎麼對妙玉的蠟像情有獨鍾？」

「如果單講美，十二金釵人人都美。」紹芬說：「黛玉的蠟像也很美，但它沒有表現出黛玉的多愁善感和小心眼兒，以及嘴不饒人……」

「哎唷！那多難表現？」玲玲不等紹芬說完就笑了起來：「蠟像不像文字描寫，而且如果不是曹雪芹的那枝生花妙筆，誰又寫得出林黛玉來？」

「大嫂，您的話是一點不錯。」紹芬點點頭，又指指襲人、晴雯的蠟像說：「她們兩位的蠟像就比黛玉的蠟像傳神。美女多得很，不足為奇，奇的是不同的性格。您看，晴雯和襲人就是不一樣，黛玉的蠟像就不傳神。」

玲玲、純純她們再仔細打量一番，覺得黛玉的蠟像是很美，可惜沒有特色，紹芬又拉她們看妙玉的蠟像，妙玉端坐撫琴，淡妝素雅，雙目似睜似閉，看來像一位道姑，而眉目間又看似無情卻有情，顯然六根未盡，比黛玉的蠟像傳神多了。玲玲看後拍拍紹芬說：

「紹芬，您真不愧是位作家！您一眼就能看出究竟，我是大而化之，囫圇吞棗，不知滋味。」

「大嫂，如果黛玉的蠟像用葬花或是焚稿那兩種傷心的場景來表現她的性格心情，那不就活了？」紹芬望望玲玲說：「您說是不是？」

玲玲連連點頭，純純笑說：

「雕塑和寫作一樣，運用之妙，存乎一心。紹芬已經得個中三昧，我們都還在門外。」

「這真是外行看熱鬧，內行看門道。今天我們真是陪著公子趕考。」玲玲向純純一笑。

「大嫂，我在臺北只能看到卡拉ＯＫ，和什麼霹靂舞、搖滾樂，那種消費化的原始的東西，那能看到這麼精緻的藝術文化？」紹芬慨歎地說。

「那種肢體的動作和精神文明剛好相反。」玲玲笑說：「美國再過一千年，也產生不了妙玉、黛玉這種人物。蹦蹦跳跳不能產生大智慧。佛家講戒、定、慧，美國人不懂這一套。他們以為科學萬能，其實科學並沒有什麼了不起，中國人早先連腳踏車都造不好。後來不過花了十多年時間，照樣送衛星上太空，照樣發射長程飛彈，科學之外，大觀園同樣重要，所以我才帶您們來參觀。」

「大嫂，您真是一位解人！」紹芬抱著玲玲幾乎跳了起來。

「我也不是什麼解人，我是從中國的大苦難中悟出來的。」玲玲淡淡一笑。

她們在瀟湘館停留的時間最多，門前的那叢細竹，她們最為欣賞。

「沒有這叢細竹，就不成為瀟湘館。」純純托著一根竹梢說。

「這不知道是從那兒謀來的？」紹芬也托住一根竹梢說：「才一人高，比釣魚桿兒還細，我沒有看過這種竹子。」

紹芬雖然在臺北七星山、大屯山上看過很多箭竹，但這種竹子比箭竹柔軟、瀟灑、風姿綽約。純純也說：

「曹雪芹寫瀟湘館鳳尾森森、龍吟細細，如果沒有這種竹子，也就不會龍吟細細了。」

玲玲看大家都圍在竹叢旁邊，拿出照相機來要以瀟湘館做背景替大家拍照，大家覺得少了她不行，便拜託一位旁觀的小姐替她們拍。那位小姐風姿綽約，淡妝素雅，她怕拍不好，多拍了兩張，然後將照相機還給玲玲，笑說：

「幾位阿姨要是早年在此地拍照，也是十二金釵一流人物。」

「小姐，我們已經人老珠黃，多謝您過獎。」玲玲連忙拉著她說：「我們先合照一張，沾沾您的青春氣息，我再替您單獨照。既然到此一遊，就該留個紀念。」

玲玲要她站在中間，照了一張，又要她單獨照了兩張，留下姓名地址，準備洗好寄給她，她連聲謝謝離去。

「這位小姐一口的京片子，也是一位可人兒。」她走後紹芬望著她窈窕的背影說。

「北京這樣的小姐倒不少，可惜沒有大觀園給她們住。」玲玲也望望她的背影說：「說不定她還是和一家人擠在二十平方米的破舊房子裏呢！」

「那就太委屈她了！」紹芬惋惜地說：「不住大觀園，顯不出閨閣氣、書卷氣；住十幾層高樓大廈，也顯不出閨閣氣、書卷氣。」

「女孩子不論住什麼地方，只要牛仔褲一穿，又嚼口香糖，什麼閨閣氣、書卷氣，統統完蛋，連半點女人味兒都沒有了。」玲玲撇撇嘴說。

「大嫂真是快人快語。」純純一笑。

「我不姓社，也不姓資，可是我看見天安門、故宮那些地方，已經有本地的女孩子穿牛仔褲，嚼口香糖了，心裏很不是味道。」玲玲搖搖頭說。

「這種牛仔文化對臺灣的影響最大。」紹芬說：「再加上卡拉OK、霹靂舞、搖滾樂，我真不知道身在何處？」

「那就在大觀園裏多待一會兒吧！」純純對紹芬說：「妳回去以後，回想起來，也可以發思古之幽情了。」

「反正今天我們沒有什麼事兒，就在大觀園裏泡一天好了。」玲玲說著就去大門外買水果、飲料和吃的東西進來，在滴翠亭裏休息聊天。

她們正天南地北地閒聊時，遊客中突然有一位六十出頭，兩鬢有些花白，身體很好，氣質高雅，十分瀟脫的女士從她們面前走了過去，走了幾步，又突然回轉身來打量紹芬，紹芬也發覺了她，兩人四目相對，紹芬先叫了出來：

「您是劉文英？」

對方連忙跑過來抱住紹芬說：

「您是紹芬姐？」

紹芬連忙點頭，兩人抱著像女孩子一樣又笑又跳，又都流出了眼淚。紹芬連忙介紹她和大家認識。

劉文英和紹芬是在沙坪壩唸大學時同學四年的同班好同學，因為她是滿人，紹芬對她先是好奇，特別留意，後來發現她氣質高雅，人又瀟脫，就特別喜歡她。劉文英對紹芬的不平凡的經歷和膽識、才氣，也十分敬佩，因此成為莫逆之交。紹芬大她一歲，所以她視紹芬如姐，由於她們兩人十分投緣，有的同學甚至造謠說她們鬧同性戀，她們兩人覺得十分好笑，完全不理會，謠言也就止於智者。畢業後就抗戰勝利，各奔東西，失去聯絡，不知死活，做夢也沒有想到會在大觀園裏重逢？

她們彼此急切而簡單地說出自己的遭遇。

劉文英抗戰勝利後就結了婚，丈夫是西安人，所以在西安定居下來。她在西安一家中學教書。她丈夫原先就是這家中學的教務主任，後來當了校長。文革時吃了大苦頭，不久就過世了，幸好一子一女都已成人。她現在是離休，工資一文不少，但離而不休，有些事情還要找她，這次就是出差到北京來，馬上就要坐車回去。

「您怎麼有空來逛大觀園？」紹芬問她。

「您知道我也是《紅樓夢》迷，而且我是旗人，又是曹雪芹的小同鄉，我怎麼能不來？」

紹芬只知道她是滿人，卻不知道她的籍貫，也不知道曹雪芹的籍貫，紅學考據家並沒有交代清楚，因此她笑問劉文英：

「我只知道您是旗人，從來沒有問過您的籍貫。請問貴寶地究竟是那兒？」

「遼陽，和曹雪芹是小同鄉。您說我該不該來逛逛大觀園？」劉文英笑著反問。

「以前我們怎麼不知道曹雪芹是遼陽人？」

「是最近才發現的，您在臺灣怎麼知道？」

「您有這麼一位了不起的小同鄉，真夠光彩了！」

「曹雪芹不但是我的光榮，也是我們所有旗人的光榮。」劉文英自豪地說：「大清的朝廷雖然早已垮了，曹雪芹會永遠活在中國人的心裏，《紅樓夢》不會垮的。」

「您的話一點也不錯，」紹芬笑著點頭：「我從臺灣來北京逛大觀園，您就知道我還是《紅樓夢》迷。」

「對了，您還寫不寫？」劉文英笑問。

「寫還是寫，就是寫不出《紅樓夢》來。」紹芬笑著回答。

「那談何容易？」劉文英笑笑：「我們滿族也只出了一個曹雪芹。」

「我們漢族還沒出過曹雪芹呢！」紹芬坦然地說：「我記得從前您在學校裏也愛舞文弄墨，您想不想做第二個曹雪芹？」

「我那有她那種學問才華？」她搖搖頭灑脫地一笑：「說我不見賢思齊，那也是假道學；說我要做第二個曹雪芹，那更是吹牛了。」

「文英，您還是和在學校時一樣可愛！」紹芬拍拍她說。

「您也沒有改。」她笑著打量紹芬。

「我更是江山易改，本性難移。」紹芬向她一笑。

「這樣也好。大丈夫行不更名，坐不改姓，改來改去還是翻不過如來佛的手掌心。」

「文英，想不到三十多年不見，您是愈來愈可愛了！」紹芬握著她的手說。

「芬姐，我打聽您打聽了三十多年，老天見憐，好不容易才在這兒碰見，老同學見面，難道還講八股不成？」

「您也不問問我姓社、姓資？」紹芬笑著打趣。

「我只記得您姓龍，其他的我不管。」她淡然一笑：「人要是管的事兒太多，活著就沒有什麼意思。」

紹芬摟著她笑說：

「衣不如新，人不如舊。幾十年來，我就再也沒有交到您這樣的朋友。」

「人與人之間要靠點兒緣份，當年我們是一見投緣，現在相隔幾十年，我們的緣還沒有滅，所以又在這兒碰見。」

「說也奇怪，上次我也去過西安，就不知道您在西安？也沒有碰見您。這次偏偏在這兒碰見？」

「一飲一啄，莫非前定。所以不管是禍是福？我都能坦然應對，不然活著實在太累。」

「在學校裏您就是一位半仙，現在您更是金仙了。」紹芬笑說。

「還談什麼半仙、金仙？幸好我一向不大在乎，所以才能活到現在。」她一面和紹芬說話，一面向玲玲她們笑笑：「對不起，我只顧和她說話，冷落了諸位，恕我失禮。」

劉文英和純純、紹華、紹珍、紹玲在學校時也見過面，只是很少交往。她們也很欣賞她這種灑脫自然的性格，所以不以為怪。純純以學姐的身分對她說：

「您是學妹，今天我們能在這兒碰見，也算有緣。」

「人生真是難說得很！我要不是為了逛大觀園，可能這一輩子也見不到您們了。」

紹芬邀她去飯店，留她吃晚飯，多住一天。她拿出火車票給她看，還有兩個多鐘就要開車，大家決定送她去火車站，在附近請她吃頓便飯，她爽快地答應了。

吃飯時她才問紹芬為什麼還沒有結婚？紹芬開玩笑地說：

「沒有男人要我。」

「在學校時有人說我們兩人是同性戀，您該不是為我守身如玉吧？」她也開玩笑。

「可惜我不是男人，不然您是值得我終身不娶的。我之所以沒有結婚，理由可有一籮筐，不過已經沒有說的必要了。」

「您是曲高和寡，能夠配上您的男人的確不多。」

「我從來沒有唱過高調，也沒有唱過低調，可就是單絲獨線拉不響。」紹芬不禁一笑：「不過這樣也好，一個人反而自由自在，無罣無礙。」

「那您真是自在如來了！」她也向紹芬一笑。

「還沒有到那麼高的境界。」紹芬笑著搖頭。

紹芬隨即和她交換地址，她也和純純她們交換地址，紹芬指著玲玲對她說：

「以後您要是到北京來，可以隨時和我大嫂聯絡。純純二嫂是學姐，那就不用我說了。」

「以後您要是再來大陸，一定要去西安，我們再過一過沙坪壩的日子。」

紹芬她們把她送上火車，直到火車開走，她們才離開車站。

「這真是一件巧事兒，我想念了她三十多年，居然在大觀園裏碰見？」紹芬向純純她們說。

「我也是第一次遇見她這樣灑脫的女人。」玲玲說：「而且是個旗人。」

「說不定她也和曹雪芹一樣，是皇親國戚？」純純說。

「就算是皇親國戚也不稀奇，往日北京的貝子、貝勒多得是。」玲玲說：「只有曹雪芹才真稀奇。」

「今天我們參觀大觀園，真是不虛此行。」紹芬高興地說。

她們回到飯店，龍子他們正在餐廳吃飯，一看見玲玲她們，龍子便說：

「我們等您們吃飯，您們怎麼到現在才回來？」

玲玲便將紹芬在大觀園裏碰見劉文英的事說了出來。大家都說巧。玲玲告訴大家她們去紹芬房間休息，待會再說。

來到紹芬房間，大家忙著洗臉、方便，心情十分愉快，尤其是紹芬，她沒有想到劉文英還活著？不但活著，而且依然故我，甚至比在學校時更瀟脫，更豁達了。在認識劉文英之前，他沒有認識過別的滿人，讀《紅樓夢》時她更沒有把曹雪芹當作滿人。她覺得曹雪芹比任何中國人更中國。她在大學裏最好的同學也只有劉文英，一個沒有半點矯揉做作而很有才華的女性。她實在是曹雪芹、納蘭性德一流人物。可惜今天太匆匆，人又多，沒有時間和她促膝長談，她相信只要緊箍咒兒不扣得太緊，她會寫出最富有人性的感人作品來。

傳祖和奇衣曼一吃完飯就到紹芬房間來，大家看他們兩人參觀了一天，還是精神抖擻，暗自高興，奇衣曼更是興趣勃勃，她是第一次去八達嶺和十三陵。她笑著對大家說：

「古人真了不起，居然修起了萬里長城，真是不可思議。」

「妳上去了沒有？」玲玲問。

「我不但上去了，而且爬上了敵樓。」奇衣曼說。

大家都誇獎她，紹芬笑問傳祖：

「你上去沒有？」

「姑姑，她上去了，我怎麼能失您的面子？」傳祖笑著回答。

「你要是連長城的敵樓都上不去，那就別想抓飛碟了。」紹芬說。

玲玲問奇衣曼父母玩得是否愉快？奇衣曼笑說：

「他們玩得很高興，算是開了眼界。不過他們覺得從前的皇帝花那麼多金錢、人工造地下宮殿，實在可惜，結果還是挖了出來，真是白費心機。」

「妳父母的看法很對，」玲玲說：「歷代皇帝都以為自己的江山千秋萬世，其實自秦始皇以來，他們做的都是同樣的蠢事。」

紹芬問她的父母那天回去？奇衣曼說明天就走。

「何必這麼急呢？」玲玲說。

「伯母，飯店雖然堂皇富麗，比我們家不知道好多少倍？可是他們還是歡喜自己的老窩。他們說在家裏一眼可以望到俄羅斯，呼吸也舒暢多了，看到草原上那些牛羊就好高興，在北京看到滿街都是人。他們說人沒有牛羊可愛。」

紹芬笑了起來，故意問她：

「難道傳祖也沒有牛羊可愛？」

「我沒有問，他們也沒有說。」奇衣曼一笑，又瞄了傳祖一眼說：「我想多看幾次也會討厭的。」

傳祖被她說得笑了起來。

第二天一吃過早餐，大家就送奇衣曼父母去機場。他們本來只要傳祖和奇衣曼送，紹天、杏芳為了使他們高興，一定要送，龍子、玲玲是這次婚禮的實際主持人，當然也要送，於是大家一起送，奇衣曼父母覺得無上光彩。

一上車，奇衣曼就陪著父母寸步不離，傳祖也在旁邊照顧。到了機場候機室，奇衣曼父母更和女兒依依不捨。傳祖在身邊時，他們用普通話交談，傳祖離開時，他們就用維吾爾語私語，他們三人眼圈兒都有點發紅。大家知道他們離情依依，故意坐遠一點，裝作沒有看見。

廣播一催烏魯木齊的旅客上機，他們三人就抱頭哭了起來。傳祖上前安慰岳父母，她岳母用普通話對傳祖說：

「我把奇衣曼交給你了，她是我的心肝寶貝，希望你好好照顧她。」

傳祖連連點頭，奇衣曼的父親又說：

「她現在和你一樣是美國人了，不過我相信她不會忘記老家的牛羊，你也不會忘記你的根在那裏，要是有空，希望你們能回來看看我們，能去伊寧最好，不然我們也會趕到北京相會。你應當瞭解我們做父母的心情，天下父母心都是一樣的，不論白人、黑人、漢人、維吾爾人，統統是一樣的。」

「岳父，您放心！」傳祖拍拍他說：「即使我上了別的星球，我的心和您的心也是一樣的。」

我不會忘記你們養育奇衣曼之恩。」

在出口處分手時，奇衣曼父母又摟著奇衣曼哭了，奇衣曼哭著在他們臉上親親，終於倒在傳祖的懷裏，泣不成聲。

第一一九章 住南湖姐妹痛哭

祭孤墳獨子傷心

龍子、紹天決定去南方掃墓時，北京的事由紹地、純純兩夫婦全權處理，他們對公司的業務已經相當熟悉。

第二天，紹天、杏芳、龍子、玲玲、紹人、凌菱、紹文、傳祖、奇衣曼、紹華、紹珍、紹玲、紹芬一行，坐飛機回到九江，住進南湖賓館。

抗戰時紹天去英國求學，沒有回九江，龍子在中國打仗，但沒有打九江，凌菱還沒有和紹人結婚，也沒有來過九江，傳祖、奇衣曼都沒有來到這個世界，自然更沒有來過九江。只有杏芳、紹文是隨同祖父母和天行來老家避難，紹芬她們四姐妹是在九江生長的，這是大劫之後她們第二次回老家，第二次住南湖賓館。

龍子、玲玲、凌菱、傳祖、奇衣曼，第一次看見城市裏這麼澄清美麗的大湖，十分高興。龍子從小就聽加藤中人和美子談過，今日一見，加藤所言果然不虛。玲玲完全沒有聽說過，紹人也沒有對凌菱講過，傳祖、奇衣曼更不知道。

「姑姑，老家有這麼美麗的湖，您以前怎麼不跟我講？」傳祖指指面前澄清如鏡，相當遼闊的湖面問紹芬。

「一提起來姑姑就會傷心，」紹芬也望著湖面說：「你又沒有見過，姑姑何必對牛彈琴？」

「姑姑，難怪古人說地靈人傑，您是在湖邊生長的，所以一身靈氣。」傳祖笑說。

「你少和姑姑貧嘴！」紹芬笑著罵他：「姑姑受的折磨還不夠？你還好意思尋姑姑開心？」

「姑姑，我說的是良心話！」傳祖笑著對紹芬、紹華她們四人說：「您們幾位姑姑，個個都像仙女下凡，只是落了難而已，可惜我晚生了二十多年，沒有看見您們在老家的花樣年華，太平歲月。」

「傳祖，別提了，提起來我會更傷心！」紹華紅著眼睛說。

「姑姑，伊寧是沒有這麼好的風景，」奇衣曼湊近紹華說：「我瞭解您的心情……」

奇衣曼沒有說完，紹華就哭了起來，紹珍、紹玲、紹芬也跟著哭了。

奇衣曼、傳祖驚惶失措，紹天、龍子他們也面面相覷。玲玲、杏芳、凌菱過來安慰她們，玲玲說：

「觸景生情，我知道您們心裏難過。我不知道您們是生在這麼好的地方，我會和您們兩位大哥記在心裏，希望有朝一日，天從人願。」

「大嫂，」紹芬先擦擦眼淚對玲玲說：「兩位大哥以前都沒有來過九江老家，所以我一直不提老家的山山水水，再加上我們已經無家可歸，提也無益。杏芳大嫂和紹文都在九江翰林第住過，他們知道老家是什麼樣子。其實老家離這個南湖賓館不過一箭之地，也是開門見山見湖，我們四姐妹兩次回來都是做客，又都天各一方……。」

紹芬說不下去，又哭了起來。紹華她們更好哭，紹天、龍子過來安慰她們。紹天說：

「以前我和大哥都不瞭解老家的情形，這次回來以後，我們心裏就有個譜兒，我會和大哥好好計議，但願能像剛才大嫂說的天從人願。」

杏芳和紹文當年雖然在九江廬山住過一段時間，但九江畢竟不是他們生長的地方，杏芳又一直過著少奶奶的生涯，不知愁苦，不像紹華、紹芬她們四姐妹生於斯、長於斯，又歷盡滄桑，對故鄉山山水水那麼執著，加之紹天對九江老家毫無印象，所以她很少和紹天說九江的事。紹文當時年紀小，只是一種遊山玩水的心情，對老家的情感自然沒有紹芬她們深，杏芳聽玲玲、紹天這樣說，也表示自己的意見：

「當年我在九江廬山避難時，年輕不懂事，覺得九江老家沒有什麼了不起。現在人老了，跑的地方也不算少，這次再回九江掃墓，想法就不一樣。」

「大嫂，當時我更不懂事，我也和您一樣，不覺得九江有什麼好。現在我也算飽經世故，不知道大嫂現在的想法是不是和我一樣？」紹文問杏芳。

「我們的天龍山莊在臺北算是很不錯了，可是不如北京的翰林第那麼古色古香，更沒有九江這樣的名山勝水。我想只要是真的分久必合，日後我們不妨在北京、九江另起爐灶，隨大家的意思，願住北京的就住北京，願住九江的就住九江，願住天龍山莊的仍然住天龍山莊，這樣不是很好嗎？」杏芳說。

「大嫂，您想得真美！」紹文高興地說：「真是面面俱到。」

「杏芳想得是不錯，我想我和大哥也能辦到。」紹天望望龍子說：「問題是我們現在還看不清真正的風向？最怕的是一會兒東風，一會兒西風，一會兒南風，一會兒又颳起北風。我們雖然紮下了一點根基，也經不起幾下折騰。」

龍子點點頭，隨後又說：

「這次我們一方面是掃墓，一方面也可以考察考察，只要風向真的確定了，這邊的事兒我自然會想辦法。」

大家聽他這麼說就安心多了，尤其是紹華，心中更升起一股葉落歸根的希望。

他們這麼多人回家鄉掃墓，不是一件小事，尤其是紹天、龍子，更非同小可，即使他們想隱姓埋名都不可能。廖淑君的首長早已得到消息，他們到達時，賓館方面就以一大串鞭砲歡迎，賓館全體人員在大門口排隊迎接。紹天、龍子見的場面雖然很多，但沒有想到他們這一神來之筆。房間的安排，那就不必說了。連紹天、龍子也十分滿意，確有賓至如歸的感覺。就在龍子剛說完話之後，廖淑君的首長王杰，就要廖淑君陪他來拜會紹天、龍子他們。

廖淑君上次和紹芬、紹華她們四姐妹處得很好，這是第二次見面，更加親熱，她介紹王杰和紹天、龍子見面寒暄一番之後，王杰先走了，廖淑君留下來和紹芬她們聊天，她和杏芳、凌菱、玲玲雖是第一次見面，她們三人一見她就很喜歡，知道她是白族姑娘之後，更加驚喜。杏芳更暗中留意廖淑君的一舉一動，她覺得廖淑君和奇衣曼是各有千秋。廖淑君和奇衣曼也一見如故，她們兩人年齡相近，談得十分投機，頗有相見恨晚之感。

上次紹芬她們回家，參觀事宜都是她一手安排的。這次她的首長自然更重視，除了交通工具全力支援外，還派了一位助手給她。一切事務工作都由那位助手辦理，她不必操心，因此她的心情更輕鬆愉快。

紹芬知道她弟弟遷移戶口她也幫了不少忙，因此當面謝她。

「阿姨，您何必跟我客氣？」廖淑君親切地說：「大忙我是幫不上，打打電話，跑跑腿的事兒就不必您吩咐了，這還用得著謝？」

「這次我和大哥大嫂回來掃墓，又要麻煩妳了。」紹芬說。

「這次您們大夥回來，更是家鄉的光榮，首長們格外重視，我反而輕鬆多了。」廖淑君笑說。

「廖小姐，這次我們人多，實在不敢打擾。」紹天對她說：「所以我們悄悄地回來，想不到仍然驚動了您們首長。」

「董事長，您長久沒有回到家鄉，如果不是掃墓，地方首長請都請您們不來，我們做晚輩的自然應該服務。」廖淑君一面說一面從小皮包裏拿出兩張日程表來，遞給紹天：「我擬了兩張日程表，先請董事長過目，完全由董事長決定，我再按照日程表準備，這就可以少犯一點錯誤。」

紹天和龍子都是第一次來，家鄉的情形完全不清楚，他先謝謝廖淑君的盛意，又望望紹芬說：

「紹芬，您回來過一次，您先琢磨一下，廖小姐雖是一番盛意，但是我們人多，能不打擾最好不打擾。」

紹芬接過兩張日程表看了一下，隨即把廖淑君帶到自己的房間，和她商酌了一下，第一張是四天活動，包活參觀地方建設一天，遊覽風景名勝兩天，掃墓、講演、宴會一天。第二張是參觀地方建設一天，遊覽名勝也多了一天，一共是六天。紹芬覺得兩張日程表安排得都不錯，背景資料說明也很清楚，她看後笑問廖淑君：

「這是您的意思還是首長的意思？」

「是我的意思，也是首長的意思。」廖淑君笑著回答。

「我們人多，這樣不是太麻煩您們了？」

「阿姨，我在明人面前不說暗話，這是我們的工作，一切都有預算，不是臨時瞎抓。」

「還有一點，就是講演的事兒最好取消。」

「為什麼？」

「我大哥樹大招風，不宜公開露面，更不能見報、曝光，這要特別拜託妳。」

「那龍博士也可以做一場學術講演，他該沒有什麼顧忌？」

「他剛剛新婚，這次純粹是回老家掃墓、尋根，他怕出鋒頭，我也不好勉強他。」

「他上次在北京不是做過專題講演嗎？報紙登得好大，電視、廣播都有報導。」

「那次情形特殊，不可同日而語。」

「阿姨，您能不能給我一點兒面子？」廖淑君嬌嗔地請求。

紹芬看她那樣子更加歡喜，攬著她說：

「淑君，妳和阿姨有緣，阿姨是打從心裏喜歡妳。但是大哥的事和姪兒的事，我不敢答應妳，尤其希望妳能體諒我大哥，他雖然是個純粹的企業家，可是他也翻不過如來佛的手掌心，妳應該懂我的意思？」

她先是苦笑，隨後又輕輕一歎說：

「阿姨，我懂您的意思，不過大家都是自己人，最好沒有障礙。說實話，我也常常感到好挫折、好無奈。您是長輩，又看得起我，我實在是以您們為榮，沒有別的意思。」

「淑君，我知道。」紹芬輕輕地拍拍她：「我知道妳是個好孩子。老實說，上次我就想收妳做乾女兒，可是我說不出口，沒想到我這麼快又回來了，看來我們是真有緣，不知道妳願不願意做我的乾女兒？」

廖淑君笑著雙膝一跪，叫了一聲：「乾娘！」就把頭埋在紹芬的懷裏，紹芬笑著把她的頭托起來，發覺她兩眼滿含淚水，紹芬用手絹替她擦乾，從頸上取下一條雞心金項鍊，替她戴上說：

「乾娘事先沒有準備禮物，這條項鍊我戴了十幾年，給妳做個紀念。」

「謝謝乾娘！」廖淑君含著喜悅的眼淚說：「我還應該選個吉日正式地拜一拜。」

「不必。」紹芬笑說：「我最不喜歡形式主義，只要妳心裏有我這個乾娘就行，何必斤斤計較形式？很多拜把子兄弟，說翻臉就翻臉，很多國家訂的條約，說毀就毀，那多沒有意思？」

「乾娘，女兒不是那樣的人！」

「這我知道，」紹芬向她一笑：「乾娘的眼珠子也不是兩粒豆豉。」

廖淑君也一笑，又問紹芬可不可以公開改口叫乾娘？紹芬說：

「當然可以！這又不是什麼見不得人的事兒。我倒怕妳有沒有什麼不便？」

廖淑君笑著搖搖頭，她們兩人便一道出來，紹芬把兩張日程表交還紹天，說明講演取消，不能曝光，其他的沒有問題。是四天還是六天，請紹天決定，紹天看看表說：

「晚上我再和大哥商量一下，反正明天是掃墓，明天早晨再告訴廖小姐遲不遲？」

「不遲，不遲。」廖淑君連忙說：「明天早晨我安排車子去墓地，但不知道是上午掃墓還是下午掃墓？」

紹天徵求大家的意見，大家都說上午好。廖淑君說：

「那下午就近參觀附近的名勝好了。晚上首長設宴洗塵，請柬我明天早晨送來。」

「紹芬，您看這樣打擾合不合適？」紹天又審慎地轉問紹芬。

「大哥，盛情難卻。」紹芬回答：「走的那天您們兩位大哥再回請一下好了。」

紹芬、龍子都覺得這樣很好，紹芬這時才對大家說剛才她收了廖淑君做乾女兒。

大家都非常驚喜，尤其是紹天、杏芳更暗自高興，以為這是奇衣曼的故事翻版。龍子、玲玲她們感到有點意外，紹華卻說：

「本來上次就想收的，紹芬是怕隔了一條海峽，不知道何年何月才能再見？徒然兩地相思，所以打住了，這次重來，就證明她們兩人有母女緣。」

「這倒是一件喜事，晚飯時我們正好慶祝慶祝。」紹天高興地說。

廖淑君本來要告辭，快吃晚飯了，大家不讓她走，杏芳更是大力挽留，廖淑君就留了下來。紹天要賓館多備幾樣本地的名菜。賓館不敢怠慢，廖淑君還特別關照要貨真價實。

果然，菜很豐盛，以魚類為主。酒是本地的名酒封缸酒，這種酒又甜又醇，是別的地方所沒有的。

大家非常高興，在北京也吃不到這麼多美味的淡水魚，喝不到這種封缸酒，玲玲、杏芳、紹芬她們姑嫂平時都不喝酒，今天也喝了。奇衣曼更歡喜這種酒，她說比馬奶子酒好。廖淑君說這種酒不會頭暈。奇衣曼便連連敬她，她知道奇衣曼新婚，也一一回敬。她們兩人喝得兩頰緋紅，笑容可掬。紹天、杏芳看到眼裏，喜在心裏。奇衣曼集漢人美女與維吾爾美女的美於一身，廖淑君則具有白族美女的白皙婉約，她眼如秋水，格外靈慧，而又落落大方，勝過蘇杭佳麗。九江也出美女，但她比本地的美女瀟脫、俏麗，她長長的黑髮，在後頸處用花手絹束起，露出雪白的頸肌，髮尾蓬鬆，又別有一番風韻。

在席間廖淑君還和大家細談九江的風土人情，和這些年來的改變。紹天、龍子、玲玲他們初次聽來，感到十分新鮮。有些地方紹芬她們也不清楚，不免追問。她笑著解釋：

「抗戰以前的九江，我沒有乾娘清楚；這二、三十年來的九江，乾娘身在臺灣，自然沒有我清楚。上次我已經陪乾娘、阿姨參觀了不少地方，這次又要陪大家參觀。不論您們長輩說好說壞，我還是歡喜這個地方，我做九江人是做定了。」

「聽妳這樣說來，我這個龍家媳婦倒是有些慚愧了！」杏芳笑說。

「伯母，您們長年在外，對老家沒有多少情感，這也難怪，很多事兒是勉強不來的。」廖淑君笑笑，又看看紹芬、紹華她們：「我想乾娘和阿姨她們會不一樣，我也是住久了，才有這種鄉土情感。」

「說也奇怪，我在臺灣住了三十多年，還像是做客，心裏老是空蕩蕩的，一看到那些人掀桌子、打架，更落實不下來。」紹芬說：「故鄉雖有情感，可是已經上無片瓦，下無寸土，又很難回來，這真是我們這一代人的大悲哀！」

「姑姑，等我抓住飛碟以後，我們到別的星球去好了。」傳祖看氣氛凝重起來，便笑著對紹芬說。

「我看你是放屁安狗心！」紹芬笑著白了傳祖一眼：「就算你有朝一日抓住飛碟，姑姑已經死翹翹了！」

大家都被紹芬逗笑了，可是紹華她們卻笑出了眼淚。

廖淑君喝得有些微醺，她告辭時走起路來更像風擺柳，紹芬怕有閃失，便送她出來，走到賓館門外，涼風一吹，她立刻精神抖擻起來。她還不想回去，她牽著紹芬在湖邊一棵柳樹下的長石凳上坐下，湖面澄清如鏡，環湖疏落的燈光，倒影在湖中，影影綽綽，涼風習習，稍微有點寒意。她們靠得很緊，廖淑君望著紹芬的臉上說：

「乾娘，您剛才的話，我好感動。我瞭解您們這一代人的心情。尤其是您，年輕時就從軍報國，無怨無悔，而您本質上又是一位很有正義感和愛國心的文人。像您這種性格的人，不論男女，總有些落落寡歡。好處撈不著，壞事就少不了您。您第一次返鄉探親，我就看出個八、九分，現在我更明白了。」

紹芬把她攬進懷裏，眼淚一顆顆滴落，滴在她的臉上，過了一會才對她說：

「孩子，妳真是冰雪聰明！我活了這大半輩子，妳是第一位真正瞭解我的人，第一位說出這種話的人。今天我能收妳做乾女兒，也不枉度此生。」

「乾娘，紹華阿姨說的，這是我們有緣，也是我的榮幸。今後不論您回不回來？我都會念著您，我相信您也會把我當做親生的女兒看待。」

「乾娘一生未婚，沒有自己的骨肉，我不把妳當親生的，還能再生一個不成？」紹芬故作輕鬆地說。

「乾娘，人總是人。無論年輕的、年長的、黑的、白的、黃的……都有人性，我最怕戴著有色的眼鏡看人，更不要有哈哈鏡，希望人都能恢復原形，不要看錯了，看歪了，那就會造成大災難、大不幸！」

「如果大家都有妳這種想法、看法就好。」

「不管別人怎樣？我還是保持赤子之心。」

紹芬把她摟得更緊，兩人這樣坐著，直到夜深，紹芬才催她回去，好在她住的地方很近。

紹芬回到房間，杏芳正和紹華聊天，看她進來，杏芳急著說：

「我等您好久了，您們母女兩人去那兒了？」

「我們就在湖邊坐坐，沒有去別的地方。」紹芬說。

「紹芬，廖淑君是個好女兒，以前您怎麼沒跟我提起過？」

「大嫂，您是福人。以前我把心思放在傳祖和奇衣曼身上，所以未提廖淑君。」紹芬在杏芳對面坐下說。

「其實廖淑君也好得很。」杏芳說。

「大嫂，我是和傳祖提過，我怕他看不中奇衣曼，廖淑君是我的第二步棋。當時傳祖要看廖淑君的照片，我就沒有給他看。」

「您怎麼不給他看？」

「大嫂，男人都是饞嘴的貓兒，我怕他吃在嘴裏望著鍋裏，看花了心，一個都不成。」

「現在傳祖已經娶了奇衣曼，您看傳宗行不行？」杏芳望著紹芬的臉上說。

「大嫂，傳祖、傳宗都是姪兒子，我並不偏心。不過我看傳宗和廖淑君搭不上調。」

「您是怎麼看出來的？」

「我很清楚傳宗，這不必說。至於廖淑君嘛，上次我和華姐她們來九江時，也是由她接待，那時我就看出個八、九分，剛才又和她談了些心底的話，更覺得她和傳宗不合適。」

「這樣我不是空歡喜一場？」杏芳無奈地一笑。

「大嫂，很多事兒是勉強不得的，尤其是婚姻這件事兒，關係兩人的終身幸福，更不能強求。」紹芬向她解釋：「以我來說，我也不是甘願打單身，但我不能為結婚而結婚，隨便找個男人湊合，所以我還是一個人。」

杏芳很佩服紹芬的眼力，又聽她這麼一說，心就涼了下來。紹芬又安慰她：

「大嫂，兒孫自有兒孫福，您也不必為傳宗操心。聽說他已經有女朋友了。」

「我就是怕和他一樣的洋腦袋，不三不四，又惹您大哥嘔氣。」

傳祖和奇衣曼雙雙過來，傳祖一進門就笑著向紹芬打趣：

「姑姑，您真好福氣，恭喜您今天收了廖淑君這麼好的乾女兒。」

「姑姑不趁早收個乾女兒，日後老得不能動了，靠誰？」紹芬也故意逗他：「難道真喝露水不成？」

「姑姑，我說了我會孝敬您的。」奇衣曼立刻笑著接嘴。

「只怕妳到了美國以後，學美國人一樣，自己的父母都不養，還會孝敬我這個姑姑？」紹芬向她一笑。

「姑姑，那有這種事兒？」奇衣曼不相信：「美國人又不是天上掉下來的？」

「姑姑有沒有騙妳？妳問傳祖就知道了。」

奇衣曼望望傳祖，傳祖不好怎麼說。紹芬又說：

「我有個好朋友，是位寡婦，辛辛苦苦將兒子送到美國留學，後來兒子成家立業，添了孫子，好高興，她賣了臺北的公寓，滿心歡喜地去美國投靠兒子。沒想到住了不到三天，媳婦就下逐客令，使她進退兩難，只好搬進一家小旅館裏暫住。想不到兩天後，兒子卻帶了一位老華僑來看她，說是給老娘找好的老伴兒，要她嫁過去。她氣得半死，終於再回臺北住進老人院。」

「姑姑，那會有這種傷天害理的事兒？」奇衣曼猛搖頭。

「這是千真萬確的事兒！妳要是不信，到臺北時我會帶妳去看她，妳當面問她好了。」

「那她的媳婦不是黑人就是個白人了？」

「不是黑人，也不是白人，」紹芬搖搖頭：「是和我們一樣黃皮膚的中國人，而且還是臺北去的留學生。」

奇衣曼兩眼睜得大大的，望了傳祖一眼，撇撇嘴說：

「姑姑，既然這樣，那我就不去美國了！」

傳祖慌了，不知如何是好？紹芬也後悔說出這個故事，連忙改口：

「奇衣曼，並不是人人都這樣，也有好的。我相信妳和傳祖都會孝敬我，不論是住在美國、中國，是不是？」

「姑姑，我們維吾爾人是很孝順父母長輩的，我還是第一次聽您講這種事兒，臺灣的中國人也變得這麼快，我更沒有想到。」奇衣曼說。

「這就是橘逾淮而為枳，」紹芬說：「不受環境影響的都是最好的品種。不是我當面誇傳祖，他就不受影響，剛才我是和你們隨便說個故事，不是故意衝著你們說的。」

奇衣曼這才微微一笑。傳祖吁了一口氣說：

「姑姑，您這個故事不好聽，差點兒要我打單身。」

「這也是給你一個教訓。有奇衣曼在，以後我就不愁你不孝敬我了。」紹芬向他笑說。

「姑姑，您現在又多了個廖淑君這個好乾女兒，就更不愁沒有人孝敬您了。」傳祖說。

「姑姑年輕時蹭蹭蹬蹬，想不到忽然走起老運來了，莫非是上一輩子積了什麼功德？」紹芬說著不禁笑了起來。

「姑姑，我也希望和廖淑君作個朋友。」奇衣曼說。

「那還不簡單！」紹芬一笑：「你們年輕人，熱情似火，一點就會燒起來，我就是一根火柴。」

奇衣曼望著紹芬不禁一笑說：

「姑姑，您真的是北京的春不老，我應該多向您學學。」

「妳千萬別學姑姑，姑姑沒有福氣。」紹芬向她笑說，又指指杏芳：「妳婆婆是位福人，我希望妳和婆婆一樣享福。不要像我一樣勞碌，風裏、雨裏、湯裏、火裏都去。」

「姑姑，您這才了不起！」奇衣曼豎起大拇指。

「只有妳說我了不起，我可從來沒有這麼想。」紹芬說。

奇衣曼初到九江，又遇見廖淑君，興致很高，談鋒很健，快到十二點還不想走，杏芳、紹芬都催她去睡，這才結束湖濱夜談。

他們一行人在九江停了四天，都是廖淑君一手安排的。龍子、紹天、紹文、紹人、凌菱、玲玲、傳祖、奇衣曼都是第一次上祖墳，由紹臣、紹義陪著，祖墳修得不錯，龍繼堯、龍老夫人的墓碑，字蹟原已模糊，重新整理，塗了紅漆，十分醒目。草也除得乾淨，墳墓四週用磚砌成護土牆，貼了磁磚，路也鋪了水泥，比紹芬她們上次來時好多了，比戰前還好。紹天問紹芬怎樣？紹芬說紹地做得很好。紹天又將家譜講給傳祖、奇衣曼聽，紹芬、紹華、紹臣不時加以補完，沒有上過祖墳的人也都明白了。龍子年輕時在東京本來聽天行講過，現在更瞭解來龍去脈。上過廬山，遊過名勝古蹟之後，雖然感到美中不足，古剎破壞太多，但他不能前後對照比較，還覺得這是一個得天獨厚的地方。地方首長都希望他和紹天能來投資，他們也願意評估考慮。

武昌洪山天放的墓修得更好，還建了一個石牌樓。紹文第一次上父親的墳，也不禁悲從中來，伏地哭泣很久，他自小和天放會少離多，天放殉國下葬時他又不在場，事隔四、五十年他才來上墳，覺得很對不起父親。這次紹芬是唯一在場的人，如果不是她帶路，一時還找不到。龍子從小就認識天放，叫天放伯父，天放待他們母子都好，他和母親美子一直銘感在心，這也是他歸宗的一個原因。

來到沙坪壩，紹天、杏芳、紹華、紹芬她們都找不到原先的那一排茅屋，現在是荒草一片，茅草、蓬蒿有一人深，當年天行開闢的那條小路、那片菜園，毫無蹤跡可尋。原先的地主也找不到，也沒有後人。紹天和紹芬費了好多工夫，撥開茅草，才發現那個防空石洞。紹天指著石洞對龍子說：

「大哥，這就是當年我們躲空襲警報的防空洞。爹在這一片荒草上蓋了十間茅屋，還親手開闢了一片菜園，姑姑養了不少雞，由於他們兩人胼手胝足，含辛茹苦，紹華、紹芬她們四姐妹才能完成大學教育，才熬過八年抗戰。」

「據我表哥說，我母親在東京也是三餐不繼，貧病交迫。」龍子感慨地說：「我和紹地還在戰場上打得死去活來，這真是一場傷天害理的戰爭！」

「紹智、紹勇、紹忠、紹雄，都在這場戰爭中犧牲了，連屍骨都找不到。所以九江祖墳山上也沒有他們的墳墓。」紹芬說著哭了起來，又哭又說：「我和二哥紹地、二嫂純純，都是野人山的劫後餘生。」

龍子拍拍她，也不禁落淚。

紹天和紹芬又帶頭爬上山，找到龍從雲夫婦和周素真的墳墓，也修得很好。他們這才發現，紹地是從山那邊的一條小路運材料上來修的。龍子看到墓碑上的字，就知道是祖父母的墳墓，他對祖父母也心存感激，不然他不能無憂無慮地上大學。他也知道周素真是紹天三兄弟的母親，但他對她沒有恨意，他瞭解她和自己的母親美子一樣，是那個時代的犧牲品。最痛苦的還是父親天行，他真是痛苦一生。龍家要是沒有他和蝶仙，早就整個完了。

「爹當初本來想將祖父母和洪山大伯的骨骸還葬九江祖墳山，現在九江老家活人已經很少，又無片瓦寸土，祖墳山也不知道那天會蓋工廠？爹的想法是完全落空了！」紹天對龍子說。

龍子也不知道怎麼說好？紹天又拉著傳祖，指著山下一片茅草說：

「你是在山下茅屋裏出生的，四位姑姑都是見證人。以後不管世界怎麼變，你們都要記住自己的根，不要忘本。」

第一二〇章 看錄影前塵如夢 深入定淨土成真

紹天、杏芳、紹文、紹芬和傳祖、奇衣曼，一道回到天龍山莊，蝶仙十分高興。傳祖、奇衣曼一見面就向她磕頭，蝶仙連忙將奇衣曼拉了起來。紹天立即正式向祖宗牌位上香，杏芳親自將蝶仙扶了出來，紹天對蝶仙說：

「姑姑，剛才只算是他們新人的見面禮，現在我要他們在祖宗牌位前正式向您磕頭，這才符合老祖宗的規矩。」

「你這樣說來，我也要給他們一人一個紅包才是。」蝶仙隨即吩咐林阿足準備紅包。

紹天向林阿足搖搖手，隨即掏出兩個紅包交給蝶仙：

「姑姑，我已經準備好了，借您的手送給他們，讓他們沾沾您的福氣。」

「你倒想得周到。」蝶仙向紹天笑笑。

林阿足取出一大圈鞭砲，拿到大門外去放。紹天、杏芳雙雙扶著蝶仙坐在中間的太師椅上，他們兩夫妻分坐在兩邊，他們三人一坐好，林阿足就點燃鞭砲，霹霹啪啪響了起來。傳祖和奇衣曼隨即行三跪九叩大禮，行禮完畢，蝶仙立即送給他們二人一個紅包。蝶仙握住奇衣曼的手，又仔細端詳一番，愈看愈喜愛，摟著她望著傳祖笑說：

「傳祖，這真是祖上有德，讓你娶到奇衣曼這麼個好媳婦兒，你可要知福惜福！」

「姑婆婆，我是託您的福。我會將奇衣曼像鳳凰蛋一樣捧著不放，您說好不好？」傳祖笑著打趣。

蝶仙望著奇衣曼的臉上笑笑，奇衣曼有點害羞，蝶仙拍拍她，輕輕地問：

「妳說好不好？」

奇衣曼嗤的一笑。蝶仙笑著在她臉上親了一下。傳祖高興地說：

「姑婆婆，一見面您就這樣寵她，我可就難做人了。」

「怎麼？你還想做個大男人是不是？」蝶仙笑問。

「姑婆婆，我不想做個大男人，可也不能做個小丈夫呀！」傳祖笑著回答。

「現在時代不同了，風水輪流轉，該輪到你做小丈夫了。」蝶仙故意逗他。

奇衣曼沒有想到蝶仙是這麼風趣？一點不像老年人那麼嚴肅古板，心裏十分高興，滿面生春。傳祖看奇衣曼高興，便湊近奇衣曼說：

「我們跳一個〈掀起妳的蓋頭來〉，讓姑婆婆開開心好不好？」

這是奇衣曼在家鄉跳的舞蹈，她能歌善舞，在小學時就是民族歌舞團的小明星團員，經常演出，一直到中央民族學院，她都是維吾爾民族歌舞的臺柱子。傳祖在初中時就是民族舞蹈高手，籃球、排球校隊代表。他不是個「書獃子」，不論搞什麼，都有板有眼，他不但民族舞蹈跳得好，爵士、探戈也很不錯。北京飯店他和奇衣曼還跳過兩次舞。奇衣曼很欣賞他的舞步舞姿，欣然同意。隨即解下頸上的紅綢巾交給他，他用力抖開，便往奇衣曼的頭上一蓋，掀起地毯，兩手一拍，兩腳在大理石地上左右一跺，便又唱又跳起來。

奇衣曼穿的洋式裙裝，舞步輕盈，身子一旋，花裙子便像傘一樣張開。傳祖一面跳一面唱「掀起妳的蓋頭來」，兩手輕輕把她頭上的紅綢巾掀起來，看看她的眉，看看她的眼，他那逗趣的動作，不但逗得蝶仙和紹天、杏芳他們快樂地笑了起來，奇衣曼也被他逗笑了。跳完之後他拉著奇衣曼向蝶仙一鞠躬說：

「姑婆婆，我無功不受祿。您送給我們兩個大紅包，我們給您跳一支舞，讓您開開心，您就當作看了一次猴兒戲好了。」

「你充猴兒可以，奇衣曼可不是猴兒。」蝶仙笑著拉住奇衣曼的手，站了起來：「她是我的好孫媳婦兒，你可不能作踐她。」

她又將奇衣曼牽進自己的房間，大家也跟著進來。紹芬看她這麼喜歡奇衣曼，笑著對她說：

「大媽，您忘記了您對我說的話？」

「我對妳說了什麼話？」蝶仙笑著明知故問。

「大媽，您是金口玉言，您怎麼跟我打起啞謎來了？」紹芬不禁好笑。

大家摸不著頭腦，也只好笑。蝶仙故意對大家說：

「我老糊塗了，你們替我想想看？我對紹芬說了什麼話？你們快講出來，免得急壞了她。」

大家笑了起來，杏芳說：

「姑姑，這是您們兩人的私事兒，我們都不在場，不知道您講些什麼？我們怎麼講得出來？」

「既然您們都不在場，那是她的片面之詞了，隨便她說什麼，我也不敢認賬。」蝶仙故意搖搖頭：「這年頭綁票勒索的事兒很多，我也不能不先防防她趁火打劫，藉機訛詐？」

大家都爆笑起來，紹芬更好笑，指著奇衣曼對蝶仙說：

「大媽，奇衣曼剛進門，您可要在孫媳婦兒面前樹立好榜樣，不能不認賬？」

蝶仙拉拉奇衣曼，笑著問她：

「妳說說看，我這個樣兒是那裏不好？我馬上改。」

奇衣曼本來一直在笑，蝶仙這樣問她，又看她裝著老天真逗趣的樣子更好笑。也不知道怎麼說好？只是望著她笑。蝶仙又對紹芬笑說：

「奇衣曼都沒有說我這個劉姥姥的樣兒不好，那妳就做個樣兒給我看看，我好學學？」

紹芬噗的一聲笑了起來，大家更好笑，奇衣曼掩著嘴兒笑。傳祖笑後對蝶仙說：

「姑婆婆，您怎麼也把姑姑當猴兒耍？」

「誰說我把她當猴兒耍？」蝶仙笑著反問：「她人模人樣，比我漂亮多了，我怎麼敢把她當猴兒要？」

紹芬又嗤的一笑。奇衣曼蒙著臉笑。蝶仙把奇衣曼摟進懷裏，拍拍她說：

「妳別笑壞了，讓姑姑一個人笑，她大概是在大陸撿到了發財票？」

「姑婆婆，姑姑沒有撿到發財票，倒是收了一個好乾女兒。」奇衣曼笑說。

蝶仙望望紹芬，忽然一笑說：

「怎麼好事兒都給妳碰上了？上次去大陸遇上了奇衣曼，這次又收了個好乾女兒。這樣看來，下次我也要去了。」

大家更好笑。紹芬笑說：

「大媽，我去一次流一次眼淚，您去幹嘛？」

「我看看還有沒有什麼好乖女兒？我也想收一個。」蝶仙笑著回答：「再者，我離開大陸已經這麼久了，妳已經去了兩次，跑了那麼多地方，我也想去看看那邊的老家和山山水水。人不親土親，妳說我該不該去？」

「姑姑，」紹芬笑著對蝶仙說：「幸好傳祖這次因為結婚，帶了錄影機去，他的結婚典禮以及我們遊長城、明陵、九江廬山名勝，和掃墓等等，全都錄了下來，可以放給您看。」

「你怎麼不早一點兒講？害得我心裏直犯嘀咕，這樣我就可以不去了。」蝶仙望望紹天說。

「姑姑，我沒有想到您心裏這麼急？」紹天抱歉地說，同時吩咐傳祖去取錄影帶，又扶著蝶仙去客廳。

蝶仙自清修以來，除早已吃全齋、守五戒之外，連電視都不看。本來她對電視上的那些胡鬧、低級趣味的綜藝節目和暴力、庸俗的連續劇，就很討厭，一修行就自然與電視絕了緣。紹天和奇衣曼扶著她在電視機對面坐下之後，她還問坐在旁邊的奇衣曼：

「傳祖該沒有錄那些亂七八糟的鏡頭吧？」

「結婚典禮是龍子大伯錄的，其他的是他和我兩人分別錄的，保證沒有一個見不得人的鏡頭。」奇衣曼說。

電視機是二十九吋大的，錄放影機也是新買的。傳祖將錄影帶放進去之後，輕輕一按，畫面就出來了，十分清晰，像看電影一樣。奇衣曼的父母她不認識，奇衣曼特別向她介紹。紹地、純純她也幾乎不認識，紹天特別指給她看，她才在客人當中分別出來，輕輕一歎說：

「他們兩夫妻吃足了苦頭，受夠了活罪，看來比你們兩夫妻老多了。」

紹人、凌菱兩夫妻她也分辨不出來，紹天指著他們告訴她，好在重複出現的鏡頭不少，看清楚之後，她自言自語：

「本來他們不應該是這樣子的……」

紹華、紹珍、紹玲和紹芬同時出現，她們四姐妹正在談話，她看出來了。她對紹芬說：

「她們三姐妹也比妳蒼好多了，尤其是紹華！」

「華姐的心情不好。」紹芬說。

「當年妳們四姐妹，以妳在軍隊吃的苦最多。她們三人跟著我，真是風不吹、雨不打，做了

七、八年的大小姐，想不到這些年來也一起落難了？」

看到傳祖西裝筆挺，精神奕奕，由男儐相陪著出來時，她就滿臉歡笑，向傳祖打趣地說：

「我從來沒有看見你這麼漂亮過？」

「姑婆婆，我要不是這麼漂亮，奇衣曼怎麼會看得上？」傳祖笑著在她耳邊輕地說。

奇衣曼耳朵很靈，她聽在心裏，笑在臉上。蝶仙卻笑著白了傳祖一眼：

「你真不害臊！我看你還是拖著兩條鼻涕在泥巴地上爬呢！」

「姑婆婆，人說女大十八變，其實男生也是十八變呀！我能變成現在這個樣兒，還不是您在沙坪壩用糙米飯餵大的？」

「你不忘本就好！」蝶仙看了傳祖一眼，喜在心裏，笑在臉上。

奇衣曼披著白紗，穿著拖地的白色新娘禮服，顯得更是亭亭玉立，由女儐相陪著，踏著〈結婚進行曲〉的節拍走出來時，賓客中一陣騷動，蝶仙的眼睛也為之一亮，奇衣曼看了自己也禁不住一笑。蝶仙摟著她說：

「我真像看京戲《天女散花》中的仙女下凡呢！」

奇衣曼笑著在蝶仙臉上親了一下。蝶仙高興地笑了起來。

結婚典禮錄影放完之後，就是觀八達嶺長城，先是遠鏡頭，出現崇山峻嶺，長城如一條長龍，蜿蜒在峻嶺之上，氣勢雄偉。拍攝到八達嶺長城時，城牆上人潮洶湧，牆面寬闊，垛口凸出。傳祖、奇衣曼爬上敵樓這一過程是龍子拍攝的，也十分清楚。蝶仙看他們兩人手牽著手走上那一兩千公尺長的陡坡，又雙雙爬上敵樓，心裏十分高興，拍拍奇衣曼說：

「真虧了妳！我就爬不上去。」

「姑婆婆，您這麼大年紀了，怎麼能上去？」奇衣曼向她一笑，又望望紹芬說：「聽說上次姑姑也上去過。」

蝶仙望望紹芬，卻故意搖搖頭說：

「我不相信！」

「是玲玲伯母和純純二嬸講的，而且是純純二嬸和姑姑一道上去的。」奇衣曼補充說。

「我沒有看見，那是她們吹牛。」

奇衣曼好笑，紹芬更好笑。

看完八達嶺長城之後，鏡頭就轉到九江。蝶仙連忙問紹天：

「你怎麼沒有要傳祖將北京的翰林第拍下來？」

「姑姑，翰林第三個字和門口的一對石獅子都沒有了，房子也斑斑剝剝，現在又不是我們的，我怕您看了難過，所以沒有要傳祖拍。」紹天說。

九江的畫面最先出現的是滾滾長江，但江面空空蕩蕩，唯一的四碼頭也沒有一條輪船，江邊一條木船也沒有。蝶仙連忙說：

「這和從前完全不一樣了！從前幾個碼頭停滿了招商、三北、怡和、太古的輪船，江中還拋錨了不少，帆船更是多得數不清，濱江路的瓷器攤兒遍地都是，怎麼現在一個也沒有了？」

「大媽，您的記性真好！」紹芬說。

「妳以為我真的老糊塗了？」她立刻反問紹芬。

「大媽，我還以為只有我一人記得呢？」紹芬說。

「芬姐，我也記得。」紹文說。

隨後江邊又出現琵琶亭、潯陽樓、鎖江樓寶塔。蝶仙又說：

「以前的琵琶亭不在這個地方，也不是這個樣兒；琵琶亭、潯陽樓是新建的；寶塔倒是原來的，沒有倒在江裏就不錯了。」

「姑姑，您真的一點兒都不老，我都記不清楚了。」杏芳說。

「妳比我的福氣好。」蝶仙向她一笑：「記這種事兒只會傷感情，沒有什麼益處。」

隨後鏡頭又轉到能仁寺，和能仁寺的寶塔。蝶仙看了歎口氣說：

「當年老夫人帶我們回九江時，大伯、三叔曾在能仁寺請了幾桌素席，替老夫人祝壽。如今能仁寺、寶塔依舊，人卻只剩我一個了！那時你們統統都沒有來到這個世界。」

「姑姑，那是那一年的事兒？」紹天問。

「庚子年。」蝶仙回答：「你爹還沒有去日本，我也不識愁滋味。北京、九江的翰林第都人財兩旺。」

南門湖、甘棠湖又呈現在眼前。蝶仙看到那一湖清水，臉上立刻浮起笑意，轉臉對紹天說：

「你爹曾跟我提過幾次，想在湖邊隱居，老夫人也想在湖邊養老，結果都成泡影了。」隨後她又指指長堤兩邊的樹問紹芬：「那是什麼樹？」

「法國梧桐。」紹芬回答。

「難怪我怎麼看都不像柳樹？這真是胡鬧！以梧桐取代垂柳，那有半點兒柳浪聞鶯，垂柳絲絲的詩情畫意？真的蹧蹋了這一湖好水！」

接著是大家掃墓，墓地煥然一新，碑石也照得十分清楚，老夫人碑上的紅字一目瞭然。蝶仙指著那塊碑石對大家說：

「你們千萬記住，老夫人是你們的老祖宗，老夫人一過世，家道都開始沒落了！」

以後是白鹿洞、仙人洞、花徑、如琴湖、牯嶺，相繼出現，頤園還有一個特寫鏡頭，只是關門閉戶，油漆剝落。蝶仙指著頤園歎了一口氣說：

「本來我們要住到中秋下山，因為怕隔壁英國人找麻煩，就憋著一口氣提早回北京了。」

此外只照了黃龍寺下面的兩棵大寶樹，蝶仙沒有看見黃龍寺便說：

「廬山已經不像廬山了。」

鏡頭一下跳到武昌洪山天放的墳墓，她一直沒有去過天放的墓地，不知道以前是什麼樣子？現在看來倒很不錯，她知道是紹地新修的。她看到紹文伏在墓前，不禁眼圈一紅說：

「天放是為了行孝才娶我的，我和他是會少離多。他一生都奉獻國家，天行和我就挑起龍家這個大擔子。天行犧牲那麼大，無怨無悔，我也沒有什麼話說。天放在九泉之下，也應該安心。」

鏡頭又跳到沙坪壩山上龍從雲夫婦的墓地，卻看不見那一排茅屋，只見一片茅草。蝶仙對紹天說：

「這兒的情形，你應該清楚？我什麼都不必講了。」

「姑姑，沒有您，我們就沒有今天！」紹天低頭垂手說。

「你能走這一趟，傳祖又能錄影下來，不但了了我一樁心願，也省掉了我不少口舌。我一旦往生，就沒有什麼牽掛了。」

錄影帶放完之後，蝶仙突然對林阿足說：

「妳去把我那顆貓眼綠拿過來。」

林阿足立刻去她房間，大家不知道她有顆貓眼綠，也不知道她要拿來幹什麼？一轉眼間，林阿足手上拿著一個精緻的紅絲絨的小珠寶盒子過來，雙手交給她，她滿心歡喜地看看奇衣曼，又叫紹芬到她身邊來，把珠寶盒子塞進她的手中說：

「大媽說話算話，先前是故意和妳裝迷糊的，妳給我們龍家做了一件了不起的事，這顆貓眼綠就賞給妳了。」

紹芬打開一看，一顆貓眼睛似的寶石綠得發亮。她上次在定陵展覽室看到一顆相似的貓眼綠，註明價值連城，她不敢要，連忙還給蝶仙，蝶仙不收，又對她說：

「妳從小為龍家爭氣，這些年來又默默地為龍家後代著想，妳一生也是犧牲奉獻，我不給妳給誰？」

紹芬雙膝一跪，伏在蝶仙的膝上啜泣起來。蝶仙這才講出賞她的原因。奇衣曼又高興又感動，含著淚把紹芬拉了起來說：

「姑姑，承您這麼看得起我，我決不會辜負您的一片苦心。」

「姑姑，您這樣愛護姪兒，姪兒真不知道怎樣報答您？」傳祖扶著紹芬說。

「少廢話！明年請姑姑吃紅蛋就好了！」紹芬白了他一眼。

傳祖嗤的一笑，大家又笑了起來。

這天晚上八點，蝶仙照常打坐，很快就入定了。她耳中聽到海潮音、雷聲、鼓聲、眼中看到日月，和一片金光，真是一片燦爛光明。她又突然看見一個人，迎面而來，身上的衣服彷彿袈裟，又似道袍，也閃閃發光，一閃就到了自己的面前，叫了自己一聲「蝶仙姐」，她才知道他原來是天行！但她一細看，他卻只有三十歲左右。她不免納悶，又不便問。他帶著她往前走，先是經過一座富麗堂皇發光的大寺院，寺裏的僧侶都法相莊嚴，卻向天行頂禮。

一路行來，她又看到許多發光的雄偉的金殿、寶塔，和許多奇花異草，清香撲鼻，她感到心曠神怡。忽然前面出現了一座無頭無尾的橋，懸在空中，不能上去，底下又是萬丈深淵，她問天行怎麼過去？天行說：

「您從小就跟婆婆學會了〈楞嚴咒〉，您就持念吧，自然會過去！」

她一念，橋的兩端就自然著地，橋身金光閃閃，她身子過來了都不覺得。無數的奇異景物都從她身邊掠過。也看到很多亭臺樓閣，仙禽奇鳥，歌聲優美，天樂處處，仙花盛開，鮮艷無比，仙童仙女，服裝美麗非常，天人身高三丈。還有很多男女老幼，優游自在，身上穿的似乎是明朝服裝，遠近的亭臺、樓閣、寶塔，都閃閃發光，一片明亮。人間不夜城，難以比擬。蝶仙以為這是天堂，不免羨慕。天行卻說：

「他們不過是享受一點天人福報。福報小的不過幾十年幾百年，福報大的也不過幾千年，享受完了還是難免輪迴。不出三界就不能了脫生死。」

蝶仙跟著天行一路飛升，快速無比。忽然她看到一座金碧輝煌、宏偉無比的大雄寶殿，有好幾萬人在裏面，看似有形，卻又無形，非男非女，身體金色透明，所有的東西都會發亮，都可以穿越而過，蝶仙更覺得自己沒有重量，不佔空間，她跟著天行穿越而過。天行說要帶她到一座大樓閣去看看。

路上各種奇鳥在金枝玉葉上和著天樂歌唱，悠揚優美的念佛聲處處可聞，到處是清香撲鼻的鮮花。珍珠、瑪瑙、琉璃燈，閃著各種光芒，美不勝收。

進入樓閣，樓閣內也閃著金光，連地板也金光閃閃。她忽然看見老夫人、柳敬中、古美雲、梅影，坐在一起聊天，他們身上閃著金光，坐的椅子也閃著金光，而他們的年齡都只有三十來歲，她有不敢相認，老夫人笑著向她招招手，她閃了過去，跪在老夫人面前喜極而泣地說：

「老夫人，幾十年不見，我好想念您。」

「不過是一眨眼工夫，妳怎麼說幾十年不見呢？」老夫人笑著把她拉了起來，要她坐下，她不敢坐，老夫人笑說：「也好，反正位子給妳留著。」

她連忙向柳敬中、古美雲、梅影問好。他們對她就像在翰林第時一樣親切。她打量週圍一眼，到處是金光閃閃，鳥語花香，天樂齊鳴，他們看來又那麼年輕，無憂無慮，自由自在。她不知道這是什麼地方？禁不住問老夫人，老夫人笑著回答：

「這是我在翰林第時就跟妳講過的極樂世界。」

「可是當時老夫人並沒有詳細講出來。」

「那時我也不大清楚。」老夫人笑說。

「老夫人，我好不容易跟著天行找來，我不想回去了。」蝶仙說：「我情願和梅影姐再一道侍候您。」

「妳時辰未到，塵緣未清，還是應該先回去一下。」

「老夫人，那您找我來有什麼吩咐？」

「蝶仙，我有幾句話要特別交代妳，妳回去千萬要轉告龍家子孫。」老夫人鄭重地說。

「請老夫人吩咐。」

老夫人便一個字兒一個字兒地說：

妳千萬記住：人外有人，天外有天。積德行善，早種福田。修觀音法，上極樂天。成佛成仙，一念之間。

「老夫人，我真不懂，各種宗教在人間是各自分門立戶的，而您和柳老前輩怎麼還是像往日一樣，仍然在一塊兒聊天，仍然這麼灑脫、不分彼此？」蝶仙問。

「蝶仙，妳要知道，各種宗教的教主、大聖人，都沒有分別心，都是講同樣的真理，只有人才有分別心，不但教與教分，教內又分宗分派，愈分便離真理愈遠，這樣才影響修行，不容易得道。不論任何宗教，只要修觀音菩薩修的最高、最快的法門，便同樣能到最高的境界。不然修到阿修羅世界便上不來了，不能了脫生死。」

「老夫人，極樂世界是不是最高境界？」

「阿彌陀佛是西方教主，是無量光、無量壽，無形無相。修到這個境界就是佛，就了脫生死，不再輪迴。但是還要繼續修行。因為宇宙無窮大，所以老子說它大而無外。不止是西方阿彌陀佛，還有東方藥師佛、南方、北方、十方三世佛。上方還有很多更美妙的世界。修到與宇宙合一，與造物主同一體，修到無上正等正覺，才是最高境界，最高果位，才是法身佛。」老夫人笑說。

「老夫人，怎麼只有雲姑、天行、梅影姐，才能到極樂世界來，跟您和柳老前輩在一起？其他的人呢？」

「蝶仙，各人的業力不同，因果不一樣。即使同在極樂世界，從下品下生修到上品上生就要兩億一百五十七萬六千年。而有的人因為累世修行，具有善根慧根，今生又守戒勤修，三、兩年內也可以成佛得道，甚至更快。六祖惠能不是頓悟的嗎？有的人業障太重，又不得明師傳法指引，永遠無明，所以就要生生世世六道輪迴了。」

「柳老前輩和天行怎麼也在這兒？」蝶仙問。

「柳老前輩是來這兒做客，陪我聊聊天。他住在別的世界。天行也是來陪我，是我要他出這一趟差，引妳來傳話的。」老夫人說：「人一得道，無論極樂世界，琉璃世界，就隨你選擇，隨你住了。」

「老夫人，怎麼極樂世界的東西看似有形卻又無形？牆壁也可以穿過？沒有任何障礙？」

「蝶仙，人間是個物質世界，處處都是障礙。極樂世界和人間完全不一樣，任何東西都不是物質的，都是虛空透明的。妳看到的這些亭臺、樓閣、樹木、花草，都是虛空透明的，毫無障礙。妳去碰碰那堵金色的牆壁看看？」老夫人指指右邊的像黃金砌成的牆壁說。

蝶仙走過去，身子向前一衝，卻穿了過去，隨後又穿回來。她高興地笑說：

「要是在人間能這樣來去自如就好了！」

「要是在人間，看到了這堵金牆壁，那不你爭我奪，打得死去活來才怪？」老夫人向蝶仙一笑：「在極樂世界，可以說是黃金遍地，我們也是想什麼就有什麼。因此沒有你的我的觀念，沒有物質慾望，一切物質的東西我們都不需要了，真的快樂逍遙。」

「蝶仙，乾娘的話一點兒不假。」古美雲向蝶仙笑說：「妳看這兒比我北京的金谷園如何？」

「雲姑，北京的金谷園怎麼能比極樂世界？」蝶仙笑了起來：「八國聯軍佔領北京時我就說您是活觀音，現在看來，果然不假，連梅影姐大發願心修行，也得道成佛了。」

老夫人看蝶仙興趣正濃，怕她耽誤時間，要天行快送蝶仙回去。蝶仙看這兒比北京、九江的翰林第、臺北的天龍山莊，好得太多太多了，又不再輪迴，她真不想走。她央求老夫人說：

「老夫人，我好不容易見到您，我真的不想回去了。」

「不回去不行。妳好好地守戒勤修，很快就可以上來，一旦塵緣已盡，定業還清時，我會要天行去接引妳。」老夫人慈祥地說。「西方三聖也會去接妳的。」

「蝶仙姐，我送您快去快回，以後您可以永遠住在這個極樂世界，不會再墮紅塵了。」天行說。

「那您更不會再生死輪迴了？」

「我已經輪迴很久、很久。最後這一次才消除所有的業障，大徹大悟，自然不會再墮紅塵了。」

她跟著天行走。天行帶著她穿牆透壁，穿山過嶺，毫無障礙。她也覺得自己沒有一點重量，不佔一點空間，而且一眨眼就回到娑婆世界來了。

她一出定，就聽見林阿足在窗外高興地說：

「太太出定了！太太出定了！」

大家一陣歡欣，林阿足忙打開房門，首先走了進來。後面跟了一大串人，有傳祖、奇衣曼、還有慧心法師等等。林阿足欣喜而急切地對蝶仙說：

「太太，您五天五夜沒有出定，可把我急壞了！要不是慧心法師阻止，我真會開門闖進來。」

「妳以為我往生了是不是？」蝶仙滿面紅光，向她一笑：「要是真的這樣往生極樂世界，那就太好了！」

「姑姑，這究竟是怎麼回事兒？真把我和紹文急壞了！」紹天急著問。

「你們都在這兒正好，我講給你們聽好了。」蝶仙掃了大家一眼，看看全家人都在，便將入定出定的經過情形，一五一十說了出來。

「那爹真的得道了？」紹天高興地說。

蝶仙點點頭，又望望慧心法師，慧心法師會心地一笑。

「姑婆婆，我好高興！」傳祖搶著說：「我講的多層宇宙、意念功能沒有錯。您看到的極樂世界，相當於我說的第五層宇宙，佛家說的第五界，那是個非物質的、無量光的、透明的世界。人要是修到自己的磁場、能量、振動力、頻率，與宇宙合而為一、與宇宙一體，就能突破粒子障礙、時空障礙，就可以成為宇宙人，也就是所謂佛、菩薩、神仙了，也就無所不在、無所不能、無所不知了。」

慧心法師沒有見過傳祖，沒有聽過他的理論，特別看了他一眼，知道他很有慧根，很有福報，前世很有修行。但她沒有做聲。

「你們記住老夫人的開示沒有？」蝶仙望了大家一眼，生怕他們忘記。

「姑姑，請您再說一遍，我們好用筆記下來？」紹天說。

蝶仙又說了一遍，大家紛紛筆記。紹天記好之後又說：

「姑姑，我記得您曾經說過，當年柳老前輩的偈語，使我們躲過兩次大劫。這次曾祖母的特別開示，要是我們能夠遵行，那就會像爹說的不會再墮紅塵了？」

「紹天，娑婆世界除了我們個人的定業之外，還有全體的共業。現在的人心很不好，個人也會受全體的拖累，這就形成所謂劫數。宇宙法則比人間法律嚴厲得多，沒有漏網之魚。種瓜得瓜，種豆得豆，絲毫不爽。不管別人如何？我們龍家子孫，[illegible]，絕不能為非作歹，現在的報應很快。不然死後不但要再墮紅塵，還會墮入畜牲道，甚至淪為更低級的眾生，那就萬劫不復了！」

大家聽蝶仙這樣說，都默然無語。蝶仙又繼續補充：

「你們要明白，這並不是迷信。本來人身難得，如果一旦淪為低級的眾生，那就歷經千萬劫，也難做人了。一切唯心造，一切都在一念之間，不然老夫人也不會特別向我開示。我是很快就要走的，如果不是為了傳達老夫人的開示，這次我就不會回來了。」

民國七十三（一九八四，甲子）年端午節，開筆撰寫

民國七十四（一九八五，乙丑）年十二月二十三日冬至後一日，完稿

民國七十六（一九八七，丁卯）年二月十八日雨水前一日，最後修正

民國七十六（一九八七，丁卯）年三月三日，《臺灣新生報副刊》開始連載

民國七十六（一九八七，丁卯）年三月，將九十二章手稿捐贈給臺北國立中央圖書館

民國七十九（一九九〇，庚午）年一月六日小寒後一日，連載一千零三十七天完畢，重校後付梓

民國七十九（一九九〇，庚午）年七月排版完成，十一月第三次親校訂正

民國八十（一九九一，辛未）年二月，臺灣新生報社出版九十二章（三冊）

民國八十一（一九九二，辛未）年一月五日，開筆續寫第九十三章

民國八十一（一九九二，壬申）年六月十日，第一百二十章完稿，《臺灣新生報副刊》開始連載

民國八十二（一九九三，癸亥）年十二月，《紅塵續集》仍由臺灣新生報社出版

民國八十九（二〇〇〇，庚辰）年二月七日大年初三，《紅塵》全書一百二十章定本校訖

民國九十（二〇〇一，辛巳）年四月，昭明版定本《紅塵》全書六冊

二〇〇五年乙酉歲末于臺北市北投　紅塵齋廬

附錄

老作家墨人在美獲傑出成就獎

從事文藝創作整整六十年、年高八十的著名小說家墨人教授，日前榮獲美國「世界智庫」（*Universal Inteligence Data Bank of America*）與「艾因斯坦國際學會基金會」（*Albert Einstein International* Academy Foundation）聯合頒贈的傑出成就榮譽獎。此一榮譽獎，係為了紀念千禧年而設，獲此殊榮者，都是各國在各個領域卓有特殊成就者。

墨人本名張萬熙，六十七年前投筆從戎，一九三九年自陸軍官校十六期政治科畢業後，即考入當時的中訓團新聞研究班第一期，同班同學皆來自海內外高等學府，如留日的覃子豪，及後來在新聞界居領導地位的邵德潤、馬志鏶、李嘉等。墨人自新聞研究班結業，馬上一手拿筆、一手拿槍當戰地記者，每天在槍林彈雨、煙硝瀰漫的戰陣中，出生入死，一邊寫新聞稿，一邊寫新詩和散文及短篇小說。在目前海峽兩岸同時代的作家中，可算「碩果僅存」。

八年抗日聖戰中，熱血沸騰、青年時代的墨人，由記者、編輯幹到總編輯、總經理，歷盡艱辛，從不叫苦，也從不氣餒。

一九四九年在兵荒馬亂中，攜眷來台，先後任職於海軍總部秘書、軍中電臺副臺長、國防部軍聞社資料室主任，及國民大會圖書資料組組長，並兼任東吳大學副教授。自公職退休後，曾應香港廣大學院中文研究所客座指導教授。

墨人全部著作共計五十餘部，約二千萬字，這在文藝界是極少有的成績。代表作有來臺後早期的長篇小說《白雪青山》（連載），有大長篇一百六十萬字的《紅塵》（《新生報》出版），以及即將出版的五十萬字長篇《娑婆世界》。新詩方面有《墨人半世紀詩選》。散文方面有《紅塵心語》及《年年作客伴寒窗》等。文學論說方面有商務印書館出版的《紅樓夢寫作技巧》、《全唐詩尋幽探微》、《全唐宋詞尋幽探微》等。並即將出版《全宋詩尋幽探微》及《墨人詩詞詩話》（此著收有墨人古典詩詞百餘首）。即將出版的墨人著作有《張本紅樓夢》等。墨人在訪問大陸後，曾編集三冊《大陸文學之旅》，頗受歡迎。

實至名歸，佛道雙修、不與人爭的墨人老居士，曾於一九八八年及一九八九年，連獲美國學術機構頒贈兩個榮譽文學博士。一九九〇年又因斯坦國際學會基金會又贈予墨人教授一個人文學榮譽博士學位。由此可見，「道不孤，必有鄰」！墨人博士的成就雖然是他個人的榮譽，但對海峽兩岸默默從事文學創作的作家來說，應該也是一種激勵。

民國八十八年十月十二日，《世界論壇報》

書的啟示

——尹啟銘看《白雪青山》嚮往空靈脫俗的意境

許昌平

念交大時主修計算機控制工程，曾當過最年輕工業局長的經濟部次長尹啟銘，是個愛書人，他看的大多是充滿文藝氣息的小說，包括了司馬中原的《狂風沙》、墨人的《白雪青山》、陳之藩的《劍河倒影》、《紀曉嵐傳》、獨孤紅的武俠小說、鹿橋的《未央歌》，及《三國演義》等。

尹啟銘說，他很欣賞有智慧又有幽默感的人，像諸葛亮的計分三國，紀曉嵐反應很快，年紀愈大愈像小頑童，都對他的為人產生一定影響，此外，他很喜歡看武俠小說，不過，他最愛獨孤紅的武俠小說，共收藏了上百本。

尹啟銘說，除了小說外，他也很喜歡讀散文，其中有本復興書局出版的散文集是他的最愛，這本散文集已經絕版了，但是到現在他再也找不到一本散文集比得上它，書中有個小故事：他在念臺南一中時很認真學英文，當時英文課本是由復興書局出版楊景邁所寫的《高中英文》，由於是首版，編排並非盡善盡美，他從書中挑出了一些錯誤寄回復興書局，最後復興送他一本散文集致謝，這本就成為他最喜歡的散文集。

不過，如果一定要選出一本書，尹啟銘選擇墨人的《白雪青山》。他說，他從小就是看《中華日報．副刊》連載的《白雪青山》長大的，到如今他對書中描寫男女主角大雪中私奔到廬山，在山中別莊，與儒、釋、道、傳教士等流交往，那種大雪封山、天地蒼茫、各家思想交錯、空靈脫俗的感覺，記憶猶新，且很嚮往那種意境。尹啟銘的辦公室收藏了很多飛機模型，也許是難忘那種悠遊白雲、自由自在的感覺吧！

原載民國八十七年十月二十七日，《民生報》

凌雲健筆意縱橫

——民族浩劫的偉大史詩《紅塵》讀後

潘亞暾

最近，臺灣資深作家墨人（張萬熙）先生贈長篇小說《紅塵》。讀後，深感「薑還是老的辣」。在愈來愈輕飄飄、軟綿綿的小說世界裏，《紅塵》顯得博大精深而不同凡響，令人刮目相看。

墨人先生的新著一百二十萬字的長篇小說《紅塵》（註），是一部民族浩劫的偉大史詩。作者痛心撰寫，讀者含淚賞讀，愛我中華，哀我中華。悠悠蒼天，曷其有極，奈何五千年煌煌青史，竟蒙此禍結災連？

墨人先生才學兼眾科之長，而尤潛心於中華文化之哲理闡釋，畢生沉浸濃郁，含英咀華，發為文章，其書滿家。四五十部文學創作之中，我以為《紅塵》最能不朽。先生史識卓越，百事窮根究柢，一絲不苟，所以小說構架有十分可信的現實基礎，其中大半的史蹟又是他本人全身心投入，一步步走過來的。《紅塵》的成就是雙向的：其一是歷史和哲理的學術貢獻，這是一般文學評論所忽略的（忽略也對，便於突出文學，但上乘的文學傑作無一不是兼精史哲的）；其二是長篇歷史小說創作上的貢獻，本文是以後者為重點的。

有數位前輩作家或學者都認為《紅塵》很像《紅樓夢》，我頗不敢附和。我認為二書祇有半截架構上彷彿近似，龍府五代人歷劫不衰跟賈府由盛而衰的世變確實尚有可比較的餘地，但其他方面就很不相同了。若許我去談，我就要說：「墨人早生二百年，也未必會寫出《紅樓夢》；曹雪芹晚生二百年，就肯定寫不出《紅塵》！」時勢造英雄，時世出作家，「偉大」祇會空前而決不能絕後。文學史家每有崇古的傾向，從而誤把偉大的名作捧成絕後的怪物了！豈有文化愈積愈薄，文學傳統一代不如一代的呢？誠然，四五十載光陰，也許適逢一劫，因而左看右看祇歎子孫不肖遽爾斷言今不如昔了。其實，文學祇是文化的一個分支，代代所需要的作家規格是必不相同的；歷史是人類社會的進程，人的素質與能力總的趨勢是後來居上。我們不能說曹雪芹是封閉時代的墨人；但不妨說墨人是開放時代的曹雪芹。他繼承了中華文化的優秀傳統，其中包括了《紅樓夢》的傳統，祇是被他發揚光大了二十世紀的風格罷了。

總之，時代不同，作家的經歷也不同，創作的社會條件又大大不同，個人的思想氣質更難相同，這一切使我們無法用比較法去評價二書的高度。大言無當，不如舉例議其點滴。

一、《紅塵》中八國聯軍之禍，表面上起於義和團，而實際因果卻是中國積弱腐敗終於招致了侵略。墨人取材翔實，渲染而不誇張，史識卓越，大而能化（今語宏觀微觀都適切），其表現為文學佳作的手法尤令人敬服。歷史小說忌抄陳年資料，祇寫成新聞報導。歷史小說祇留歷史骨架，而其血肉則應是「文學加工的事實」。這其實有史為證，其虛構又決非妄言，文文雅雅，詩心不假。我讀《紅塵》頗羨作者於此道之出神入化，尤其是抗日男女切身經歷的許多描寫。八年抗戰墨人是全程參加了的，八國聯軍之役他當然不可能參加（他生於民國九年），但所據有別，所出卻同等佳妙。我想他的才能加勤奮引得了成功。墨人的一絲不苟堅持原則曾經使某名人傷心掉淚！今日阿世取寵的文人見此理當知愧。

二、《紅塵》中的理想人物個個有血有肉，栩栩如生，沒有一個不被安放在最適當的歷史位置上。例如龍太夫人唐文英，學識見解都切合身世。她能前事不忘，而成後事之師，至少有三十年的歷史洞察力；在家族內、在社交上，都能遇事明斷，安定眾心。生平唯一錯就錯在外孫女楊文珍的婚事上不夠果斷，導致龍楊兩家的共同悲劇。這個角色的成功有歷史深度，有對詩禮世家的深刻理解。要對比嗎？那史太君賈母簡直是虛設的沒頭沒腦的傀儡了。

綜觀《紅塵》全部人物的分類和搭對，人們不能不欽佩作者文思的細密。龍府人物的世系反映整個故事的發展變化。另有龍府交往人物的網路，跟前者套連起來，便顯示了五十年民族浩劫中的世界萬花筒。在墨人筆下，日本人也分敵友兩類，處理合情，教人心服。知識分子有三四類，都夠典型，所影射的現實中人，也都無可平反。寫紅粉知己，「好色而不淫」；寫敗家浪子，亦存良心。至於龍家子孫政治上異途殊轍，所導致的榮辱不同，都寫得切合中國的政治實況。我祇覺得主角龍天行飄逸遠舉，這對於全書似乎意有未盡。不知《續集》是否將伏筆延伸，補救龍天行所代表的某種道德力量對劫後中華有那些正面的影響？

三、關於道家哲學。中國歷史上的宗教和準宗教都遠非一元，它們背後的哲學也決非「異教相斥」的，而歷代統治者及其智囊都做了不少調整兼容的工作，以使原有程序得到維護，隱發的危機得以避免。漢唐以下，事例多多。我們撇開政治，祇看不同思想流派的哲學核心究竟有多少合理的成份。我們再撇開儒、佛、基督，也把道家哲學跟道教信仰區別開來，那似乎應該承認：今天所理解的道家哲學，比古代任何其他哲學家都高明得多。

但我不曾用功研究過道家思想，所以祇敢以門外文談的淺議來說幾點隔行隔山的話，向墨人先生請教，也向《紅塵》的廣大讀者請教。下邊就如是我言了。

人類對物質世界的認識，基本乃在乎「切分」。原先假定為整體代號的「一」把物質實體抽象化、數學化了。「數學化」為「切分」打開方便之門，「一生二，二生三，三生萬物」的思考隨之而生。切分表上是量的兩端裁減，進而又從質的正極把二命名為陰陽，這種含著矛盾的兩個互相推生。切分表是量的兩端裁減，進而又從質的正反兩極把二命名為陰陽，這種含著矛盾的兩個互相推動、互相轉化的事物被圖象化為太極圖。太極圖是最聰明最概括的哲學圖表，質和量的運動變化盡在其中了。到此為止，「一分為二、二合而一」，「一生萬千，萬千歸一」的哲理得到了數學的肯定。宇宙萬變也盡在太極圖中了。八卦系統取自然界八種物質或現象，配位而衍成一個關係的網路，它也可集於太極，「極」是未切分的「原一」。心物二界沒有甚麼可脫離這個極的。以上哲理並不神祕，後來被宗教化了才產生許許多多的附會。

《紅塵》是中華民族近半個世紀經災歷劫的史詩。作者墨人愛國情深、創作志切。在他的多項準備工作中，有對我國文化源頭辛勤的探討，其成果已一再表露於這部傑作之中。我欽仰有餘，但全信又不是。我以為任何哲學都要繼續發展提高，沒有歷萬代保原封的道理。若古聖先哲有一言可以盡永恆，倒不合太極之理了。我無力深論，質疑而已。

至於文學作品中寫幾個仙風道骨的人物，那多半出乎主題要有此陪襯，如《紅塵》中逍遙子柳敬中，他既要增強了王仁儒的反面性，又加深了龍天行的正面性，此外還活躍了許多情節和氣氛。若有讀者自以為也能修那般道行，那就太不懂「文學創作本來是一種無中生有的難事」的道理了（引語見墨人〈文化與文學〉一文，附載於《紅塵》書端）。

四、關於歷史小說的全面性。文學創作固然是無中生有的事業，但虛構也不能太離譜（神話可以），而歷史小說更應大節真實，這是不言可喻的。近半個世紀以來，中國境內實際存在著兩種政權，其意識形態可謂陰差陽錯，一時也難盡言。《紅塵》書中對於抗戰以來的民族浩劫的原因，除了總承全書的觀點以外，似乎對臺灣政權者（中華民國政府）昔日在大陸的統治頗多回護，或有所諱言。不知此係伏筆待續，抑或另有想法。當此《紅塵》要在大陸印行之際，我們期待《續集》將為《前集》的錦上添花。

不必也不宜拿《紅塵》比《紅樓夢》，但要指出：墨人史識遠超曹雪芹，視野廣於曹雪芹，關懷民族命運更非曹氏所能比。我深信，二書很不同，各有其不朽之處。《紅塵》是當代最優秀的中文歷史小說，它有一股神聖的幽思，啟發人們去改善中華民族的命運。我們不幸經歷了「紅塵滾滾，浩劫連連」的苦難歲月呀！

編者按：本文作者任廣州暨南大學中文系教授多年，對兩岸文學及海外華文作家作品有深入研究，本文乃依據《紅塵》上、中、下三冊（手稿一百二十萬字，以版面計則達一百四千多萬字、四卷合計則近兩百萬字）立論，未談《紅塵續集》。

又本文曾分別刊載於民國八十二年三月十九日臺北市的《世界論壇報》、一九九三年八月五日，馬尼拉的《聯合日報》。

墨人的紅樓夢研究及其紅學觀

——隔海問答錄

陳忠　問
墨人　答

臺灣著名作家墨人先生，文學生涯六十年，創作了詩集六部、小說集三十部、散文集十一部，其成就享譽海內外。同時，他又精通唐詩、宋詞和明清小說，已出版了理論專著《全唐詩尋幽探微》、《全唐宋詞尋幽探微》；《全宋詩尋幽探微》即將脫稿，不日出版。墨人先生尤其酷愛《紅樓夢》，不僅寫有暢銷書《紅樓夢的寫作技巧》，在海峽兩岸分別出版；而且於一九九六年由湖南出版社隆重推出[illegible]上下兩卷的《張本紅樓夢》（修訂批註），引起人們的廣泛注意。為此，筆者就墨人的紅樓夢研究及其紅學觀，隔海問答。

問一：墨人先生，您曾說：「中國小說真正走上創作道路，而且氣勢雄偉，如長江、黃河，成就輝煌，具有劃時代意義的，首推《金瓶梅》，其次是《紅樓夢》。」請問：產生在各自不同歷史背景下的這兩部文學鉅著，其共同性與差異性何在？兩者是否存在高下優劣之分？

墨人答：《金瓶梅》與《紅樓夢》歷史背景不同、文學風格不同，兩者的共同性很少很少，差異性卻很大很大。

《金瓶梅》是一部社會性、大眾性的小說，作者巧妙地取材於《水滸傳》裏的西門慶與潘金蓮的一段故事而發展成一個大長篇，將時代背景推到宋朝，借古諷今（明）以避禍。而宋明兩朝之腐化、貪污亦有相似之處，作者透過西門慶、潘金蓮這類人物，將他們所處的朝代，間接呈現出來，正是作者匠心獨運之處。西門慶、潘金蓮之荒淫生活，雖嫌赤裸，似難原諒。作者或亦有其感受之深，用心之苦，非局外人所能知者?唯讀者水準不一，水向下流，如能適可而止，心存忠厚，而又能達到創作目的最好。但《金瓶梅》的歷史價值、社會價值不可斷然否定。

《紅樓夢》則是一部精雕細琢的上流社會小說。以大觀園賈府的貴族生活，反映清朝那個時代，細膩而深刻。在人物創作方面，曹雪芹表現了史無前例的功力，也嘔盡了心血。賈寶玉、林黛玉，表現的是「情」；西門慶、潘金蓮表現的是「慾」。人性與獸性之分在此。至於翻手為雲，覆手為雨，用盡心機，要盡手段，玩弄大觀園榮寧兩府人物於股掌之上的王熙鳳這個人物，更是曹雪芹的大手筆，王熙鳳是搞政治鬥爭的高手，但賈府也毀在她手裏，她的下場也很淒涼。曹雪芹的閱歷之深、學問之大，在他經營王熙鳳這個人物身上可以概見。他對王熙鳳之痛恨亦可想見。曹雪芹之高明，就是隱藏自己，一切由人物自己表現、由讀者自己體會。因此，各個年齡層次，各個知識層次的讀者，有各種不同的解讀。但有一點是十分統一而又最能測驗讀者水準的，那就是曹雪芹的思想境界。其他小說作者能將故事編好，人物創造好，那就很不錯了，還談不上文學的思想境界。但文學的價值判斷必須取決於此。否則，頂多祇能稱為「巧匠」，不能稱為「大家」。

曹雪芹的思想境界是怎樣產生的？那就是他對佛道兩家思想的概括瞭解，其他小說家都缺少他這種修養。但曹雪芹的瞭解還不夠深入，還沒有進入佛道雙修這個層次，但用之於文學創作已游刃有餘了。所以，他自己既自負又感慨地寫了一首五絕：

滿紙荒唐言，一把辛酸淚；
都云作者癡，誰解其中味？

《紅樓夢》的讀者、考據家那麼多，真正能解其「味」的有幾位？這個「味」就是他的「思想境界」。恕我說句老實話，如果不通佛、道兩家思想，便很難真懂《紅樓夢》的。

問二：《紅樓夢》成書距今有二百五十年了，而《紅樓夢》研究真正興盛繁榮卻是本世紀的事。「紅學」一百年，「紅學」專家眾，「紅學」成果多，且學派林立，文思相左。依墨人先生高見，我們應該怎樣深入地研究《紅樓夢》，才會有利於「紅學」更健康的發展與繁盛？

墨人答：研究《紅樓夢》的目的是甚麼？是考證曹雪芹的家世、曹雪芹的籍貫嗎？在這方面已經花費太多的時間了！這對文學創作有甚麼益處？對接受《紅樓夢》這部文學遺產又有甚麼效果？考據家那麼多，為甚麼沒有產生第二個曹雪芹呢（在文學創作方面，胡適連作曹雪芹的學生都不夠格）？要深入研究《紅樓夢》，必須在「味」字方面多下功夫。祇是這個功夫太大，不是蒐集資料所能辦得到的。曹雪芹自己早就預言了。真正懂得那個「味」字，甚至早已超過那個「味」兒的，就自己創作了。

問三：您是甚麼時候開始讀《紅樓夢》的？談談您最初的品味體驗。您是甚麼時候開始寫《紅樓夢的寫作技巧》一書的？緣於何種創作動因與慾望？

墨人答：我讀《紅樓夢》是和讀《三國演義》、《水滸傳》、《儒林外史》這些古典小說同時開始的，那是青少年時期，但祇會看愛情故事、欣賞詩詞，別的實在不懂。我自己寫小說以後，才再讀《紅樓夢》，那時已三十出頭了。我寫《紅樓夢的寫作技巧》這本書，則是一九六六年（民國五十五年）開始的，那是由於當時臺灣文壇被西方的存在主義、意識流的歪風吹得東倒西歪，和我這種年齡的作家都噤若寒蟬，年輕的讀者都暈頭轉向，讓那些販賣西洋「博浪鼓」兒的「假洋鬼子」，不可一世。我便不得不使出《紅樓夢》作照妖鏡。書還沒有寫完，五月間，我就帶到菲律賓馬尼拉菲華文藝營講習，講了一個月，回臺北之後再趕寫完畢。但是沒有報紙肯發表，我便寄給臺北商務印書館，那時王雲五先生重掌該館，正想再振昔日上海商務印書館雄風，想不到十一月間就出版了。原先我以為沒有甚麼人會買，因為該館祇在自己的門市賣，絕不外銷。想不到連銷十版，而且十之八九都是作家買的，甚至有人買兩本，身上帶一本，辦公室放一本。如果不是一位女作家親口告訴我，我還不知道。後來那股存在主義、意識流的歪風偃旗息鼓了！當然這不能說是我有這麼大的影響力，祇是我用《紅樓夢》作照妖鏡是用對了。

一九九三年四月，北京中國文聯出版公司又出了大陸版。本來他們想接著出版我的大長篇，一部比《紅樓夢》還多幾十萬字的《紅塵》，但由於現實的困難，他們詳細列了刪節之處的行段文字，徵求我的同意。我沒有同意出版。好在《紅塵》已由《臺灣新生報》連銷兩版，如果不是「凍省」，三版早出了。好在新創立的昭明出版社已列為我的代表作之一，作為《紅塵》定本付排了。至於《紅塵》大陸版，那就要看因緣甚麼時候成熟了？不過我一時還死不了。曹雪芹並沒有看到《紅樓夢》出版呢！我如果沒有曹雪芹那種祇問耕耘、不問收穫的精神，我就寫不出《紅塵》，也不會再寫另一長篇《娑婆世界》的。要深入研究《紅樓夢》，也必須要注意曹雪芹那種創作精神。看一個偉大的作家，不能光看他的成就，那祇是表象；他潛在的精神意志尤其重要。

問四：《紅樓夢》是舉世公認的一部光芒四射的不朽傑作。創作這樣的作品，作者必須具備那些素質？

墨人答：一位偉大作家如曹雪芹者，必須具備：

一、對自己的文學理想，要有生死以之的精神。

二、要有堅強的意志再加堅強的體格。

三、要有高尚的品格，澹泊名利的情操，和正義感、慈悲心。

四、要有佛家、道家的宇宙觀，並深悉其超凡入聖之道（明乎此，即已遠超曹雪芹）。

問五：您是甚麼時候想到、並下決心要修訂和批註《紅樓夢》的？事前您做了那些準備？在修訂、批註的過程中，您是否遇到困惑、困難、困苦與困擾？事情完成後，您的自我評價如何？是否留有遺憾？

墨人答：我是在寫完《紅樓夢的寫作技巧》之後就想修訂、批註《紅樓夢》的。因為我發現「程乙本」還有不少缺點（見《張本紅樓夢．序》），但曹雪芹並未親校此書，錯誤自所難免。我必須仔細讀，前後對照。在臺灣資料很少，我多從作品本身尋找、推斷。如從干支紀年中，推算各人的年齡的大小即是，好在這方面難不倒我。修訂部分我在序文中已有說明。

我最感遺憾的是湖南出版社的版本錯誤太多，我的《張本紅樓夢．序》就整整漏了一頁手稿六百字；其他錯誤不勝枚舉。我遠在臺北，無法校對。這一版《張本紅樓夢》辜負了我幾年心血、一片苦心，使我十分遺憾！常君實先生雖說設法在北京再版，但不知何年何月才能兌現？這本書真是我一生最遺憾的出版經驗！百口難辯。但一万一千套上下兩大卷硬殼封面版很快賣光了，錢不用多再撒，代理人常君實卻得了實惠，總比出書送不掉強。

問六：通過數十年苦楚的閱讀、思索、研究之後，身為作家的墨人先生，您能否介紹一下您對《紅樓夢》的審美認識及其藝術發現？

墨人答：《紅樓夢》不能以一般的美學觀念來看。《紅樓夢》的美是曹雪芹的思想之美、情操之美、人格之美。

載一九九八年，《九江師專學報》，第三期，〈墨人研究〉專欄
作者為該校教授兼學報主編，「墨人文學研究中心」主任，九江作家協會副主席

為了更完美

——墨人修訂、批註的《張本紅樓夢》推介與感言

羅龍炎

〔內容提要〕墨人修訂、批註的《張本紅樓夢》在大陸出版了。墨人為甚麼要對《紅樓夢》進行修訂、批註呢？墨人修訂、批註的《張本紅樓夢》有何特點呢？本文認為，其動機的核心在於追求更完美。

〔關鍵詞〕墨人 修訂 批註 《紅樓夢》

最近，有機會讀到一種新版《紅樓夢》，由湖南出版社於一九九五年十二月一日第一次出版的《張本紅樓夢》。

《張本紅樓夢》正文前，並列有三位人物小傳。一位是《紅樓夢》著者曹雪芹的小傳，一位是《紅樓夢》後四十回殘稿輯補者高鶚的小傳（註一），還有一位是墨人的小傳。〈墨人小傳〉云：

《紅樓夢》修訂、批註者墨人，中國現代著名（兼擅中國新舊文學）的詩人、作家、學者、著名

的紅學家。本名張萬熙，江西九江人。一九二〇年生。曾任報社主筆、總編輯、總經理、香港廣大學院中研所客座指導教授等。著有《全唐詩尋幽探微》、《全唐宋詞尋幽探微》、《紅樓夢的寫作技巧》，長篇小說《白雪青山》、及一六〇萬字的長篇鉅著《紅塵》等四十八種，一千餘萬字。並榮列《國際詩人名錄》、《國際作家名錄》、《國際文學史》、《世界名人錄》等二十餘種名錄。創作五十餘年，祇問耕耘，不問收穫。設在美國深受世界尊重的國際大學基金會一九八八年授予榮譽文學博士學位，艾因斯坦國際學院基金會一九九〇年授予榮譽人文學博士學位，世界大學一九八九年授予榮譽文學博士學位，英國劍橋國際傳記中心一九八八年禮聘為副董事長。

墨人本名姓張，所以他修訂、批註的《紅樓夢》定名為《張本紅樓夢》。

墨人為甚麼要修訂、批註《紅樓夢》、出版《張本紅樓夢》呢？

這主要是與墨人對《紅樓夢》的深愛分不開的。作為一個詩人和作家，墨人對《紅樓夢》十分推崇。在他看來，《紅樓夢》是「一部長江大河般的氣勢磅礴的空前絕後（到現在為止還沒有第二部足與《紅樓夢》等量齊觀的大長篇小說）的鉅著」、「是經典之作」。他對這部偉大的文學遺產進行了十分深入的研究。與考證學派不同，他的研究主要從文學創作的角度。注力於《紅樓夢》文本本身的研究。他說：『我不是考據家，我熱愛《紅樓夢》完全是從文學創作觀點出發。』他認為，胡適對《紅樓夢》版本問題、曹雪芹家世問題和《紅樓夢》時代背景的考據，所做的貢獻不可否認，但不能代表《紅樓夢》研究的正確方向。《紅樓夢》研究的正確方向應當回到《紅樓夢》文本本身，回到文學本身，著重研究《紅樓夢》的文學思想與寫作技巧，「應該依據現在能夠讀到的這一百二十回本子的《紅樓夢》建立起文學理論來」，「目的是在如何接受這部偉大的文學遺產，而不是考證晴雯的頭髮、大觀園的建築圖樣乃至桌椅板凳。」（註二）

六〇年代初開始，墨人先後在文復會小說研究班、馬尼拉華僑文講會、東吳大學、東海大學、新竹師專、中央大學、國際文藝營等處，多次就他的《紅樓夢》研究進行演講。在馬尼拉華僑文講會的演講時間，長達一個月。研究之精細，由此可見一斑。後經反覆修訂，墨人的《紅樓夢的寫作技巧》一書，於一九六六年在臺灣商務印書館出版。

正是這基於推崇喜愛之上的深入探討與研究，使墨人在曹雪芹的思想、《紅樓夢》的主題以及結構、人物、語言技巧諸多方面，形成了自己獨到的見解。他的〈撥亂反正說紅樓——論曹雪芹思想與《紅樓夢》的寫作技巧〉一文，集中而簡明地闡述了他的主要見解，體現了他的《紅樓夢》觀（也許正因為如此，墨人將這篇文章收入了《張本紅樓夢》，並緊列於《張本紅樓夢．序》之後）。也正是因為深入的探索研究，墨人發現了《紅樓夢》中存在的一些問題：

我知道《紅樓夢》有不少缺點，因為《紅樓夢》是一部大書，千頭萬緒，照顧不周。而最大的毛病是人物的年齡問題，景物時序問題等等。此外章回之間有很多需要前後調整， 回目也有幾處應該更改。（註三）

問題的發現當然不是墨人對前人的苛責；相反，作為一個深深體驗過創作甘苦的人，墨人十分理解問題的原因所在，十分同情、尊敬曹雪芹。正如他在《張本紅樓夢．序》中指出：曹雪芹窮愁潦倒，費時十年、增刪五次，可謂苦心經營。但他最終畢竟沒有留下一部完整的《紅樓夢》來。後經傳閱抄錄，坊間「繁簡歧出，前後錯見」，出現矛盾紕繆是必然的事。像《紅樓夢》這樣一部篇幅巨大的傑作，千頭萬緒，即使出自曹雪芹一人之手，也會有照應不周的地方。即使如此，《紅樓夢》當然仍然不失其偉大。但是，正是這些問題的發現，觸動了墨人修訂《紅樓夢》動機：「對於這一偉大的傑作，既然發現它有一些瑕疵，為甚麼不再花些時間修訂一下，使它更完美呢？」（註四）

七〇年代中期，臺灣文藝為「洋瘋癲」所困，墨人不願流為文丐，意欲停止創作。其時，他潛心做了兩件事。一件是研究中國文化，另一件就是修訂《紅樓夢》。墨人自然知道修訂、批註《紅樓夢》是一件「很不簡單」的事，也是一件「吃力不討好」的事。事實上，挑《紅樓夢》毛病的人也不少，但一直沒有人出來修正這些毛病。墨人卻帶著一個中國作家的使命意識、藝術追求與奉獻精神，義無反顧地認真地做了這件「吃力不討好」的事。

至於修訂得是否完善盡美，墨人是坦蕩的。他說：「我不敢講那種大話，我祇是盡心盡力而為，同自己創作時毫無兩樣。如果我修訂、批註能對前輩曹雪芹和以後的讀者有些微的貢獻，我也就心安了。」又說「我祇是盡其在我，但成功不必在我，因此毀譽亦在所不計。」（註五）

墨人先生說，《紅樓夢》篇幅巨大，千頭萬緒，修訂可真不容易。墨人對《紅樓夢》做了怎樣的修訂、批註呢？

一是章回之間的調整。《紅樓夢》的整個結構，墨人認為天衣無縫，絲絲入扣，毫無破綻，是動不得的。但是，由於受「章回體」的影響，「有些章回之間界限不清」。為了使各章回的內容更完整，章回之間的界限更清晰，因而，章回之間「凡是跨前延後」的有關內容，墨人都一一做了調整。另外，「欲知後事如何，且聽下回分解」之類的「俗套」，墨人也「一概取消」，另行銜接。

譬如，《紅樓夢》第一回，寫「甄士隱夢幻識通靈，賈雨村風塵懷閨秀」，寫到賈雨村新當了縣太爺，差人傳話要見甄士隱，這時，甄士隱已出家一、二年了，卻把甄的岳父封肅嚇得目瞪口呆。至此，第一回就結束了。接下來，《紅樓夢》繼續寫了賈雨村如何見到封肅，如何善待他，又如何娶了甄家娘子丫環嬌杏作二房等等。這些敘寫都是第一回「賈雨村風塵懷閨秀」的內容，而與第二回「賈夫人仙逝揚州城」沒有牽連。但《紅樓夢》沒有把它們放在第一回結尾，而是放在第二回開頭。對此，墨人在一二回之間作了調整，為使內容與回目吻合，將第二回前面的這段敘寫移到第一回的結尾，並在銜接文字上略作刪節。

據粗略統計，墨人的《張本紅樓夢》約有四十多處在章回間作了類似的前後「移動」，還對四十多處的銜接文字作了刪節。

二是回目的修訂。墨人修訂《紅樓夢》部分回目，主要是「針對內容，更改回目」，使它有「暗示性、代表性」，使內容與回目一致。

譬如，第十四回，原來的回目是：「林如海靈返蘇州郡　賈寶玉路謁北靜王」。《張本紅樓夢》將這一回目改為：「王熙鳳威震寧國府　賈寶玉路謁北靜王」。為甚麼這樣改？一是這一回中寫鳳姐管理寧國府的內容，遠遠比寫林如海靈柩返回蘇州的內容多。二是作為人物形象，鳳姐在這一回的地位，也比林如海重要得多。在這一回中，寫林如海靈返蘇州祇是一段話的交代：賈璉打發昭兒從蘇州回來，鳳姐問他回來做甚麼？昭兒道：「二爺打發回來的，林姑老爺是正月初三巳時歿的。二爺帶了林姑娘，同送林姑老爺的靈到蘇州，大約趕花期回來。二爺打發奴才來報個信兒……」僅此而已。顯然在敘寫中，林如海的地位微不足道。相反，王熙鳳的描寫在這一回卻有無比的重要性。王熙鳳到寧國府料理秦可卿的喪事管理內事，卻寫得有聲有色而詳細入微。先以烘托之筆，寫寧國府總管賴升聽說鳳姐要來，便傳齊同事人等，告知大家王熙鳳「是個有名的烈貨」，並叮囑大家「小心伺候才好」，藉此造勢，顯示鳳姐之聲威。繼寫鳳姐處事分派得體麻利又臉酸心硬。點名時有一個人因遲到求饒，她卻來個殺雞儆猴：「明兒他來遲了，後兒我也來遲了，將來都沒有人了！本來要饒你，祇是我頭一次寬了，下次就難管別人了，不如開發了好。」一頓時放下臉來，叫：「帶出去打他三十板子！」很快，一個亂糟糟的寧國府，一下就被鳳姐整下來了。因此，墨人說：「這樣的王熙鳳在第十四回中豈可不佔半個回目？」所以，他將第十四回回目中的「林如海靈返蘇州郡」改成「王熙鳳威震寧國府」，以使這一回的回目與敘寫的內容吻合一致，使王熙鳳這個重要人物更為醒目。

關於回目的修訂，《張本紅樓夢》一共有四處：第十四回、二十八回、三十一回、一百零五回。

三是重新分段分行。這主要是為了現代讀者，特別是年輕讀者的閱讀方便。舊章回小說往往不分段分行，甚至也不講究標點。現在流行的《程乙本紅樓夢》雖然有了標點，但分段分行還是注意不夠。為了適應現代閱讀的需要，使作品讀起來更清爽更親切，墨人除了採用新式標點符號外，還採用現代小說分段分行的方式對《紅樓夢》進行了標點與分段分行。在分行中，特別把對話獨立出來，不管句長句短，一律如此。

四是勘誤。《紅樓夢》因曹雪芹過早逝去，沒有留下一部完整的手稿。《程乙本紅樓夢》雖經程偉元、高鶚之力校補，矛盾紕繆之處仍有不少。對此，墨人都一一作了勘誤。這些勘誤，大致有四類。

第一類是關於時間節氣上的。譬如第十一回，寫老太太在「天氣又涼又爽、滿園的菊花盛開」時吃了大半斤桃子，吃壞了腸胃。墨人指出，這是時令與果子不對。「初夏桃子怎麼保留到秋天了？」「在菊花盛開的時候桔子倒是有的。」因此，他將「吃桃兒」改為「吃桔子」，並由此相應做了其他的改動，以求一致。諸如此類的勘誤，大約有十來處。

第二類是關於景物的。譬如第二十六回，寫怡紅院景物有「兩隻鶴在松樹下剔翎」，這與第十七回和三十六回關於怡紅院「芭蕉」的敘寫景物不一致。由此，墨人將「松樹」改為「芭蕉」，以補疏忽。《張本紅樓夢》中的這類勘誤，僅此一處。

第三類是關於稱謂的。第八十六回寫薛蝌為薛蟠打官司，呈文時說：「竊生胞兄薛蟠……」

事實上，薛蟠是獨子，他和薛蝌應是堂兄弟關係，所以「胞兄」是「堂兄」之誤，故改「胞」為「堂」。《張本紅樓夢》諸如此類的勘誤，亦近十來處。

第四類是關於年齡生日的。按墨人說，《紅樓夢》的人物年齡是讀者最感困惑的地方，也是他修訂《紅樓夢》最頭痛的問題，因為人物年齡前後矛盾的地方很多。

譬如黛玉與寶玉的年齡。第二回寫黛玉「乳名黛玉，年方五歲」。一年後，她去外婆家賈府，該是六歲多。第四十五回黛玉自道：「我長了今年十五歲……。」這一年歲次辛亥，而「五歲」那一年，歲次戊申，但由此推算戊申那年黛玉就該是十二歲，到賈府，就該十三歲。

到底那一個正確呢？墨人認為黛玉在戊申那年應該是十二歲，才比較合情理。他講了四點理由：其一，第三回她進賈府，作品對她的描寫是少女而不是小女孩子：「眾見黛玉年紀雖小，其舉止言談不俗，身體面貌雖弱不勝衣，卻有一段風流態度，便知她有不足之症。」其二，這一回寶玉初見黛玉，從他眼中看到的黛玉也是一個情竇初開的少女：「寶玉早已看見了一個裊裊婷婷的女兒，便料定是林姑媽之女，忙來見禮。……祇見：兩彎似蹙非蹙籠煙眉，一雙似喜非喜含情目……。」其三，黛玉說：「……在家時記得母親常說，這位哥哥比我大一歲，小名就叫寶玉……。」第三回黛玉初見寶玉時，從她的眼中所看到的寶玉則是一個「青年公子」：「及至進來一看，卻是位青年公子。頭上戴著束髮嵌寶紫金冠，……。」按寶玉是一個「青年公子」，又大黛玉一歲推算，黛玉到賈府時也應是十三歲，而寶玉其時當是十四歲。其四，第五回寫寶玉在秦可卿床上初遊太虛幻境與警幻仙姑的「妹妹」行「雲雨」之事，以及隨後第六回又與襲人「初試雲雨情」，也明顯顯示寶玉是一位「青年公子」，可做補證。因此，墨人將黛玉進賈府定在十三歲，寶玉其時則十四歲。並以此為基礎，相應改訂了與此有矛盾的許多地方，並由此類推確立出寶釵、襲人、晴雯、香菱等人年齡。

《張本紅樓夢》中，類似的改動還有不少。

五是眉批、尾註。這是輔助閱讀的工作。

眉批是墨人修訂、批註《紅樓夢》的重要部分。墨人是一個有長期寫作體驗的作家，他從更好地接受這部偉大文學遺產出發，從文學創作的角度入手，結合自己的寫作體驗，通過眉批方式，對《紅樓夢》的人物描寫、故事結構、文學思想、作品主題，以及修訂方面，作了許多評點與分析。目的在於幫助讀者，尤其是年輕讀者更好地閱讀《紅樓夢》。這些眉批總共約有四百七十多條，以區別正文的小楷體字並加上方框列在所批文字的旁邊，十分醒目。

尾註，列在每個回目的後面，是對正文中的一些生僻詞語或方言的當代化、通用化的解釋。細算下來，至少也有五六百條，同樣傾注了批註者大量的心血，目的同樣也是助讀（墨人註：尾註非本人之力，不能掠美，究係何人功德？不得而知）。

除了眉批、尾註之外，《張本紅樓夢》正文前，還附有一張《紅樓夢賈府人物系統圖》、〈紅樓夢人物提要〉（墨人註：人物系統表、人物提要亦係沿用，非本人之力，究係何人功德？亦不得而知。包括主角賈寶玉、林黛玉、薛寶釵，十二金釵，榮寧二府本支人物，幻異人物）、〈論曹雪芹思想與紅樓夢寫作技巧〉，以及墨人的〈序〉等。所有這些，都是墨人為了幫助當今讀者，特別是年輕讀者閱讀《紅樓夢》、理解《紅樓夢》，從而更好地接受這部偉大的文化遺產所特別用心做下的工作。它們集於一書，顯示了《張本紅樓夢》所特有的面貌。

經過墨人所修訂、批註的《張本紅樓夢》是否「完善盡美」，時間和廣大讀者自有公論，現在不必急於下結論。但，墨人為此所做的許多方面的工作，的確誠如他自己所談，「都很不簡單」（註六）。其中，的確有不少令人感動或發人思考的東西。

首先，值得重視的，是他研讀《紅樓夢》的那份執著認真和那種非同一般的態度。

在中國，乃至全世界，推崇《紅樓夢》的人當然不少，但是像墨人那樣摯愛著那樣精細的研讀者，恐怕並不很多。精研者中，像墨人那樣注重從文學創作的角度，而不是考據的角度接受和繼承這部偉大的文學遺產者則更少。從文學角度研究《紅樓夢》的又以專事文學評論或教授者居多，而像墨人作為一個作家這樣面對《紅樓夢》的恐怕是少而又少了。大陸當代作家中，好像祇有王蒙等少數幾位作家研讀《紅樓夢》的成果產生了一定的影響。墨人曾幽默自道：「捧《紅樓夢》的話我說得比任何人都多。」就作家層面而言，這話看來並非「言過其實」。這種情況清楚地表明，在接受繼承《紅樓夢》這份偉大的遺產的事業中，我們的作家從文學創作角度所做出的努力與成果還十分有限，與《紅樓夢》的考證和理論批評相比，是很不相稱的。顯然，這是一種缺憾。繼承《紅樓夢》遺產，從一定的角度講，作家與創作層面的繼承應該是主體，至少是一個很重要的方面。由此觀之，墨人強調和呼籲《紅樓夢》研究的正確方向，應當回到《紅樓夢》文本本身，回到文學本身，是必要的，也是值得重視的。

墨人在這方面是一個自覺的先行者。他在這方面做了多種努力嘗試，取得豐碩成果。其一是研究成果——即一部十幾萬字的《紅樓夢的寫作技巧》和一批論文及演講。其二是研究與寫作結合的成果——即上述《張本紅樓夢》。其三是創作成果——即一部一百六十多萬字的大長篇小說《紅塵》。這部小說，寫於八〇年代中期，是墨人退休後潛心寫出的作品，是墨人文學作品中最具代表性的宏篇巨製。大陸和臺灣都先後出版了這部小說（墨人註：大陸由黃河文化出版社出版的前五十四章樣書，因無書號，未正式發行），出版後產生了廣泛的影響。像《紅樓夢》的視角一樣，《紅塵》就是通過一個家族的視角，以作者對中國文化的獨到見解與見識，將近百年中華民族的深重苦難與人間世態炎涼，史詩般地展現出來的。這部小說，在諸多方面，深得《紅樓夢》滋補。著名作家雁翼在大陸版《紅塵．序》中介紹：居在舊金山的謝冰瑩老人說：「《紅塵》可以和林語堂風行歐美社會的長篇小說《京華煙雲》相比，甚至稱《紅塵》是《紅樓夢》第二。」的確，《紅塵》可以說是吸足了《紅樓夢》養份而開出的艷麗花朵。

所有這些實績與成果都清楚地表明，墨人的《紅樓夢》研讀，的確「回到了文學本身」、「回到了《紅樓夢》文本本身」。儻若我們的作家中，至少是些表示十分推崇《紅樓夢》的作家中，假如能多有幾個人像墨人這樣來「捧」《紅樓夢》，那麼，這塊園地上的花朵一定比現在繁榮美麗得多。

其次，墨人修訂、批註《紅樓夢》的器度與魄力，也確實令人感動。

墨人明明知道《紅樓夢》是不可企及的傳世傑作。他多次在分析介紹《紅樓夢》的思想與寫作技巧中，稱其思想深刻，具有深厚的中國文化傳統；稱其結構布局、匠心獨具，絲絲入扣，呼應伏筆，不同流俗；稱其故事平實近人，但由於作者的高明，生活細節中，卻表現了深刻無比的人性，空靈灑脫的人生境與哲學思想；稱其語言運用爐火純青，獨步古今，充分發揮了中國語言的特性和優點，活靈活現地刻畫出了各種人物的形象、心理、性格，簡直妙到毫顛，出神入化。面對自己這樣崇拜的一部傑作，以及它的廣泛深遠的影響，墨人也明明知道，修訂很有可能是一件「吃力不討好」的事。弄不好很有可能招致「標新立異」、「吹毛求疵」或者「掠美」之譏。還對一個作家的聲譽，尤其是一個具有影響的作家的聲譽來講，不能說不是重要的。為了《紅樓夢》更完美，為了「貢獻愚者一得」，為了現代讀者讀起來更清爽親切，墨人「毀譽在所不惜」，還是決意選擇了艱難的「修訂」、「批註」。明知山中有虎，偏向虎山行。沒有寬宏的器度與堅毅的魄力是跨不出這一步的！

再次，墨人修訂、批註《紅樓夢》的眼力、功力與底氣，也是值得我們作家，特別是青年作家看重的。

「瑕疵」的發現，章回之間的調整，回目的修訂，年齡的推算，錯誤的勘正，以及大量的眉批，不僅涉及到寫作技巧上的種種知識、體驗和駕馭能力，而且大量涉及到天文、地理、曆法、物產、氣候、社會、人生、文化、人情、風俗等廣闊領域的種種知識。如果沒有廣博的見識，沒有豐富的閱歷及人生體會，沒有大量的創作實驗與體驗，沒有由此而來的眼力與功力，這些修訂、批註工作是不可能完成的，更不可能做得如《張本紅樓夢》那樣精細。譬如寶、黛的年齡問題，如果沒有中國傳統的曆法推算知識，沒有中國傳統的服飾知識、沒有青年男女的心理、心態及其描寫的把握，這個問題很可能發現不了；或者即使發現了，也無法做出正確推算，也就更用不著說修訂了。又如《張本紅樓夢》，那四百七十多條眉批，更集中體現出墨人作為一個作家閱讀《紅樓夢》的種種體驗和獨到的眼光。諸如此類，這樣的眼力，這樣的功力，這樣的底氣，對於一個作家，的確是不可多得的難能可貴的，但又是應該具備的。

註一：關於高鶚「輯補」《紅樓夢》說，墨人先生在其著〈三更燈火五更雞，撥亂反正說紅樓〉一文中說：「我祇相信『輯補』，不相信『續寫』，因為凡是從事小說創作的作家都知道，小說創作是個別作業，不能假手他人，即使故事可續，風格絕難一致。《紅樓夢》後四十回與前八十回並沒有格格不入的毛病。」

註二、三：參看墨人《山中人語》，第二四七～二五六頁、第一三頁。

註四：《張本紅樓夢．序》，第二頁。

註五：《張本紅樓夢．序》，第二頁、第三二頁。

註六：《張本紅樓夢．序》，第三二頁。

原載一九九八年，《九江師專學報》，第三期〈墨人研究〉專欄

作者為該校教授、校長辦公室主任，華中師範大學訪問學者

墨人校對後記

《紅樓夢》是中華民族最珍貴的文學遺產，曹公之外也有後人的點滴心血。我的修訂、批註祇是奉獻愚者一得，希望使《紅樓夢》「更完美」。《白雪青山》、《紅塵》、《娑婆世界》等長篇小說才是我自己的創作。《紅塵》在字數方面遠超過《紅樓夢》，評價方面可參看畫餅樓主與廣州暨南大學教授潘亞暾先生等鴻文。癩痢頭的兒子是不是自己的好？對中華民族的文化、文學是正是負？有待有心讀者判斷。曹公後先有程偉元、高鶚兩位知音竟其全功，兩百年後又有在下竭盡棉薄使成完璧。但西風壓倒東風已經一個世紀，國人已成中國文化文學的破落戶，失去了國粹，也迷失了文化方向，「新新人類」更「數典忘祖」。我生不逢辰，有生之年恐難目睹《紅塵》、《娑婆世界》在大陸出版。現在兩岸同胞都愛吃麥當勞「漢堡」，忙著賺大錢、發大財，都想做美國大投機家索羅斯，靠電腦成為世界首富的蓋茲。現在大陸一般青年多不識正（繁）體字，不大能讀古典文學作品和史、哲典籍，臺灣「新新人類」既不讀《紅樓夢》，也難讀懂《紅樓夢》。我死後自然更難「鹹魚翻身」，不會像曹公一般「走死運」。念天地悠悠，我雖前見古人，卻後不見來者。我又守五戒、不飲酒，不能像鄉先賢陶淵明、詩仙李青蓮，一醉解千愁。祇好「蜻蜓食其尾」，自己喝自己的血、喝自己的淚了。

新聞與文學

墨 人

編者按：本文係墨人教授應邀赴美，在「美國中文新聞通訊電視電臺記者協會」主辦的「全球中文新聞傳媒學術交流研討會」中的演講全文，由美寄來本報，特獨家分期發表，以饗海峽兩岸讀者。

新聞文學雙玉樹，
綠葉扶持錦上花。

新聞記者首先必須具備寫作才能，而且要有倚馬之才，下筆快捷，一揮而就。不論是新聞稿件、特寫、專題報導、社論，都要搶時間，分秒必爭，不能慢吞吞。不具備這種條件，就不能當文字記者、編輯人員。今天與會的諸位女士、先生，都是個中高手、老手，人人都是高才、長才。因為記者具備了這種先天優勢，所以很自然地會走上作家這條道路。不過記者與作家的工作性質、因素稍有不同。不同的是：

一、記者必須搶時間；作家可以搶時間，但是不必搶時間。

二、新聞報導、評論與文學創作的性質不同。新聞報導評論，必須依據事實、人、時、地等先決條件客觀撰寫，必須忠實、準確，不能偏頗。而文學作品是表現自我的，表現作者的內心世界，不必依據事實、人、時、地等先決條件來寫。而小說日多為虛構(fiction)，作者可以依據事實，但人、時、地可以完全不同，更可以完全虛構。所以作家揮灑的空間很大，記者揮灑的空間較小。因此，作家更能表現才華。

三、記者行動多於思考，作家可以長年思考而不必行動。

四、記者較少能依據個人的好惡、意志、自由寫作，盡情揮灑，作家雖然也受客觀條件限制，但可以完全自由寫作，甚至作白日夢亦無不可。

基於以上四種不同的性質、因素，和我個人愛幻想、思考、好靜不好動的性格，經過新聞、文學先後二十年的互動關係，我決定了終身走文學創作這條路。

記者生涯不是夢，
點點滴滴在心頭。

民國二十八年秋，抗日戰爭十分艱苦的時候，我從軍校畢業，也同時考取中央訓練團新聞研究班第一期，接受新聞專業訓練，同期的同學有留日的詩人覃子豪等留日學生，以及剛由政大、復旦大學新聞系畢業的馬志鑠、邵德潤、楊先凱等。那時前線浴血抗戰的官兵，不但武裝不如日軍，精神食糧更十分貧乏，我和覃子豪是第一批派赴第三戰區前線提供官兵精神食糧的新聞尖兵。第二批派赴前線作新聞尖兵的有現在在會場的第二期學長、現任中華新報社長的陳洪鋼兄。後來他放下筆桿成為反攻緬甸，出生入死，創造輝煌勝利的遠征軍校級指揮官，抗戰英雄。來臺灣他又擔任裝甲兵旅長，可以說是文武全才。

抗戰時作戰地新聞尖兵，十分艱苦，物資十分缺乏，前方官兵看不到報紙，我初到戰地祇能靠一臺收音機收聽中央廣播電臺的新聞，我在凍指裂膚的嚴冬，親手寫鋼版油印簡報送到最前線官兵手中，後來我與地方報社熟了，主動義務為報社編第一版要聞，出報後，再換一個《掃蕩簡報》報頭加印我們所需要的報份，仍由軍方按編制單位送到最前線給官兵閱讀，我在贛東北前方作了兩年的新聞尖兵，因結婚的關係才轉到後方新聞界工作，大多時間在蔣經國先生主政的贛州，當時贛南各縣先後創辦了四開報紙，我也在崇義創辦了《公理報》，崇義產紙，《公理報》比後方各地的報紙紙張都好，重慶的各大報紙更不能比。當時贛州有三大報，即《正氣日報》、《贛南民國日報》、《青年報》。後來我又在《贛南民國日報》編輯部工作了一段時間。那時日軍日夜空襲，夜間放警報時停電，我們便將窗口用黑布遮住，以臘燭、油燈照著編輯國內外重要新聞，白天照常出報。可是我通宵工作，白天又不能睡覺，要跑到郊外去躲警報，長期睡眠不足，營養不良，心臟咚咚跳個不停，如果不是日軍攻佔贛州，我長途逃難，我一定會死在編輯桌上。逃到贛東北樂平以後，我又進入當地《長江日報》編第一版要聞，美軍在廣島投下第一顆原子彈的新聞就是我親手編的。當時中央社特派員曹聚仁先生和我都不明白這是甚麼炸彈？怎麼會有那麼大的威力？曹聚仁、鄧珂雲夫婦，是我在民國二十八年冬天在撫州前線認識的，我們從贛州先後逃到樂平（在贛州時我們常在編輯桌上碰頭，他能一面和我談話一面寫方塊文章），他們的女公子，以演「李香君」一角紅透大陸的名表演藝術家，同時是作家的曹雷，那時才三、四歲。

抗戰勝利後，國防部在南京成立軍聞社，社長是我在新聞研究班的同期學長楊先凱。他原是復旦大學新聞系畢業的，因此，我便進入軍聞社編輯部工作。後來軍聞社遷到廣州，他要我同他一道去重慶主持編輯部。我因一家六口，不能同去，乃來臺北參與籌設分社工作。但時局瞬息萬變，楊先凱學長在重慶下落不明，經費來源自然斷絕，我便在二期學長楊鳴濤的推薦下任臺北市《經濟快報》主編（後該報易名《經濟時報》，為《聯合報》組成份子之一），但該報經費十分困難，不但薪水無著，連夜點費都成問題。我一家六口住在萬華一家小旅館內，實在撐不下去，白編了八夜報紙，睡了八夜編輯桌，乃南下左營任海軍總部祕書，三年後調任左營軍中廣播電臺副臺長，並負責審稿。又三年後臺長高升，上級要我接任，我因道不同，不相為謀，堅不接受，乃輾轉調任國防部總政治部參謀，主辦三軍報刊業務，當年的《青年戰士報》即軍中報刊之一。後來我又調任軍聞社資料室主任，重作馮婦，民國四十九年，我自動請求假退役，以免擠入官路，並專心寫作。

此後我當了七、八年的職業作家，埋頭寫作，寫了二十幾本書，培植了五位子女到大學畢業，次子並獲美國華盛頓大學化學工程博士學位。

後來國民大會創辦國內唯一的大型的《憲政思潮》學術專刊，高稿費、高水準，我又應邀專任該刊編輯工作，長達十八年（同時兼任東吳大學中文系副教授更長達十九年），後四年任資料組組長兼圖書館長，主管全盤出版、編輯、及圖書業務。為了創作一百多萬字的大長篇小說《紅塵》，我不願延至七十歲退休（當時國民大會、立監兩院簡任級主管多延至七十歲退休），六十四歲時曾三次請求退休不准，六十五歲時則不能強留而依法退休。我這一輩子的工作，不論在任何崗位，均與編輯、文學結不解之緣。

如果當初我不是進入新聞界工作，我可能不會終生從事文學創作，不論是外勤記者、內勤編輯，都比其他的工作有更多接觸文學的機會。更多的認同，因為我們的中文報紙有一大特色，就是文學佔了很重要的地位和相當大的篇幅，抗戰時期如此，現在亦然。尤其是臺灣報紙副刊，四、五十年來一直如此，過去的雜誌，也有不少文藝篇幅，大陸的報紙副刊雖然沒有臺灣的報紙的篇幅大，但文學雜誌相當多。報紙副刊和文藝雜誌可以說是「文學的溫床」，而記者、編輯和作家的同性質也高於其他行業，因此，我十分自然走上文學創作這條不歸路。這條路已經走了六十年，我會一直走到老死。與我年齡相近的作家老早停筆了，但我去年還完成了《墨人詩詞詩話》、《全宋詩尋幽探微》兩書，最近我開始寫另一部長篇小說《娑婆世界》。

但是文學這條路不是康莊大道，作家所遭遇的挫折，比記者、編輯都多得多，其中的變數太大，成就感太少，尤其是一位有文學良心的作家，所遭遇的挫折更大。因為作家往往受非文學因素、外在的干擾影響很大，那是作家本身沒有能力克服的。作家必須有百折不撓的堅強意志，才能堅持下來，很多作家往往半途而廢，或是出一兩本書就不再寫，就是作家的誘因太少，阻礙的力量太大。其中有兩股最大的阻礙力量：一是創作、出版尺度太緊；二是商業化；另外還有盲目崇洋媚外一窩蜂，使文學異化。文學是植根於作家生存的歷史文化傳統中的一種精神活動，需要海闊天空，需要光風霽月，才能寫出高品質的理想作品。同時文學作品在本質上就不是商品，文學作品一商業化，必然庸俗、淺薄（文學作品一失去民族文化、歷史特性，便成為無根的浮萍）。這都是文學的致命傷，作家的殺手。

以拙作大長篇《紅塵》（手稿一百六十萬字，以四本書的版面計算，則近兩百萬字，超過《紅樓夢》、《戰爭與和平》各約四十萬字）來講，我構思了十四年才動筆，可是那時的報紙副刊連短篇小說都很少刊登，也很少人寫，更別談大長篇了。出版界早已流行輕、薄、短、小，短篇小說都不肯出版，更別談大長篇了。我不是不知道這種情形，但我反而放棄延任，待遇穩定，優渥的職務，寧願拿七成八乾俸的月退休金，而專心寫作。朋友好意相勸要我不要做這種傻事，遠在舊金山的三〇年代作家謝冰瑩大姐，看了《中央日報．副刊》我寫的〈三更燈火五更雞〉短文，更飛函勸我愛惜身體，不要拚老命，我還是照寫，因為我有不完成這部作品死不瞑目的決心。雖然寫到半途還是出了毛病，幾乎中風，住院治療一週之後我又接著寫，寫到九十二章，眼睛又出了嚴重的飛蚊症，人也精皮力竭，共寫一百二十萬字，祇好暫告一段落，等以後再寫完一百二十章。我先將九十二章寄給《中央報紙．副刊》探路，編者很想發表，但主編覺得要登兩三年，時間太久希望我濃縮為五十萬字發表，我不同意，後寄《新生報副刊》，他們也以篇幅太長，考慮很久，商議多次，才決定發表，連載了一千零三十七天，讀者反映很好，但報社不敢出版，因為怕賠錢。後來新任社長邱勝安先生，力排眾議，甘冒風險，終於在八十年二月出版了一套三大冊，兩千部，該社沒有發行網路，全靠函購、面購，半年後，接任社長葉建麗兄才交由一家書報社送臺北金石堂少數書店經銷，第一版六千冊很快銷完，書報社和報社都賺了不少錢，接著印第二版，葉建麗兄還要我趕寫一百二十章，我用了五個月零五天時間寫完了，手稿四十多萬字，報社隨即發表，於民國八十二年出版，一共四大冊，以版面計算長近兩百萬字。一樁心願終於完成。這真是一大異數。

廣州暨南大學教授潘亞暾先生，看了《紅塵》第二版上、中、下三卷九十二章之後，寫了一篇評論，題為〈凌雲健筆意縱橫——民族浩劫的偉大史詩《紅塵》讀後〉，文中指出：「墨人史識遠超曹雪芹，視野廣於曹雪芹，關懷民族命運更非曹氏所能比。」又說：「墨人早生二百年，也未必會寫出《紅樓夢》；曹雪芹晚生二百年，就肯定寫不出《紅塵》！」我與潘教授無一面之緣。

北京文聯出版公司編者看了《紅塵》上、中、下三卷之後，也打算出版，但格於現實環境，特別將刪節之處列表寄我，徵求同意，因有損結構及原作氣勢、韻味，我未同意，這是一九九三年的事（該公司先出了我的《紅樓夢的寫作技巧》和另一長篇《春梅小史》）。以後又有別的出版社想出版，也是卡在刪節問題上，未經審批，誰也不敢出版。憑良心說，書中我還有不少保留，並未依據事實振筆直書，我祇是本著文學良心，寫歷史真相，以填補歷史空白，不然我這一代的作家，不能向後代子孫交代。三十年代的作家交了白卷，這是中國文學的一大損失，無可彌補。在我有生之年，《紅塵》恐怕不可能出大陸版。我期望中華民族的文學良心的自然覺醒，在下一個世紀的某個年代，十多億同胞有機會看到《紅塵》，因為它是寫中華民族一百年來歷經浩劫的文學作品。

我三十年前出版的另一部在《中華日報》連載的長篇小說《白雪青山》北京京華出版社倒是連出了兩版，在臺灣先出過三版。一九九八年十月二十七日的臺北民生報許昌平先生《書的啟示》欄專訪經濟部次長尹啟銘先生一文，承作家郭嗣汾兄看後剪寄給我，節錄如下：

民生報

中華民國八十七年十月二十七日／星期二

《書的啓示》

尹啓銘看〈白雪青山〉嚮往空靈脫俗的意境

●念交大時主修計算機控制工程，曾當過最年輕工業局長的經濟部次長尹啟銘，是個愛書人，他看的大多是充滿文藝氣息的小說，包括了司馬中原的「狂風沙」、墨人的「白雪青山」、陳之藩的「劍河倒影」、紀曉嵐傳、孤獨紅的武俠小說、鹿橋的「未央歌」、及三國演義等。

尹啟銘說，他很欣賞有智慧又有幽默的人，像諸葛亮的計分三國，紀曉嵐反應很快，年紀越大越像小頑童，都對他的為人產生一定影響。此外，他很喜歡看武俠小說，不過，他最愛孤獨紅的武俠小說，共收藏了上百本。

尹啟銘說，除了小說外，他也很喜歡讀散文，其中有本復興書局出版的散文集是他的最愛，這本散文集已經絕版了，但是到現在他再也找不到一本散文集比得上它，書中有個小故事：他在念台南一中時很認真學英文，當時英文課本是由復興書局出版楊景邁所寫的高中英文，由於是首版，編排並非盡善盡美，他從書中挑出了一些錯誤寄回復興書局，最後復興送他一本散文集致謝，這本就成為他最喜歡的散文集。

不過，如果一定要選出一本書，尹啟銘選擇墨人的「白雪青山」。他說，他從小就是看中華日報副刊連載的「白雪青山」長大的，到如今他對書中描寫男女主角大雪中私奔到廬山，躲在山中別莊，與儒、釋、道、傳教士等流交往，那種大雪封山、天地蒼茫、各家思想交錯、空靈脫俗的感覺，記憶猶新，且很嚮往那種意境。尹啟銘的辦公室收藏了很多飛機模型，也許是難忘那種悠遊白雲、自由自在的感覺吧！

（許昌平）

四十多年前的拙作，一位科學家處長，居然還記憶猶新，在這個一切向錢看的社會，也是一大異數。

我創作七十年，共出版有《全唐詩尋幽探微》、《全唐宋詞尋幽探微》、《紅樓夢的寫作技巧》、《白雪青山》、《墨人半世紀詩選》、近兩百萬字四大冊的大長篇《紅塵》、《紅塵心語》、《大陸文學之旅》，修訂、批註的《張本紅樓夢》等五十多種，二千萬字。

一九六一、六二年，即連續以短篇小說與諾貝爾文學獎得主威廉福克納（William Faulkner）、拉革克菲斯特（Par Lagerkvist）、郭沫若等同時入選維也納納富（Neff）出版公司編選的《世界最佳小說選集》。其後又列入英、美、義、印度等國出版的《國際詩人名錄》、《國際作家名錄》、《國際文學史》、《世界名人錄》、《二十世紀傑出成就人物》、《二十世紀五百位有影響力的領袖》，以及大陸出版的十六開巨型中文本的《世界華人文學藝術界名人錄》、《世界名人錄》等三十餘種。

一九八八年曾獲美國國際大學基金會授予榮譽文學博士、一九九〇年美國艾因斯坦國際學院基金會授予榮譽人文學博士、一九八九年美國世界大學授予榮譽文學博士、英國劍橋國際傳記中心並禮聘為副[illegible]。

一九九一年，《紅塵》同時獲行政院新聞局著作金鼎獎及嘉新水泥公司文化基金會優良著作獎，中國廣播公司《小說選播》節目並於民國八十一年十二月一日起連續廣播《紅塵》六個多月，臺北廣播電臺又於民國八十四年一月起選播《紅塵》全書四冊。

一九九三年，大陸武漢市「中國當代作家代表作陳列館」設立豪華典雅的「墨人作品專藏室」，長期陳列展覽拙作；一九九五年，英國劍橋國際傳記中心頒贈「二十世紀文學傑出成就獎」。

一九九八年，英國劍橋國際傳記中心又頒贈「二十世紀文學與人文學傑出貢獻獎」，美國傳記學會頒贈「二十世紀最可欽佩的文學成就與社會貢獻獎」，江西省九江市師專成立「墨人文學研究中心」[illegible]。以上是過去的文學生涯。但過去的已經過去了，未來的文學前景如何？我不敢樂觀。我個人的新長篇《娑婆世界》何年何月才能出版？更祇有天知道。其原因有二：

一、科技的快速發展，產生了電視、電腦、機器人、電視新聞比報紙新聞傳播更快，電腦、機器人，也使人少用腦筋，少用氣力。因此，人的知識愈來愈廣，自己又可以省下不少腦力，連文學作品也不願看，因而自我思考的時間也就愈來愈少了。而哲學、文學更需要思考、反芻，不能撿別人的便宜、成果。文學與哲學唇齒相依，文學如果沒有哲學思想支撐，必然淺薄。電腦、機器人不可能成為哲學家、文學家。美國是科技最發達的國家，但產生不出老子、釋迦牟尼佛、孔子那樣的哲人，那樣的大思想家，也產生不出曹雪芹、托爾斯泰那樣的大作家，美國除了文化遺產不足，缺乏東方哲學思想基礎之外，個人的思考時間、深度不夠，也大有關係。科技對哲學、文學會產生排擠效應，但電腦絕對寫不出《紅樓夢》、《戰爭與和平》和拙作《紅塵》，自然更寫不出老子的《道德經》、釋迦牟尼佛的《金剛經》，也寫不出孔子的《論語》，機器人也不可能成為老子、釋迦牟尼佛、孔子。但它們的排擠效應會產生不良的後果，使物質文明與精神文明失去平衡，在文學方面，因為作家的哲學修養不足，作品自然顯現出思想貧乏、淺薄，徬徨、失望、矛盾，其所以如此，就是作家精神空虛，思想不能平衡。

二、是經濟的快速發展雖然改善了人類的物質生活，但也使人更貪婪、懶惰，看錢不看書，缺少精神修養，而去尋求感官刺激，於是出版商便以輕、薄、短、小，色情或煽情的作品去爭取他們和徬徨無主的年輕的讀者群，以假文學亂真，造成價值顛倒，是非不明。以市場佔有率、「排行榜」，作為價值判斷，因此，對文學造成了很大的傷害。

基於以上兩大原因，我特別提出一點期望和兩項建議：

一、作為文學溫床的報紙副刊，應該激濁揚清，多刊登一些有思想深度，能提升讀者思想、情操的作品。而文學作品中，能包羅萬象、深入淺出，又無過於小說，尤其是長篇小說。但近三十年來，小說已被逼進了死弄子，發表、出版都極其困難，長篇小說尤其困難。但長篇小說才是文學重鎮。《紅樓夢》、《戰爭與和平》，都是很好的典範。相形之下，二十世紀就顯得十分寒傖了！二次大戰以後，西方作家沒有寫出一部夠分量的作品。大陸三〇年代的作家也繳了白卷，不過這不是作家本身的問題，而是另有原因。報紙副刊的走向，則關係文運的興衰。二十世紀宣告終，往者已矣，來者可追，希望所有中文報紙副刊、文學雜誌，以具有思想深度，又極有感染力量的文學作品為重，開創文學的新紀元、新氣象。

二、希望美國中文新聞記者協會，能大力推動中文文學作品的翻譯工作。將二十世紀中有價值的中文文學作品，譯成外文，諾貝爾文學獎評審會十八位委員中，唯一懂中文的馬悅然教授就說過：中文作品如果不譯成外文，沒有人懂，評也無法評，怎能得獎（大意如此）？全世界用中文寫作的人口很多，讀者更多，但譯成外文的少之又少，而且是以輕、薄、短、小成本低的作品為主，如大陸的「朦朧詩」即其一例。美國中文新聞記者協會如果能夠成立一個「翻譯委員會」或「小組」推動此一重大工作，翻譯質量更高的中文作品，則功德無量。

三、新聞記者、文學作家是一而二、二而一的。記者又是最具影響力的意見領袖，但是文學作品比較不會成為「明日黃花」。記者不妨以其生花妙筆，多寫一些具有思想深度，能提升讀者情操的文學作品。真正的偉大的作家、作品，應該出自記者才對！因為我是新聞界的老兵，深知記者的生活經驗豐富，察言觀色的能力又強，對人性的瞭解很深，這都是「寫作能力」以外的另一優勢，另一寶貴的文學資產，應該好好運用，不用實在可惜！

原載臺北《世界論壇報》，一九九九年一月五、六、七日

墨人博士著作書目（校正版）

書目	類別	出版者	出版時間
一、自由的火焰 } 與《山之禮讚》合併易名《墨人新詩集》	詩集	自印（左營）	民國三十九年（一九五〇）
二、哀祖國	詩集	大江出版社（臺北）	民國四十一年（一九五二）
三、最後的選擇	短篇小說	百成書店（高雄）	民國四十二年（一九五三）
四、閃爍的星辰	長篇小說	大業書店（高雄）	民國四十二年（一九五三）
五、黑森林	長篇小說	香港亞洲社	民國四十四年（一九五五）
六、魔障	長篇小說	暢流半月刊（臺北）	民國四十七年（一九五八）
七、孤島長虹（全集中易名爲富國島）	長篇小說	文壇社（臺北）	民國四十八年（一九五九）
八、古樹春藤	中篇小說	九龍東方社	民國五十一年（一九六二）
九、花嫁	短篇小說	九龍東方社	民國五十三年（一九六四）
一〇、水仙花	短篇小說	長城出版社（高雄）	民國五十三年（一九六四）
一一、白夢蘭	短篇小說	長城出版社（高雄）	民國五十三年（一九六四）
一二、颱風之夜	短篇小說	長城出版社（高雄）	民國五十三年（一九六四）

一三、白雪青山	長篇小說	長城出版社（高雄）	民國五十四年（一九六五）
一四、春梅小史	長篇小說	長城出版社（高雄）	民國五十四年（一九六五）
一五、洛陽花似錦	長篇小說	長城出版社（高雄）	民國五十四年（一九六五）
一六、東風無力百花殘	長篇小說	長城出版社（高雄）	民國五十四年（一九六五）
一七、合家歡	長篇小說	臺灣省新聞處（臺中）	民國五十四年（一九六五）
一八、紅樓夢的寫作技巧	文學理論	臺灣商務印書館（臺北）	民國五十五年（一九六六）
一九、塞外	短篇小說	臺灣商務印書館（臺北）	民國五十五年（一九六六）
二〇、碎心記	長篇小說	小說創作社（臺北）	民國五十六年（一九六七）
二一、靈姑	長篇小說	小說創作社（臺北）	民國五十七年（一九六八）
二二、鱗爪集	散　　文	水牛出版社（臺北）	民國五十七年（一九六八）
二三、青雲路	短篇小說	臺灣商務印書館（臺北）	民國五十八年（一九六九）
二四、變性記	短篇小說	臺灣商務印書館（臺北）	民國五十八年（一九六九）
二五、龍鳳傳	長篇小說	幼獅書店（臺北）	民國五十九年（一九七〇）
二六、火樹銀花	長篇小說	立志出版社（臺北）	民國五十九年（一九七〇）
二七、浮生集	散　　文	聞道出版社（臺南）	民國六十一年（一九七二）
二八、墨人詩選	詩　　集	臺灣中華書局（臺北）	民國六十一年（一九七二）
二九、鳳凰谷	長篇小說	臺灣中華書局（臺北）	民國六十一年（一九七二）

三〇、墨人短篇小說選　短篇小說　臺灣中華書局（臺北）　民國六十一年（一九七二）
三一、斷腸人　短篇小說　臺灣學生書局（臺北）　民國六十一年（一九七二）
三二、詩人革命家胡漢民傳　傳記小說　近代中國社（臺北）　民國六十七年（一九七八）
三三、心猿　長篇小說　學人文化公司（臺北）　民國六十八年（一九七九）
三四、山之禮讚　詩　集　秋水詩刊（臺北）　民國六十九年（一九八〇）
三五、心在山林　散　文　中華日報社（臺北）　民國六十九年（一九八〇）
三六、墨人散文集　散　文　學人文化公司（臺中）　民國六十九年（一九八〇）
三七、山中人語　散　文　臺灣商務印書館（臺北）　民國七十二年（一九八三）
三八、花市　散　文　江山出版社（臺北）　民國七十四年（一九八五）
三九、三更燈火五更雞　散　文　江山出版社（臺北）　民國七十四年（一九八五）
四〇、墨人絕律詩集　詩　集　臺灣商務印書館（臺北）　民國七十六年（一九八七）
四一、全唐詩尋幽探微　文學理論　臺灣商務印書館（臺北）　民國七十六年（一九八七）
四二、第二春　短篇小說　采風出版社（臺北）　民國七十七年（一九八八）
四三、全唐宋詞尋幽探微　文學理論　臺灣商務印書館（臺北）　民國七十八年（一九八九）
四四、小園昨夜又東風　散　文　黎明文化公司（臺北）　民國八　十年（一九九一）
四五、紅塵（上、中、下三卷）　長篇小說　臺灣新生報社（臺北）　民國八　十年（一九九一）
四六、大陸文學之旅　散　文　文史哲出版社（臺北）　民國八十一年（一九九二）

書名	類別	出版者	出版年
四七、紅塵續集	長篇小說	臺灣新生報社（臺北）	民國八十二年（一九九三）
四八、墨人半世紀詩選	詩選	文史哲出版社（臺北）	民國八十四年（一九九五）
四九、張本紅樓夢（上下兩巨冊）	修訂批註	湖南出版社（長沙）	民國八十五年（一九九六）
五〇、紅塵心語	散文	圓明出版社（臺北）	民國八十五年（一九九六）
五一、年年作客伴寒窗	散文	中天出版社（臺北）	民國八十六年（一九九七）
五二、全宋詩尋幽探微	文學理論	文史哲出版社（臺北）	民國八十九年（二〇〇〇）
五三、墨人詩詞詩話	詩詞・理論	詩藝文出版社（臺北）	民國八十九年（二〇〇〇）
五四、婆婆世界（定本）	長篇小說	昭明出版社（臺北）	民國八十八年（一九九九）
五五、白雪青山（定本）	長篇小說	昭明出版社（臺北）	民國八十九年（二〇〇〇）
五六、滾滾長江（定本）	長篇小說	昭明出版社（臺北）	民國八十九年（二〇〇〇）
五七、春梅小史（定本）	長篇小說	昭明出版社（臺北）	民國八十九年（二〇〇〇）
五八、紫燕（定本）	長篇小說	昭明出版社（臺北）	民國九十年（二〇〇一）
五九、紅樓夢的寫作技巧（定本）	文學理論	昭明出版社（臺北）	民國九十年（二〇〇一）
六〇、紅塵六卷（定本）	長篇小說	昭明出版社（臺北）	民國九十年（二〇〇一）
六一、紅塵法文本	巴黎友豐（you fong）書局出版		二〇〇四年初版

附註：

▲北京中國文聯出版社二〇〇三年出版　大陸教授羅龍炎・王雅清合著《紅塵》論專書

▲臺北市昭明出版社出版墨人一系列代表作，長篇小說《娑婆世界》、一百九十多萬字的空前大長篇《紅塵》（中法文本共出五版）暨《白雪青山》（兩岸共出六版）、《滾滾長紅》、《春梅小史》、《紫燕》，短篇小說集、文學理論《紅樓夢的寫作技巧》（兩岸共出十四版）等書。臺灣中華書局出版的《墨人自選集》共五大冊，收入長篇小說《白雪青山》、《靈姑》、《鳳凰谷》、《江水悠悠》（爲《東風無力百花殘》易名）、《短篇小說·詩選》合集。《哀祖國》及《合家歡》皆由高雄大業書店再版。臺北詩藝文出版社出版的《墨人詩詞詩話》創作理論兼備，爲「五四」以來詩人、作家所未有者。

▲臺灣商務印書館於民國七十三年七月出版先留英後留美哲學博士程石泉、宋瑞等數十人的評論專集《論墨人及其作品》上、下兩冊。

▲《白雪青山》於民國七十八年（一九八九）由臺北大地出版社第三版。

▲臺北中國詩歌藝術學會於一九九五年五月出版《十三家論文》論《墨人半世紀詩選》。

▲《紅塵》於民國七十九年（一九九〇）五月由大陸黃河文化出版社出版前五十四章（香港登記，深圳市印行）。大陸因未有書號未公開發行僅供墨人「大陸文學之旅」時與會作家座談時參考。

▲北京中國文聯出版公司於一九九二年十二月出版長篇小說《春梅小史》（易名《也無風雨也無晴》）；一九九三年四月出版《紅樓夢的寫作技巧》。

▲北京中國社會科學出版社於一九九四年出版散文集《浮生小趣》。

▲北京群眾出版社於一九九五年一月出版散文集《小園昨夜又東風》；一九九五年十月京華出版社出

版長篇小說《白雪青山》大陸版，第一版三千冊，一九九七年八月再版一萬冊。

▲長沙湖南出版社於一九九六年一月初出版舉人費時十多年精心修訂批註的《張本紅樓夢》，分上下兩大冊精裝一萬一千套。立即銷完，因未經舉人親校，難免疏失，舉人未同意再版。

Mo Jen's Works

1950 *The Flames of Freedom*（poems）《自由的火焰》

1952 *Lament for My Mother Country*（poems）《哀祖國》

1953 *Glittering Stars*（novel）《閃爍的星辰》

The Last Choice（short stories）《最後的選擇》

1955 *Black Forest*（novel）《黑森林》

The Hindrance（novel）《魔障》

The Rainbow and An Isolated Island（novel）《孤島長虹》（全集中易名爲富國島）

1963 *The spring Ivy and Old Tree*（novelette）《古樹春藤》

1964 *Narcissus*（novelette）《水仙花》

A Typhonic Night（novelette）《颱風之夜》

Ms.Pei Mong-lan（novelette）《白夢蘭》
The Joy of the Whole Family（novel）《合家歡》
Flower Marriage（novelette）《花嫁》
1965　*White Snow and Green Mountain*（novel）《白雪青山》
The Short Story of Miss Chung Mei（novel）《春梅小史》
The Powerless Spring Breeze and Faded Flowers（novel）《東風無力百花殘》(《江水悠悠》)
Flower Blossom in Loyang（novel）《洛陽花似錦》
1966　*The Writing Technique of the Dream of Red Chamber*（literature theory）《紅樓夢的寫作技巧》
Out of The Wild Frontier（novelette）《塞外》
1967　*A Heart-broken Story*（novel）《碎心記》
1968　*Miss Clever*（novel）《靈姑》
Trifle（prose）《鱗爪集》
1969　*The Road to Promotion*（novelette）《青雲路》
1970　*A Sex-change Story*（novelette）《變性記》
The Biography of the Dragon and the Phoenix（novel）《龍鳳傳》
1971　*A Brilliantly lighted Garden*（novel）《火樹銀花》
1972　*My Floating Life*（prose）《浮生記》

Selection of Mo Jen's Poems《墨人詩選》
A Heart-broken Woman（novelette）《斷腸人》
Phoenix Valley（novel）《鳳凰谷》
Mo Jen's Works（five volumes）《墨人自選集》
Selection of Mo Jen's short stores《墨人短篇小說選》
1978 *Hu Han-ming, the Poet and Revolutionist*（novel）《詩人革命家胡漢民》
1979 *The Mokey in the Heart*（i.e. The Purple Swallow renamed）《心猿》
1980 *The Hermit*（prose）《心在山林》
A Collection of Mo Jen's Prose（prose）《墨人散文集》
A Praise to Mountains（poems）《山之禮讚》
1983 *Mountaineer's Remarks*（prose）《山中人語》
1985 *My Candle Burns at Both Ends*（prose）《三更燈火五更雞》
Flower Market（prose）《花市》
1986 *A Mundane World*（novel, four volumes, over 1.9 million words）《紅塵》
1987 *Remarks on All Poems of the Tang Dynasty*（theory）《全唐詩尋幽探微》
1988 *Remarks On All Tsyr*（prose poem）*of the Tang and Sung Dynasties*（theory）《全唐宋詞尋幽探微》
1991 *The Breeze That Came From The East Last Night in My Little garden Again*（prose）《小園昨夜又東風》

1992 *Travel for Literature in Mainland China*（prose）《大陸文學之旅》

1995 *Selection of Mo Jen's Poems, 1992-1994*《墨人半世紀詩選》

1996 *I'll look upon the World*《紅塵心語》

Chang Edition of the Dream of Red Chamber《張本紅樓夢》（修訂批註）

1997 *Cherish thy guests and the Muses*《年年作伴寒窗》

1999 *Saha Shih Gai*《娑婆世界》

1999 *Remarks on All Poems of the sung Dynasties*《全宋詩尋幽探尋》

1999 *Mo Jen's Classical Poems and Prose Poems*《墨人詩詞詩話》

2004 *Poussiere Rouge*《紅塵》法文譯本

墨人博士創作年表（二〇〇五年增訂）

年度	年齡	發表出版作品及重要文學紀錄摘要
民國二十八年己卯（一九三九）	十九歲	在東南戰區《前線日報》發表〈臨川新貌〉。淪陷區著名的上海《大美晚報》隨即轉載。
民國二十九年庚辰（一九四〇）	二十歲	在《前線日報》發表〈希望〉、〈路〉等新詩作品。
民國三十年辛巳（一九四一）	二十一歲	在《前線日報》發表〈評夏伯陽〉書評等文。
民國三十一年壬午（一九四二）	二十二歲	在各大報發表〈苦難的行列〉、〈贛州禮讚〉（長詩）、〈老船夫〉、〈盲歌者〉、〈自己的輓歌〉、〈抹去那怯弱的眼淚吧〉、〈生命之歌〉、〈快劊爲〉、〈鷂鷹與雲雀〉等詩及散文多篇。
民國三十二年癸未（一九四三）	二十三歲	在各大報發表長詩〈鋤奸隊長〉、〈搜索連長〉、〈遙寄〉、〈寫在第七個七七〉、〈父親〉、〈受難的女神〉、〈城市的夜〉及〈火把〉、〈擊柝者〉、〈橋〉、〈古鐘〉、〈汽笛〉、〈山居〉、〈沙灘〉、〈夜行者〉、〈孤芳〉、〈蚊蟲〉、〈蒼蠅〉、〈園圃〉、〈陽光〉、〈深秋〉、〈贈某詩人兼寫自己〉、〈哀亡命詩人〉、〈自供〉、〈自歷詩抄〉、〈哀歌〉、〈生活〉、〈給偶像崇拜者〉、〈戰壽〉、〈燈下獨白〉、〈夜歸〉、〈失眠之夜〉、〈悼〉、〈殘英〉、〈黃昏曲〉、〈補綴〉、〈復活的季節〉〈擬戀歌〉、〈晨雀〉、〈春耕〉、〈天空的搏鬥〉等長短抒情詩。另發表散文及短篇小說多篇。

民國三十三年甲申（一九三九）	二十四歲	發表〈山城草〉五首及〈沒有褲子穿的女人〉、〈襤褸的孩子〉、〈駝鈴〉、〈無聲的哭泣〉、〈長夜草〉、〈春夜〉、〈擬某女演員〉、〈蛙聲〉、〈麥笛〉等詩及散文多篇。
民國三十四年乙酉（一九四五）	二十五歲	發表〈最後的勝利〉及〈煉獄裏的聲音〉、〈神女〉、〈問〉等長詩與散文多篇。
民國三十五年丙戌（一九四六）	二十六歲	發表〈夢〉、〈春天不在這裡〉等詩及散文多篇。
民國三十六年丁亥（一九四七）	二十七歲	發表〈冬天的歌〉、〈流浪者之歌〉、〈手杖、煙斗〉及長詩〈上海抒情〉等與散文多篇。
民國三十七年戊子（一九四八）	二十八歲	主編軍中雜誌、撰寫時論，均不署名。
民國三十八年己丑（一九四九）	二十九歲	七月渡海抵臺，發表〈呈獻〉、〈滿妹〉，及長詩〈自由的火燄〉、〈人類的宣言〉等及散文多篇。
民國三十九年庚寅（一九五〇）	三十歲	發表〈站起來，捏死他！〉、〈滾出去，馬立克！〉、〈英國人〉、〈海洋頌〉等詩。出版《自由的火燄》詩集。
民國四十年辛卯（一九五一）	三十一歲	發表〈春晨獨步〉、〈炫與殉〉、〈悼三閭大夫屈原〉、〈詩聯隊〉、〈心靈之歌〉、〈子夜獨唱〉、〈真理、愛情〉、〈友情的花朵〉、〈啊，西風啊！〉、〈歲暮吟〉、〈師生〉、〈往事〉、〈天書〉、〈歷程〉、〈雨天〉、〈火車飛馳在海岸線上〉、〈帶路者〉、〈送第一艦隊出征〉等詩，及〈哀祖國〉長詩。
民國四十一年壬辰（一九五二）	三十二歲	發表〈未完成的想像〉、〈廊上吟〉、〈窗下吟〉、〈白髮吟〉、〈秋夜輕吟〉、〈秋訊〉、〈渴念，追求〉、〈寂寞、孤獨〉、〈冬眠〉、〈我想把你忘記〉、〈想念〉、〈成人的悲歌〉、〈訴〉、〈詩人〉、〈詩〉、〈貝絲〉、「春天的懷念」五首，〈和風〉、〈夜雨〉、〈臺灣海峽的霧〉等及散文、短篇小說多篇。　出版《哀祖國》詩集。

民國四十二年癸巳（一九五三）	三十三歲	發表〈寄台北詩人〉等詩及散文短篇小說多篇。高雄百成書店出版短篇小說集《最後的選擇，收入〈華玲〉、〈生死戀〉、〈梅蘭馨〉、〈敵人的故事〉、〈最後的選擇〉、〈蔣復成〉、〈姚醫生〉等七篇。大業書店出版長篇小說《閃爍的星晨》一、二兩冊。
民國四十三年甲午（一九五四）	三十四歲	發表〈雪萊〉、〈海鷗〉、〈鳳凰木〉、〈流螢〉、〈鵝鑾鼻〉、〈海邊的城〉、〈長夏小唱〉及散文、短篇小說多篇。
民國四十四年乙未（一九五五）	三十五歲	發表〈靈〉、〈F-86〉、〈題GK〉等詩及散文、短篇小說多篇。香港亞洲出版社出版長篇小說《黑森林》，並獲中華文獎會國父誕辰長篇小說第二獎（第一獎從缺）。
民國四十五年丙申（一九五六）	三十六歲	發表〈四月〉等詩及散文、短篇小說多篇。
民國四十六年丁酉（一九五七）	三十七歲	發表〈月亮〉、〈九月之旅〉、〈雨和花〉等詩及長篇小說《魔障》。
民國四十七年戊戌（一九五八）	三十八歲	暢流半月刊雜誌社出版長篇連載小說《魔障》。
民國四十八年己亥（一九五九）	三十九歲	發表短篇小說、散文多篇。文壇雜誌社出版長篇小說《孤島長虹》（全集中易名為《富國島》）。
民國四十九年庚子（一九六〇）	四十歲	發表〈橫貫小唱〉等詩及散文、短篇小說多篇。
民國五十年辛丑（一九六一）	四十一歲	發表〈熱帶魚〉、〈豎琴〉、〈水仙〉等詩及短篇小說甚多。奧國維也納納富出版公司編選的《世界最佳小說選》選入短篇說〈馬腳〉，同時入選者有諾貝爾文學獎得主威廉福克納、拉革克菲斯特等世界各國名作家作品。

民國五十一年壬寅（一九六二）	四十二歲	發表〈青鳥〉、〈兩腳獸〉、〈晚會〉、〈祈禱〉等詩及短篇小說甚多。 奧國維也納納富出版公司又將短篇小說《小黃》（以江州司馬筆名撰寫者）選入《世界最佳小說選》，同時入選者有諾貝爾獎得主蕭洛霍夫，郭沫若及世界各國名作家作品。
民國五十二年癸卯（一九六三）	四十三歲	香港九龍東方文學出版社出版中篇小說《古樹春藤》。發表短篇小說、散文甚多。
民國五十三年甲辰（一九六四）	四十四歲	香港九龍東方文學社出版短篇小說集《花嫁》，收入〈教師爺〉、〈二媽〉、〈異鄉人〉、〈花嫁〉、〈扶桑花〉、〈南海鱷鮫〉、〈高山曲〉、〈古寺心聲〉、〈誘惑〉、〈隱情〉、〈美珠〉、〈新苗〉、〈心聲淚影〉等十四篇。 高雄長城出版社出版中短篇小說集《水仙花》，收入〈水仙花〉、〈銀杏表嫂〉、〈圓房記〉、〈江湖兒女〉、〈天鵝〉、〈賭徒〉、〈搶親〉、〈黃龍〉、〈風雪歸人〉、〈花子老趙〉、〈豐雲寺的居士〉、〈人與樹〉、〈過客〉、〈阿婆〉、〈馬腳〉、〈小黃〉等十六篇。 高雄長城出版社出版中短篇小說集《白夢蘭》。收入〈情敵〉、〈空手〉、〈師生〉、〈斷夢〉、〈黃昏曲〉、〈白夢蘭〉、〈平安夜〉、〈凱塞琳、萊蒙托夫與我〉、〈陽春白雪〉、〈亂世佳人〉、〈傷心之旅〉、〈白衣清淚〉、〈護士與病人〉、〈如夢記〉、〈除夕〉等十五篇。　高雄長城出版社出版《中華日報》連載的二十五萬字長篇小說《白雪青山》。　發表短篇小說、散文甚多。
民國五十四年乙巳（一九六五）	四十五歲	高雄長城出版社出版連載長篇小說《洛陽花似錦》、《春梅小史》、《東風無力百花殘》三部。　發表短篇小說、散文甚多。 省政府新聞處出版長篇小說《合家歡》。
民國五十五年丙午（一九六六）	四十六歲	是年五月赴馬尼拉華僑文教講習會講授「紅樓夢的寫作技巧」及新詩課程一個月。 商務印書館出版文學理論專著《紅樓夢的寫作技巧》，全書共十五萬字。 商務印書館出版中短篇小說集《塞外》。收入〈塞外〉、〈豁子〉、〈百合花〉、〈天山風雲〉、〈白金龍〉、〈白狼〉、〈秋圃紫鵑〉、〈曹萬秋的衣缽〉、〈半路夫妻〉、〈百鳥聲喧〉、〈風竹與野馬〉、〈美人計〉、〈夜襲〉、〈花燭劫〉等十四篇。

民國五十六年丁未（一九六七）	四十七歲	發表短篇小說、散文甚多。 小說創作社出版連載長篇小說《碎心記》。
民國五十七年戊申（一九六八）	四十八歲	小說創作社出版《中華日報》連載長篇小說《露姑》。水牛出版社出版散文集《鱗爪集》，收入〈家鄉的魚〉、〈家鄉的鳥〉、〈雪天的懷念〉、〈秋山紅葉〉、〈學問與創作之間〉等散文七十六篇、舊詩三首。。
民國五十八年己酉（一九六九）	四十九歲	商務印書館出版中短篇小說集《青雲路》。收入〈世家子弟〉、〈青雲路〉、〈空棺記〉、〈久香〉等四篇。
民國五十九年庚戌（一九七〇）	五十歲	商務印書館出版中短篇小說集《變性記》。收入〈變性記〉、〈嬌客〉、〈歲寒圖〉、〈泥龍〉、〈祖孫父子〉、〈秋風落葉〉、〈老夫老妻〉、〈恩愛夫妻〉〈布販與偷雞賊〉、〈芳鄰〉、〈沙漠王子〉、〈沙漠之狼〉、〈世界通先生〉、〈寶珠的祕密〉、〈奇緣〉等十五篇。 幼獅文化事業公司出版長篇小說《龍鳳傳》。臺北立志出版社出版長篇《火樹銀花》出版全集時易名《同是天涯淪落人》。
民國六十年辛亥（一九七一）	五十一歲	立志出版社出版長篇小說《火樹銀花》。 發表散文多篇及在高雄《新聞報》連載長篇小說《紫燕》。
民國六十一年壬子（一九七二）	五十二歲	闡道出版社出版散文集《浮生集》。收入〈文藝的危機〉、〈貝克特萬歲〉、〈五十年華〉等散文十三篇、舊詩六首。學生書局出版短篇小說散文合集《斷腸人》。收入短篇小說〈斷腸人〉、〈微微〉、〈相見歡〉、〈滄桑記〉、〈恩怨〉、〈夜宴〉等七篇及散文〈文學系與文學創作〉、〈大學國文教學我見〉、〈作家之死〉等十五篇。　中華書局出版《畢人自選集》五大冊。包括長篇小說《白雲青山》、《露姑》、《鳳凰谷》、《江水悠悠》（《東風無力百花殘》易名）及《短篇小說、詩選》（精選短篇小說二十八篇，抒情詩一〇六首），共二百五十萬字。
民國六十二年癸丑（一九七三）	五十三歲	發表散文多篇。 列入英國劍橋國際傳記中心（International Biographical Centre Cambridge England）出版的《國際詩人名錄》（*International Who's Who in Poetry. 1973*）。

民國六十三年甲寅（一九七四）	五十四歲	出席第二屆世界詩人大會。 發表散文多篇。
民國六十四年乙卯（一九七五）	五十五歲	列入正中書局出版的《中華民國文藝史》（1975）。發表〈臺北的黃昏〉新詩一首及散文多篇。
民國六十五年丙辰（一九七六）	五十六歲	列入英國劍橋國際傳記中心出版的 *Men of Achievement. 1976* 發表〈歷史的會晤〉新詩及散文、短篇小說多篇。
民國六十六年丁巳（一九七七）	五十七歲	應 I.B.C 邀請於三月間赴義大利翡冷翠出席國際文藝交流大會（The 3rd I.B.C. International Congress on Arts and Communications）。會後環遊世界。發表〈羅馬之雲〉、〈羅馬之松〉、〈翡冷翠的女郎〉、〈翡冷翠之柳〉、〈塞納河〉等詩及羅馬掠影」、〈單城記〉、〈威尼斯之旅〉、〈藝術之都翡冷翠〉、〈西雅奈與比薩斜塔〉、〈美國行〉、〈江戶・皇宮・御苑〉、〈環球心影〉等遊記。 在《中國時報》發表有關中國文化論文〈中國文化的三條根〉，在《新生報》發表〈文藝界的『洋』瘋癲〉等多篇。
民國六十七年戊午（一九七八）	五十八歲	近代中國社出版長篇傳記小說《詩人革命胡漢民傳》。 列入英國劍橋國際傳記中心出版的《國際名人辭典》（*Dictionary of International Biogaphy.1978*）。《國際知識分子名錄》（*International Who's Who of Intellectual.1978*、《國際人名剪影》 *International Register of Profiles*）、《國際社會名人錄》（*International Who's Who in Community Service*），發表〈六月之荷〉詩一首。 在各報發表〈中國文化的宇宙觀〉、〈中國文化的真面目〉、〈文化、社會形態與當代文學創作（為亞洲文學會議而作）〉、〈人與宇宙自然法則〉等。 出席亞洲文學會議。　列入中華書局出版的《中華民國當代名人錄》（*Who's Who of R.O.C. 1978*）　列入行政院新聞局編印的一九七八年英文《中華民國年鑑名人錄》（*China Yearbook Who's Who*）。

民國六十八年己未（一九七九）	五十九歲	學人文化事業有限公司出版長篇小說《心猿》（《紫燕》易名）。發表短篇小說〈春〉、〈杏林之春〉、長詩〈哀吉米·卡特〉及〈山之禮讚〉五首。短篇〈客從故鄉來〉、〈人瑞〉。理論〈中國古典小說戲劇〉、〈抗戰文學的整理與再創作〉（《中央日報》）等多篇。
民國六十九年庚申（一九八〇）	六十歲	秋水詩刊社出版詩集《山之禮讚》、收集六十四年以後新詩四十四首及七言絕詩十首。　中華日報社出版散文集《心在山林》、收集〈花甲雲中過〉、〈老當益壯〉、及抒情寫景散文數十篇。 臺中學人文化事業出版有限公司出版《墨人散文集》收集〈文化、社會形態與當代文學創作〉、〈人與宇宙自然法則〉、〈中國文化的三條根〉、〈宇宙為心人為本〉、〈文藝界的『洋』瘋癲〉等理論性散文數十篇。 在《中央日報·副刊》發表〈紅樓夢研究的正確方向〉，《中華日報·副刊》發表〈人生六十樹常青〉，《青年戰士報·新文藝副刊》發表〈山中人語〉專欄文章〈山水之間〉、〈生命長短價值觀〉、〈寶刀未老〉、〈七進七出鬼門關〉、〈報人甘苦〉、〈杏壇生涯〉等。 接受《大華晚報》採訪組副主任程榕寧兩次訪問，一為談胡濙民生平，一為談《易經》、《道德經》、命學，並發表〈醫學命學與人生〉專文。
民國七十年辛酉（一九八一）	六十一歲	繼續撰寫《山中人語》專欄。 應臺中市《自由日報》特約撰寫《浮生小記》專欄。 應行政院新聞局邀請參觀本省農漁畜牧事業單位，並在《中央日報》發表〈人在福中〉散文。 接受臺灣廣播公司《成功之路》節目訪問，於四月廿七日晚八時半播出。 在高雄《新聞報》發表〈撥亂反正說紅樓〉（六月十七、十八日）論文。
民國七十一年壬戌（一九八二）	六十二歲	九月赴漢城出席第二屆中韓作家會議，並在東京參加中日作家會議，曾暢遊南韓、北海道、大阪至東京名勝地區，歸後撰寫〈韓國掠影〉、〈秋遊北海道〉，發表於《中央日報》。 列入中華民國名人傳記中心出版的《中華民國現代名人錄》。

		列入英國劍橋國際傳記中心出版的《傑出男女傳記》（*Men and Women of Distinction*）並附照片。 列入美國 MarQuis 公司出版的《世界名人錄》（*Who's Who in the World*）第六版。 接受義大利藝術大學授予的文學功績證書。
民國七十二年癸亥（一九八三）	六十三歲	商務印書館出版散文集《山中人語》，收集散文七十篇。
民國七十三年甲子（一九八四）	六十四歲	商務印書館出版《論墨人及其作品》上、下兩冊，包括評論文章六十餘篇。 列入義大利 Accademia Itlia 出版英、法、德、義四種文字的《國際文學史》（*The History of International Literature*）及《百科全書：當代人物（*The Encyclopadeia: Contemporary Personalities*）。 端午節（六月四日）開筆撰寫已構思準備十餘年的一百餘萬字的大長篇小說《紅塵》，年底完成初稿四十餘萬字。 十月在韓國漢城舉行的第四屆中韓作家會議，事忙未能出席，但提出一萬餘字的論文〈古典與現代〉一篇。
民國七十四年乙丑（一九八五）	六十五歲	由江山出版社出版《三更燈火五更雞》、《花市》散文集等兩本，前者收入散文、理論二十四篇，後者收入散文遊記二十七篇。 八月一日退休，專心寫作《紅塵》，於十二月底完成九十二章，告一段落，共一百二十萬字，超出《紅樓夢》十餘萬字，內有絕律詩（聯）三十一首。
民國七十五年丙寅（一九八六）	六十六歲	年初開始研讀《全唐詩》，撰寫《全唐詩尋幽探微》，十一月完成，共十二萬餘字，一面在《新聞報・西子灣》發表，並連同歷年所作絕律詩三十七首，定名為《墨人絕律詩集》，一併交與臺灣商務印書館簽約出版。 列入美國 A.B.I.出版的 5000 Personalities of the World，英國 I.B.C.出版的 *The International Authors and Writers Who's Who.*

民國七十六年丁卯（一九八七）	六十七歲	訪問考察東南亞地區，國家馬來西亞、新加坡、泰國、菲律賓、香港十七天，並出席多次座談會。 商務印書館出版《全唐詩尋幽探微》（附《墨人絕律詩集》）。 《紅塵》長篇小說於三月五日開始在（臺灣新生報）連載。 七月四，五日出席在臺北市召開的抗戰文學研討會。 八月一日出席在高雄市召開的第七屆中韓作家會議。
民國七十七年戊辰（一九八八）	六十八歲	元月二日完成《全唐宋詞尋幽探微》（附《墨人詩餘》）全書十六萬字。設於美國深受世界尊重的「國際大學基金會」（The Marguis Giuseppe Scicluna 1855-1907 Intemarional University Foundation）（Founded 1973）授予榮譽文學博士學位。
民國七十八年己巳（一九八九）	六十九歲	臺灣商務印書館出版《全唐宋詞尋幽探微》。 臺北大地出版社三版長篇小說《白雲青山》。 世界大學（World University）授予榮譽文學博士學位。
民國七十九年庚午（一九九〇）	七十歲	五月應大陸黃河文化實業公司邀請，作四十天文學之旅，與北京，上海，杭州，九江，武漢，西安，蘭州等地作家座談中華文化，文學創作，坦誠交換意見，獲得一致共識，真摯友情與尊敬，廣州電視臺並全程錄影，製作專輯播出，六月底返臺後即撰寫《大陸文學之旅》專著。 艾因斯坦國際學院基金會（Albert Einstein 1879-1955 International Academy Foundation）授予榮譽人文學博士學位。 榮列英國劍橋國際傳記中心出版的 IBC Book of Dedications.占全書篇幅五頁，刊登照片五張，介紹五十年創作生涯，十分翔實，篇幅之大，爲全書冠，並禮聘爲 IBC 副總裁。
民國八十年辛未（一九九一）	七十一歲	二月底新生報出版《紅塵》，二十五開本，上，中，下三鉅冊。黎明文化事業公司出版《小園昨夜又東風》散文集。 應香港廣大學院禮聘爲中國文學研究所客座指導教授。 《紅塵》榮獲新聞局著作金鼎獎及嘉新優良著作獎。

民國八十一年壬申（一九九二）	七十二歲	文史哲出版社出版《大陸文學之旅》。 應聘香港廣大學院中研所客座指導教授。 一月五日開筆寫《紅塵續集》，自九十三章起至一百二十章止，共四十萬字，六月十日完稿，《紅塵》全書共一百九十萬字。續集自十二月一日開始在《臺灣新生報‧副刊》連載近年，雙破長篇鉅著及連載紀錄。中國廣播公司《中廣小說選播》節目，亦於十二月一日十四時三十分，在 AM657 千赫第一廣播網開始播出長篇鉅著《紅塵》上、中、下三冊，由戴愛華小姐導播，集該公司播音精英，通力合作，龍老夫人一角由播音元老白銀飾演，其餘人物均為一時之選，效果奇佳，前所未有。　北京「中國文聯出版公司」出版《也無風雨也無晴》。 墨人故鄉九江《師專學報》，於本年起開闢《墨人研究》專欄，與《陶淵明研究》、《黃山谷研究》，並稱三大專欄，甚受教育、學術界重視。
民國八十二年癸酉（一九九三）	七十三歲	十月下旬，偕《秋水》詩刊同仁涂靜怡、雪柔、麥穗、沃洋漭、風信子、林蔚穎等為慶祝《秋水》創刊二十周年，訪問哈爾濱、北京、西安三大都市，與當地詩人座談交流，水乳交融，兩岸詩人因而建立深厚友誼。十一月初，隻身訪問昆明、探親，昆明作協主席曉雪、八十多歲老作家李喬、小說家張昆華、《春城晚報》副總編輯熊廷武、副刊主編原因、理論家教授余斌、作家湯世傑、李鍚華等集會歡迎，其中多為白族、彝族等少數民族作家，乃以雲南少數民族文化資源努力創作相勉，深獲共鳴。資深作家彭荊風、晚間並來下榻處暢談。 繼續應聘香港廣大學院中研所客座指導教授三年。 十二月新生報社出版《紅塵續集》，全書共四大冊，其實前後一貫，為一整體，該報為方便，乃以《續集》名之。一生心願心血得以完成，在輕、薄、短、小及商品文學獨占市場情況下，亦一大異數。北京「中國文聯出版公司出版《紅樓夢的寫作技巧》。

民國八十三年甲戌（一九九四）	七十四歲	一月開始研讀自北京購回的《全宋詩》，擬續寫《全宋詩尋幽探微》。 四月十一日接受臺北復興廣播電臺《名人專訪》節目主持人裴雯小姐訪問：談一生寫作歷程及大長篇《紅塵》寫作經過。 臺北《世界論壇報》副社長兼副刊主編詩人評論家周伯乃先生，特自五月三十一日起一連三天出版特刊，慶祝七十晉五誕辰暨創作五十五周年，除刊出〈小傳〉、〈七五人生一首詩〉、〈中國新詩與傳統詩詞的整合〉、〈叩開生命之門〉三篇新作外，並刊出蒙古族女詩人作家薩仁圖婭的〈舉人：屈原風骨中華魂〉，及馬來西亞霹靂州立女子中學校長，詩詞家、散文作家彭士麟女士論《紅塵》與大陸作家作品比較的書信，舉人著作校長，詩詞家、散文作家彭士麟女士論《紅塵》與大陸作家作品比較的書信，舉人著作目錄、美國兩個榮譽文學博士、一個人文學博士照片三張，《紅塵》獲獎照片一張，及周伯乃〈無限的祝福〉文等。 八月七日，中國時報系的《工商日報‧讀書版‧大書坊》刊出蓉齡的《紅塵》舉人專訪文章，並配合攝影記者何日昌拍攝的舉人及《紅塵》四冊照片。 大陸廣州暨南大學中文系教授兼臺港暨海外華文文學研究中心主任、評論家潘亞暾，費時月餘撰寫《紅塵續集》論文達一萬餘字的〈偉大史詩的歸結〉，於九月二十一至二十五日在臺北市《世界論壇報‧副刊》全文刊出，見解不凡，對《續集》的成功更使他大吃一驚，因此，更肯定《紅塵》的史詩價值、地位。 八月二十八日第十五屆世界詩人大會在臺北召開，僅提出〈中國新詩與傳統詩詞的整合〉論文一篇，並未出席，論文則由《中國詩刊》主編曾美霞女士代讀。
民國八十四年乙亥（一九九五）	七十五歲	一月，臺北文史哲出版社出版《舉人半世紀詩選》（一九四二—一九九四）。 一月十日應臺北廣播電臺《藝文夜話》主持人宋英小姐訪問，許導播秀玲決定十日開播《紅塵》全書四冊，每日廣播兩次。 中國詩歌藝術學會主辦、中國文藝協會協辦，於五月二十三日在臺北市中國文藝協會舉行《舉人半世紀詩選》學術研討會，與會詩人、評論家六十餘人，討論情況熱烈，並印發海峽兩岸評論家王常新、古繼堂、古遠清、李春生、楊允達、周伯乃等十三家論文專集。各家均推崇、肯定新舊詩兩方面的成就與半個多世紀的貢獻。

		英國劍橋國際傳記中心頒贈二十世紀文學傑出成就獎。榮列一九九五年英國劍橋國際傳記中心出版的 The Definitive Book of the Deputy Directors General of the IBC.佔全書篇幅五頁，刊登照片五張，為全書之冠。
民國八十五年丙子（一九九六）	七十六歲	臺北中國詩歌藝術學會出版《十三家論文》論《槃人半世紀詩選》。臺北國明出版社出版涵蓋儒、釋、道三家思想的散文集《紅塵心語》。卷首有珍貴的文學照片十餘張。
民國八十六年丁丑（一九九七）	七十七歲	臺北中天出版社出版與《紅塵心語》為姊妹集的散文集《年年作客伴寒窗》，各篇亦均以五、七言詩作題，內中作者詩詞亦多，並附錄珍貴文學資料訪問記、特寫、著作目錄等十餘篇。出任「乾坤」詩刊顧問，並主編該刊古典詩詞。完成《槃人詩詞詩話》、《全宋詩尋幽探微》兩書全文。
民國八十七年戊寅（一九九八）	七十八歲	構思六年的以佛學精義結合修行心得化為文學創作的長篇小說《婆娑世界》，於三月二十八日開筆，十二月脫稿。共三十八章，五十多萬字。英國劍橋國際傳記中心（IBC）出版《二十世紀傑出人物》以照片配合文字將槃人傳記刊卷首重要位置，並頒發獎狀。大陸中國國際經濟文化交流促進會、燕京國際文化藝術研究會等七大單位編纂出版的《世界華人文學藝術界名人錄》，中國國際交流出版社出版的《世界名人錄》，均為十六開巨型中文本。
民國八十八年己卯（一九九九）	七十九歲	本年為來臺五十周年，創作六十周年，中國習俗八十歲，昭明出版社出版長篇小說《婆娑世界》。美國傳記學會（ABI）出版二十世紀《五百位有影響力的領袖》，以照片配合文字將槃人傳記刊於卷首重要位置並頒發獎狀。照片及詩詞五首編入中國《當代吟壇》巨著。　美國「世界智庫」與艾因斯坦國際學會基金會」聯合頒贈槃人傑出成就榮譽獎，以紀念千禧年，並榮列中國出版的《中華精英大全》。美國傳記學會頒贈槃人「二十世紀成就獎」。

民國八十九年庚辰（二〇〇〇）	八十歲	臺北昭明出版社陸續出版定本長篇小說《白雲青山》、《滾滾長江》、《春梅小史》；文學理論《紅樓夢的寫作技巧》，連同民國八十八年出版的長篇小說《娑婆世界》，並列爲墨人一系列代表作品，以慶祝墨人八十整壽。臺北詩藝文出版社出版《墨人詩詞詩話》。臺北文史哲出版社出版《全宋詩尋幽探微》。
民國九十年辛巳（二〇〇一）	八十一歲	臺北昭明出版社出版長篇小說定本《紅塵》全書六冊及長篇小說《紫燕》定本。
民國九十一年壬午（二〇〇二）	八十二歲	五月三日偕長子選翰赴上海訪友小住。英國劍橋國際傳記中心授予「終身成就獎」。
民國九十二年癸未（二〇〇三）	八十三歲	八月底偕夫人及在臺子女四人經上海轉往故鄉九江市掃墓探親並遊廬山。
民國九十三年甲申（二〇〇四）	八十四歲	準備出版全集（經臺北榮民總醫院檢查無任何疾病。）巴黎 you-Feng 書局出版豪華典雅法文本《紅塵》。
民國九十四年乙酉（二〇〇五）	八十五歲	此後五年不遠行，以防交通意外，準備資料。計劃百歲前擱筆撰寫新長篇小說。北京「中央出版社」出版《強國丰碑》，以著名文學家張萬熙爲題刊出墨人傳略，爲臺灣及海外華人作家唯一入選者。並先後接到北京電話、書函邀請寄送資料編入《一代名家》、《中華文化藝術名家名作世界傳播錄》。
民國九十五年丙戌（二〇〇六）至民國一百年（二〇一一）——	八十六歲至九十二歲——	重讀重校全集，已與臺北市文史哲出版社簽訂出版《墨人傳世作品全集》合約，民國一百年年內可以出版。此爲「五四」以來中國大陸與臺灣所未有者。

墨人博士著作書目（校正版）

書目	類別	出版者	出版時間
一、自由的火焰（與《山之禮讚》合併）	詩集	自印（左營）	民國三十九年（一九五〇）
二、哀祖國（易名《墨人新詩集》）	詩集	大江出版社（臺北）	民國四十一年（一九五二）
三、最後的選擇	短篇小說	百成書店（高雄）	民國四十二年（一九五三）
四、閃爍的星辰	長篇小說	大業書店（高雄）	民國四十二年（一九五三）
五、黑森林	長篇小說	香港亞洲社	民國四十四年（一九五五）
六、魔障	長篇小說	暢流半月刊（臺北）	民國四十七年（一九五八）
七、孤島長虹（全集中易名為富國島）	長篇小說	文壇社（臺北）	民國四十八年（一九五九）
八、古樹春藤	中篇小說	九龍東方社	民國五十一年（一九六二）
九、花嫁	短篇小說	九龍東方社	民國五十三年（一九六四）
一〇、水仙花	短篇小說	長城出版社（高雄）	民國五十三年（一九六四）
一一、白夢蘭	短篇小說	長城出版社（高雄）	民國五十三年（一九六四）
一二、颱風之夜	短篇小說	長城出版社（高雄）	民國五十三年（一九六四）

一三、白雪青山　長篇小說　長城出版社（高雄）　民國五十四年（一九六五）
一四、春梅小史　長篇小說　長城出版社（高雄）　民國五十四年（一九六五）
一五、洛陽花似錦　長篇小說　長城出版社（高雄）　民國五十四年（一九六五）
一六、東風無力百花殘　長篇小說　長城出版社（高雄）　民國五十四年（一九六五）
一七、合家歡　長篇小說　臺灣省新聞處（臺中）　民國五十四年（一九六五）
一八、紅樓夢的寫作技巧　文學理論　臺灣商務印書館（臺北）　民國五十五年（一九六六）
一九、塞外　短篇小說　臺灣商務印書館（臺北）　民國五十五年（一九六六）
二〇、碎心記　長篇小說　小說創作社（臺北）　民國五十六年（一九六七）
二一、蠶姑　長篇小說　小說創作社（臺北）　民國五十七年（一九六八）
二二、鱗爪集　散文　水牛出版社（臺北）　民國五十七年（一九六八）
二三、青雲路　短篇小說　臺灣商務印書館（臺北）　民國五十八年（一九六九）
二四、變性記　短篇小說　臺灣商務印書館（臺北）　民國五十八年（一九六九）
二五、龍鳳傳　長篇小說　幼獅書店（臺北）　民國五十九年（一九七〇）
二六、火樹銀花　長篇小說　立志出版社（臺北）　民國五十九年（一九七〇）
二七、浮生集　散文　聞道出版社（臺南）　民國六十一年（一九七二）
二八、墨人詩選　詩集　臺灣中華書局（臺北）　民國六十一年（一九七二）
二九、鳳凰谷　長篇小說　臺灣中華書局（臺北）　民國六十一年（一九七二）

三〇、墨人短篇小說選	短篇小說	臺灣中華書局（臺北）	民國六十一年（一九七二）
三一、斷腸人	短篇小說	臺灣學生書局（臺北）	民國六十一年（一九七二）
三二、詩人革命家胡漢民傳	傳記小說	近代中國社（臺北）	民國六十七年（一九七八）
三三、心猿	長篇小說	學人文化公司（臺北）	民國六十八年（一九七九）
三四、山之禮讚	詩　集	秋水詩刊（臺北）	民國六十九年（一九八〇）
三五、心在山林	散　文	中華日報社（臺北）	民國六十九年（一九八〇）
三六、墨人散文集	散　文	學人文化公司（臺中）	民國六十九年（一九八〇）
三七、山中人語	散　文	臺灣商務印書館（臺北）	民國七十二年（一九八三）
三八、花市	散　文	江山出版社（臺北）	民國七十四年（一九八五）
三九、三更燈火五更雞	散　文	江山出版社（臺北）	民國七十四年（一九八五）
四〇、墨人絕律詩集	詩　集	臺灣商務印書館（臺北）	民國七十六年（一九八七）
四一、全唐詩尋幽探微	文學理論	臺灣商務印書館（臺北）	民國七十六年（一九八七）
四二、第二春	短篇小說	采風出版社（臺北）	民國七十七年（一九八八）
四三、全唐宋詞尋幽探微	文學理論	臺灣商務印書館（臺北）	民國七十八年（一九八九）
四四、小園昨夜又東風	散　文	黎明文化公司（臺北）	民國八十年（一九九一）
四五、紅塵（上、中、下三卷）	長篇小說	臺灣新生報社（臺北）	民國八十年（一九九一）
四六、大陸文學之旅	散　文	文史哲出版社（臺北）	民國八十二年（一九九三）

書名	類別	出版社	出版年
四七、紅塵續集	長篇小說	臺灣新生報社（臺北）	民國八十二年（一九九三）
四八、墨人半世紀詩選	詩　選	文史哲出版社（臺北）	民國八十四年（一九九五）
四九、張本紅樓夢（上下兩巨冊）	修訂批註	湖南出版社（長沙）	民國八十五年（一九九六）
五〇、紅塵心語	散　文	圓明出版社（臺北）	民國八十五年（一九九六）
五一、年年作客伴寒窗	散　文	中天出版社（臺北）	民國八十六年（一九九七）
五二、全宋詩尋幽探微	文學理論	文史哲出版社（臺北）	民國八十九年（二〇〇〇）
五三、墨人詩詞詩話	詩詞・理論	詩藝文出版社（臺北）	民國八十九年（二〇〇〇）
五四、娑婆世界（定本）	長篇小說	昭明出版社（臺北）	民國八十八年（一九九九）
五五、白雪青山（定本）	長篇小說	昭明出版社（臺北）	民國八十九年（二〇〇〇）
五六、滾滾長江（定本）	長篇小說	昭明出版社（臺北）	民國八十九年（二〇〇〇）
五七、春梅小史（定本）	長篇小說	昭明出版社（臺北）	民國八十九年（二〇〇〇）
五八、紫燕（定本）	長篇小說	昭明出版社（臺北）	民國九　十年（二〇〇一）
五九、紅樓夢的寫作技巧（定本）	文學理論	昭明出版社（臺北）	民國九　十年（二〇〇一）
六〇、紅塵六卷（定本）	長篇小說	昭明出版社（臺北）	民國九　十年（二〇〇一）
六一、紅塵法文本	巴黎友豐（you fong）書局出版		二〇〇四年初版

附　註：

▲北京中國文聯出版社二〇〇三年出版　大陸教授羅龍炎・王雅清合著《紅塵》論專書

▲臺北市昭明出版社出版墨人一系列代表作、長篇小說《娑婆世界》、一百九十多萬字的空前大長篇《紅塵》（中法文本共出五版）暨《白雪青山》（兩岸共出六版）、《滾滾長紅》、《春梅小史》、《紫燕》，短篇小說集、文學理論《紅樓夢的寫作技巧》（兩岸共出十四版）等書。臺灣中華書局出版的《墨人自選集》共五大冊，收入長篇小說《白雪青山》、《靈姑》、《鳳凰谷》、《江水悠悠》（爲《東風無力百花殘》易名）、《短篇小說・詩選》合集。《哀祖國》及《合家歡》皆由高雄大業書店再版。臺北詩藝文出版社出版的《墨人詩詞詩話》創作理論兼備，爲「五四」以來詩人、作家所未有者。

▲臺灣商務印書館於民國七十三年七月出版先留英後留美哲學博士程石泉、宋瑞等數十人的評論專集《論墨人及其作品》上、下兩冊。

▲《白雪青山》於民國七十八年（一九八九）由臺北大地出版社第三版。

▲▲臺北中國詩歌藝術學會於一九九五年五月出版《十三家論文》論《墨人半世紀詩選》。

《紅塵》於民國七十九年（一九九〇）五月由大陸黃河文化出版社出版前五十四章（香港登記、深圳市印行）。大陸因未有書號未公開發行僅供墨人「大陸文學之旅」時與會作家座談時參考。

▲北京中國文聯出版公司於一九九二年十二月出版長篇小說《春梅小史》（易名《也無風雨也無晴》）；一九九三年四月出版《紅樓夢的寫作技巧》。

▲北京中國社會科學出版社於一九九四年出版散文集《浮生小趣》。

▲北京群眾出版社於一九九五年一月出版散文集《小園昨夜又東風》；一九九五年十月京華出版社出版

長篇小說《白雪青山》大陸版，第一版三千冊，一九九七年八月再版一萬冊。

▲長沙湖南出版社於一九九六年一月初出版墨人費時十多年精心修訂批註的《張本紅樓夢》，分上下兩大冊精裝一萬一千套。立即銷完，因未經墨人親校，難免疏失，墨人未同意再版。

Mo Jen's Works

1950 *The Flames of Freedom*（poems）《自由的火焰》

1952 *Lament for My Mother Country*（poems）《哀祖國》

1953 *Glittering Stars*（novel）《閃爍的星辰》

The Last Choice（short stories）《最後的選擇》

1955 *Black Forest*（novel）《黑森林》

The Hindrance（novel）《魔障》

The Rainbow and An Isolated Island（novel）《孤島長虹》（全集中易名爲富國島）

1963 *The spring Ivy and Old Tree*（novelette）《古樹春藤》

1964 *Narcissus*（novelette）《水仙花》

A Typhonic Night（novelette）《颱風之夜》

Ms.Pei Mong-lan（novelette）《白夢蘭》

The Joy of the Whole Family（novel）《合家歡》

Flower Marriage（novelette）《花嫁》

1965 *White Snow and Green Mountain*（novel）《白雪青山》

The Short Story of Miss Chung Mei（novel）《春梅小史》

The Powerless Spring Breeze and Faded Flowers（novel）《東風無力百花殘》(《江水悠悠》)

Flower Blossom in Loyang（novel）《洛陽花似錦》

1966 *The Writing Technique of the Dream of Red Chamber*（literature theory）《紅樓夢的寫作技巧》

Out of The Wild Frontier（novelette）《塞外》

1967 *A Heart-broken Story*（novel）《碎心記》

1968 *Miss Clever*（novel）《靈姑》

Trifle（prose）《鱗爪集》

1969 *The Road to Promotion*（novelette）《青雲路》

1970 *A Sex-change Story*（novelette）《變性記》

The Biography of the Dragon and the Phoenix（novel）《龍鳳傳》

1971 *A Brilliantly lighted Garden*（novel）《火樹銀花》

1972 *My Floating Life*（prose）《浮生記》

Selection of Mo Jen's Poems《墨人詩選》

A Heart-broken Woman (novelette)《斷腸人》

Phoenix Valley (novel)《鳳凰谷》

Mo Jen's Works (five volumes)《墨人自選集》

Selection of Mo Jen's short stores《墨人短篇小說選》

1978 *Hu Han-ming, the Poet and Revolutionist* (novel)《詩人革命家胡漢民》

1979 *The Mokey in the Heart* (i.e. The Purple Swallow renamed)《心猿》

1980 *The Hermit* (prose)《心在山林》

A Collection of Mo Jen's Prose (prose)《墨人散文集》

A Praise to Mountains (poems)《山之禮讚》

1983 *Mountaineer's Remarks* (prose)《山中人語》

1985 *My Candle Burns at Both Ends* (prose)《三更燈火五更雞》

Flower Market (prose)《花市》

1986 *A Mundane World* (novel, four volumes, over 1.9 million words)《紅塵》

1987 *Remarks on All Poems of the Tang Dynasty* (theory)《全唐詩尋幽探微》

1988 *Remarks On All Tsyr* (prose poem) *of the Tang and Sung Dynasties* (theory)《全唐宋詞尋幽探微》

1991 *The Breeze That Came From The East Last Night in My Little garden Again* (prose)《小園昨夜又東風》

1992 *Travel for Literature in Mainland China*（prose）《大陸文學之旅》

1995 *Selection of Mo Jen's Poems, 1992-1994*《墨人半世紀詩選》

1996 *I'll look upon the World*《紅塵心語》

Chang Edition of the Dream of Red Chamber《張本紅樓夢》（修訂批註）

1997 *Cherish thy guests and the Muses*《年年作伴寒窗》

1999 *Saha Shih Gai*《娑婆世界》

1999 *Remarks on All Poems of the sung Dynasties*《全宋詩尋幽探尋》

1999 *Mo Jen's Classical Poems and Prose Poems*《墨人詩詞詩話》

2004 *Poussiere Rouge*《紅塵》法文譯本

墨人博士創作年表（二〇〇五年增訂）

年度	年齡	發表出版作品及重要文學紀錄摘要
民國二十八年己卯（一九三九）	十九歲	在東南戰區《前線日報》發表〈臨川新貌〉。淪陷區著名的上海《大美晚報》隨即轉載。
民國二十九年庚辰（一九四〇）	二十歲	在《前線日報》發表〈希望〉、〈路〉等新詩作品。
民國三十年辛巳（一九四一）	二十一歲	在《前線日報》發表〈評夏伯陽〉書評等文。
民國三十一年壬午（一九四二）	二十二歲	在各大報發表〈苦難的行列〉、〈贛州禮讚〉〈長詩〉、〈老船夫〉、〈盲歌者〉、〈自己的輓歌〉、〈抹去那怯弱的眼淚吧〉、〈生命之歌〉、〈快割鳥〉、〈鴿鷹與鸚雀〉等詩及散文多篇。
民國三十二年癸未（一九四三）	二十三歲	在各大報發表長詩〈鋤奸隊長〉、〈搜索連長〉、〈遙寄〉、〈寫在第七個七七〉、〈父親〉、〈受難的女神〉、〈城市的夜〉及〈火把〉、〈擊柝者〉、〈橋〉、〈古鐘〉、〈汽笛〉、〈山居〉、〈沙灘〉、〈夜行者〉、〈孤芳〉、〈蚊蟲〉、〈蒼蠅〉、〈鷗鷸〉、〈陽光〉、〈深秋〉、〈贈某詩人兼寫自己〉、〈哀亡命詩人〉、〈自供〉、〈自壘詩抄〉、〈哀歌〉、〈生活〉、〈給偶像崇拜者〉、〈戰書〉、〈燈下獨白〉、〈夜歸〉、〈失眠之夜〉、〈悼〉、〈殘英〉、〈黃昏曲〉、〈補綴〉、〈復活的季節〉、〈擬戀歌〉、〈晨雀〉、〈春耕〉、〈天空的搏鬥〉等長短抒情詩。另發表散文及短篇小說多篇。

民國三十三年甲申（一九三九）	二十四歲	發表〈山城草〉五首及〈沒有褲子穿的女人〉、〈襤褸的孩子〉、〈駝鈴〉、〈無聲的哭泣〉、〈長夜草〉、〈春夜〉、〈擬某女演員〉、〈蛙聲〉、〈麥笛〉等詩及散文多篇。
民國三十四年乙酉（一九四五）	二十五歲	發表〈最後的勝利〉及〈煉獄裏的聲音〉、〈神女〉、〈鬥〉等長詩與散文多篇。
民國三十五年丙戌（一九四六）	二十六歲	發表〈夢〉、〈春天不在這裡〉等詩及散文多篇。
民國三十六年丁亥（一九四七）	二十七歲	發表〈冬天的歌〉、〈流浪者之歌〉、〈手杖、煙斗〉及長詩〈上海抒情〉等與散文多篇。
民國三十七年戊子（一九四八）	二十八歲	主編軍中雜誌、撰寫時論，均不署名。
民國三十八年己丑（一九四九）	二十九歲	七月渡海抵臺，發表〈呈獻〉、〈滿妹〉、及長詩〈自由的火燄〉、〈人類的宣言〉等及散文多篇。
民國三十九年庚寅（一九五〇）	三十歲	發表〈站起來，捏死他！〉、〈滾出去，馬立克！〉、〈英國人〉、〈海洋頌〉等詩。出版《自由的火燄》詩集。
民國四十年辛卯（一九五一）	三十一歲	發表〈春晨獨步〉、〈炫與殉〉、〈悼三閭大夫屈原〉、〈詩聯隊〉、〈心獄之歌〉、〈子夜獨唱〉、〈真理、愛情〉、〈友情的花朵〉、〈啊，西風啊！〉、〈歲暮吟〉、〈師生〉、〈往事〉、〈天書〉、〈歷程〉、〈雨天〉、〈火車飛馳在海岸線上〉、〈帶路者〉、〈送第一艦隊出征〉等詩、及〈哀祖國〉長詩。
民國四十一年壬辰（一九五二）	三十二歲	發表〈未完成的想像〉、〈鄉上吟〉、〈窗下吟〉、〈白髮吟〉、〈秋夜輕吟〉、〈秋訊〉、〈渴念、追求〉、〈寂寞、孤獨〉、〈冬眠〉、〈我想把你忘記〉、〈想念〉、〈成人的悲歌〉、〈訴〉、〈詩人〉、〈詩〉、〈貝絲〉、「春天的懷念」五首、〈和風〉、〈夜雨〉、〈臺灣海峽的霧〉等及散文、短篇小說多篇。 出版《哀祖國》詩集。

民國四十二年癸巳（一九五三）	三十三歲	發表〈寄台北詩人〉等詩及散文短篇小說多篇。高雄百成書店出版短篇小說集《最後的選擇》，收入〈華玲〉、〈生死戀〉、〈梅蘭馨〉、〈敵人的故事〉、〈最後的選擇〉、〈蔣復成〉、〈姚醫生〉等七篇。大業書店出版長篇小說《閃爍的星晨》一、二兩冊。
民國四十三年甲午（一九五四）	三十四歲	發表〈野菜〉、〈海鷗〉、〈鳳凰木〉、〈流螢〉、〈鵝鑾鼻〉、〈海邊的城〉、〈長夏小唱〉及散文、短篇小說多篇。
民國四十四年乙未（一九五五）	三十五歲	發表〈雲〉、〈F-86〉、〈顯GK〉等詩及散文、短篇小說多篇。香港亞洲出版社出版長篇小說《黑森林》，並獲中華文獎會國父誕辰長篇小說第二獎（第一獎從缺）。
民國四十五年丙申（一九五六）	三十六歲	發表〈四月〉等詩及散文、短篇小說多篇。
民國四十六年丁酉（一九五七）	三十七歲	發表〈月亮〉、〈九月之旅〉、〈雨利花〉等詩及長篇小說《魔障》。
民國四十七年戊戌（一九五八）	三十八歲	暢流半月刊雜誌社出版長篇連載小說《魔障》。
民國四十八年己亥（一九五九）	三十九歲	發表短篇小說、散文多篇。文壇雜誌社出版長篇小說《孤島長虹》（全集中易名為《寶國島》）。
民國四十九年庚子（一九六〇）	四十歲	發表〈橫貫小唱〉等詩及散文、短篇小說多篇。
民國五十年辛丑（一九六一）	四十一歲	發表〈熱帶魚〉、〈豎琴〉、〈水仙〉等詩及短篇小說甚多。奧國維也納納富出版公司編選的《世界最佳小說選》選入短篇說〈馬腳〉，同時入選者有諾貝爾文學獎得主威廉福克納、拉革克菲斯特等世界各國名作家作品。

民國五十一年壬寅（一九六二）	四十二歲	發表〈青鳥〉、〈兩腳獸〉、〈晚會〉、〈祈禱〉等詩及短篇小說甚多。奧國維也納納當出版公司又將短篇小說《小黃》（以江州司馬筆名撰寫者）選入《世界最佳小說選》、同時入選者有諾貝爾獎得主蕭洛霍夫、郭沫若及世界各國名作家作品。
民國五十二年癸卯（一九六三）	四十三歲	香港九龍東方文學出版社出版中篇小說《古樹春藤》。發表短篇小說、散文甚多。
民國五十三年甲辰（一九六四）	四十四歲	香港九龍東方文學社出版短篇小說集《花嫁》、收入〈教師爺〉、〈劉二爹〉、〈二嫣〉、〈異鄉人〉、〈花嫁〉、〈扶桑花〉、〈南海屠鮫〉、〈高山曲〉、〈古寺心聲〉、〈誘惑〉、〈隱情〉、〈美珠〉、〈新苗〉、〈心聲淚影〉等十四篇。高雄長城出版社出版中短篇小說集《水仙花》、收入〈水仙花〉、〈銀杏表嫂〉、〈圓房記〉、〈江湖兒女〉、〈天鵝〉、〈賭徒〉、〈搶親〉、〈黃龍〉、〈風雪歸人〉、〈花子老爺〉、〈豐豐寺的居士〉、〈人與樹〉、〈過客〉、〈阿婆〉、〈馬腳〉、〈小黃〉等十六篇。高雄長城出版社出版中短篇小說集《白夢蘭》。收入〈情敵〉、〈空手〉、〈師生〉、〈斷夢〉、〈黃昏曲〉、〈白夢蘭〉、〈平安夜〉、〈凱塞琳・萊蒙托夫與我〉、〈陽春白雪〉、〈亂世佳人〉、〈傷心之旅〉、〈白衣清淚〉、〈護士與病人〉、〈如夢記〉、〈除夕〉等十五篇。　高雄長城出版社出版《中華日報》連載的二十五萬字長篇小說《白雪青山》。　發表短篇小說、散文甚多。
民國五十四年乙巳（一九六五）	四十五歲	高雄長城出版社出版連載長篇小說《洛陽花似錦》、《春梅小史》、《東風無力百花殘》三部。　發表短篇小說、散文甚多。省政府新聞處出版長篇小說《合家歡》。
民國五十五年丙午（一九六六）	四十六歲	是年五月赴馬尼拉華僑文教講習會講授「紅樓夢的寫作技巧」及新詩課程一個月。商務印書館出版文學理論專著《紅樓夢的寫作技巧》、全書共十五萬字。商務印書館出版中短篇小說集《塞外》。收入〈塞外〉、〈騙子〉、〈百合花〉、〈天山風雲〉、〈白金龍〉、〈白狼〉、〈秋爾紫鵑〉、〈齊萬秋的衣缽〉、〈半路夫妻〉、〈百鳥聲喧〉、〈風竹與野馬〉、〈美人計〉、〈夜襲〉、〈花燭劫〉等十四篇。

民國五十六年丁未（一九六七）	四十七歲	發表短篇小說、散文甚多。小說創作社出版連載長篇小說《碎心記》。
民國五十七年戊申（一九六八）	四十八歲	小說創作社出版《中華日報》連載長篇小說《鑾姑》。水牛出版社出版散文集《鱗爪集》，收入〈家鄉的魚〉、〈家鄉的鳥〉、〈雪天的懷念〉、〈秋山紅葉〉、〈學問與創作之間〉等散文七十六篇、舊詩三首。
民國五十八年己酉（一九六九）	四十九歲	商務印書館出版中短篇小說集《青雲路》。收入〈世家子弟〉、〈青雲路〉、〈空棺記〉、〈久香〉等四篇。
民國五十九年庚戌（一九七〇）	五十歲	商務印書館出版中短篇小說集《變性記》。收入〈變性記〉、〈孀客〉、〈歲寒圖〉、〈泥龍〉、〈祖孫父子〉、〈秋風落葉〉、〈老夫老妻〉、〈恩愛夫妻〉、〈布販與偷雞賊〉、〈芳鄰〉、〈沙漠王子〉、〈沙漠之狼〉、〈世界通先生〉、〈寶珠的秘密〉、〈奇緣〉等十五篇。幼獅文化事業公司出版長篇小說《龍鳳傳》。臺北立志出版社出版長篇《火樹銀花》出版全集時易名《同是天涯淪落人》。
民國六十年辛亥（一九七一）	五十一歲	立志出版社出版長篇小說《火樹銀花》。發表散文多篇及在高雄《新聞報》連載長篇小說《紫燕》。
民國六十一年壬子（一九七二）	五十二歲	闢道出版社出版散文集《浮生集》。收入〈文藝的危機〉、〈貝克特萬歲〉、〈五十年華〉等散文十三篇、舊詩六首。學生書局出版短篇小說散文合集《斷腸人》。收入短篇小說〈斷腸人〉、〈薇薇〉、〈相見歡〉、〈滄桑記〉、〈恩怨〉、〈夜宴〉等七篇及散文〈文學系與文學創作〉、〈大學國文教學我見〉、〈作家之死〉等十五篇。　中華書局出版《墨人自選集》五大冊。包括長篇小說《白雲青山》、《鑾姑》、《鳳凰谷》、《江水悠悠》（《東風無力百花殘》易名）及《短篇小說、詩選》（精選短篇小說二十八篇、抒情詩一〇六首）、共一百五十萬字。
民國六十二年癸丑（一九七三）	五十三歲	發表散文多篇。列入英國劍橋國際傳記中心（International Biographical Centre Cambridge England）出版的《國際詩人名錄》（*International Who's Who in Poetry, 1973*）。

民國六十三年甲寅（一九七四）	五十四歲	出席第二屆世界詩人大會。 發表散文多篇。
民國六十四年乙卯（一九七五）	五十五歲	列入正中書局出版的《中華民國文藝史》（1975）。發表〈臺北的黃昏〉新詩一首及散文多篇。
民國六十五年丙辰（一九七六）	五十六歲	列入英國劍橋國際傳記中心出版的 *Men of Achievement. 1976* 發表〈歷史的會晤〉新詩及散文，短篇小說多篇。
民國六十六年丁巳（一九七七）	五十七歲	應 I.B.C 邀請於三月間赴義大利翡冷翠出席國際文藝交流大會（The 3rd I.B.C. International Congress on Arts and Communications）。會後環遊世界。發表〈羅馬之戀〉、〈羅馬之松〉、〈翡冷翠的女郎〉、〈翡冷翠之柳〉、〈塞納河〉等詩及羅馬掠影」、〈羅城記〉、〈威尼斯之旅〉、〈藝術之都翡冷翠〉、〈西雅奈與比薩斜塔〉、〈美國行〉、〈江戶、皇宮、御苑〉、〈環球心影〉等遊記。 在《中國時報》發表有關中國文化論文〈中國文化的三條根〉，在《新生報》發表〈文藝界的『洋』瘋癲〉等多篇。
民國六十七年戊午（一九七八）	五十八歲	近代中國社出版長篇傳記小說《詩人革命胡漢民傳》。 列入英國劍橋國際傳記中心出版的《國際名人辭典》（*Dictionary of International Biogaphy.1978*）。《國際知識分子名錄》（*International Who's Who of Intellectual. 1978*、《國際人名剪影》 *International Register of Profiles*）、《國際社會名人錄》（*International Who's Who in Community Service*）。發表〈六月之荷〉詩一首。 在各報發表〈中國文化的宇宙觀〉、〈中國文化的真面目〉、〈文化，社會形態與當代文學創作（為亞洲文學會議而作）〉、〈人與宇宙自然法則〉等。 出席亞洲文學會議。　列入中華書局出版的《中華民國當代名人錄》（*Who's Who of R.O.C. 1978*）　列入行政院新聞局編印的一九七八年英文《中華民國年鑑名人錄》（*China Yearbook Who's Who*）。

民國六十八年己未（一九七九）	五十九歲	學人文化事業有限公司出版長篇小說《心猿》（《紫燕》易名）。發表短篇小說〈春〉、〈杏林之春〉、長詩〈哀吉米・卡特〉及〈山之禮讚〉五首。短篇〈客從故鄉來〉、〈人瑞〉。理論〈中國古典小說戲劇〉、〈抗戰文學的整理與再創作〉（《中央日報》）等多篇。
民國六十九年庚申（一九八〇）	六十歲	秋水詩刊社出版詩集《山之禮讚》，收集六十四年以後新詩四十四首及七言絕律詩十首。　中華日報社出版散文集《心在山林》，收集〈花甲聲中過〉、〈老當益壯〉、及抒情寫景散文數十篇。臺中學人文化事業出版有限公司出版《墨人散文集》收集〈文化、社會形態與當代文學創作〉、〈人與宇宙自然法則〉、〈中國文化的三條根〉、〈宇宙爲心人爲本〉、〈文藝界的『洋』癲瘋〉等理論性散文數十篇。在《中央日報・副刊》發表〈紅樓夢研究的正確方向〉、《中華日報・副刊》發表〈人生六十樹常青〉、《青年戰士報・新文藝副刊》發表〈山中人語〉專欄文章〈山水之間〉、〈生命長短價值觀〉、〈寶刀未老〉、〈七進七出鬼門關〉、〈報人甘苦〉、〈杏壇生涯〉等。接受《大華晚報》採訪組副主任程榕寧兩次訪問，一爲談胡漢民生平，一爲談《易經》、《道德經》、命學，並發表〈醫學命學與人生〉專文。
民國七十年辛酉（一九八一）	六十一歲	繼續撰寫《山中人語》專欄。應臺中市《自由日報》特約撰寫《浮生小記》專欄。應行政院新聞局邀請參觀本省農漁畜牧事業單位，並在《中央日報》發表〈人在福中〉散文。接受臺灣廣播公司《成功之路》節目訪問，於四月廿七日晚八時半播出。在高雄《新聞報》發表〈撥亂反正說紅樓〉（六月十七、十八日）論文。
民國七十一年壬戌（一九八二）	六十二歲	九月赴漢城出席第二屆中韓作家會議，並在東京參加中日作家會議，曾暢遊南韓、北海道、大阪至東京名勝地區，歸後撰寫〈韓國掠影〉、〈秋遊北海道〉，發表於《中央日報》。列入中華民國名人傳記中心出版的《中華民國現代名人錄》。

		列入英國劍橋國際傳記中心出版的《傑出男女傳記》（*Men and Women of Distinction*）並附照片。 列入美國 MarQuis 公司出版的《世界名人錄》（*Who's Who in the World*）第六版。 接受義大利藝術大學授予的文學功績證書。
民國七十二年癸亥（一九八三）	六十三歲	商務印書館出版散文集《山中人語》，收集散文七十篇。
民國七十三年甲子（一九八四）	六十四歲	商務印書館出版《論墨人及其作品》上、下兩冊，包括評論文章六十餘篇。 列入義大利 Accademia Italia 出版英、法、德、義四種文字的《國際文學史》（*The History of International Literature*）及《百科全書：當代人物（*The Encyclopadeia: Contemporary Personalities*）。 端午節（六月四日）開筆撰寫已構思準備十餘年的一百餘萬字的大長篇小說《紅塵》，年底完成初稿四十餘萬字。 十月在韓國漢城舉行的第四屆中韓作家會議，事忙未能出席，但提出一萬餘字的論文〈古典與現代〉一篇。
民國七十四年乙丑（一九八五）	六十五歲	由江山出版社出版《三更燈火五更雞》、《花市》散文集等兩本，前者收入散文、理論二十四篇，後者收入散文遊記二十七篇。 八月一日退休，專心寫作《紅塵》，於十二月底完成九十二章，告一段落，共一百二十萬字，超出《紅樓夢》十餘萬字，內有絕律詩（聯）三十一首。
民國七十五年丙寅（一九八六）	六十六歲	年初開始研讀《全唐詩》，撰寫《全唐詩尋幽探微》，十一月完成，共十二萬餘字，一面在《新聞報・西子灣》發表，並連同歷年所作絕律詩三十七首，定名為《墨人絕律詩集》，一併交與臺灣商務印書館簽約出版。 列入美國 A.B.I. 出版的 5000 Personalities of the World；英國 I.B.C. 出版的 *The International Authors and Writers Who's Who.*

民國七十六年丁卯（一九八七）	六十七歲	訪問考察東南亞地區、國家馬來西亞、新加坡、泰國、菲律賓、香港十七天、並出席多次座談會。 商務印書館出版《全唐詩尋幽探微》（附《墨人絕律詩集》）。 《紅塵》長篇小說於三月五日開始在《臺灣新生報》連載。 七月四、五日出席在臺北市召開的抗戰文學研討會。 八月一日出席在高雄市召開的第七屆中韓作家會議。
民國七十七年戊辰（一九八八）	六十八歲	元月二日完成《全唐宋詞尋幽探微》（附《墨人詩餘》）全書十六萬字。設於美國深受世界尊重的「國際大學基金會」（The Marguis Giuseppe Scicluna 1855-1907 International University Foundation）（Founded 1973）授予榮譽文學博士學位。
民國七十八年己巳（一九八九）	六十九歲	臺灣商務印書館出版《全唐宋詞尋幽探微》。 臺北大地出版社三版長篇小說《白雪青山》。 世界大學（World University）授予榮譽文學博士學位。
民國七十九年庚午（一九九〇）	七十歲	五月應大陸黃河文化實業公司邀請，作四十天文學之旅，與北京、上海、杭州、九江、武漢、西安、蘭州等地作家座談中華文化、文學創作，坦誠交換意見，獲得一致共識，真摯友情與尊敬，廣州電視臺並全程錄影，製作專輯播出，六月底返臺後即撰寫《大陸文學之旅》專著。 艾因斯坦國際學院基金會（Albert Einstein 1879-1955 International Academy Foundation）授予榮譽人文學博士學位。 榮列英國劍橋國際傳記中心出版的IBC Book of Dedications.占全書篇幅五頁，刊登照片五張，介紹五十年創作生涯，十分翔實，篇幅之大，為全書冠，並禮聘為IBC副總裁。
民國八十年辛未（一九九一）	七十一歲	二月底新生報出版《紅塵》，二十五開本，上、中、下三鉅冊。黎明文化事業公司出版《小園昨夜又東風》散文集。 應香港廣大學院禮聘為中國文學研究所客座指導教授。 《紅塵》榮獲新聞局著作金鼎獎及嘉新優良著作獎。

民國八十一年壬申（一九九二）	七十二歲	文史哲出版社出版《大陸文學之旅》。 應聘香港廣大學院中研所客座指導教授。 一月五日開筆寫《紅塵續集》，自九十三章起至一百二十章止，共四十萬字，六月十日完稿，《紅塵》全書共一百九十萬字。續集自十二月一日開始在《臺灣新生報・副刊》連載近年，雙破長篇鉅著及連載紀錄。中國廣播公司《中廣小說選播》節目，亦於十二月一日十四時三十分，在AM657千赫第一廣播網開始播出長篇鉅著《紅塵》上、中、下三冊，由魏愛華小姐導播，集該公司播音精英，通力合作，龍老夫人一角由播音元老白銀飾演，其餘人物均為一時之選，效果奇佳，前所未有。　北京「中國文聯出版公司」出版《也無風雨也無晴》。 墨人故鄉九江《師專學報》，於本年起開闢《墨人研究》專欄，與《陶淵明研究》、《黃山谷研究》並稱三大專欄，甚受教育、學術界重視。
民國八十二年癸酉（一九九三）	七十三歲	十月下旬，偕《秋水》詩刊同仁涂靜怡、雪柔、麥穗、汪洋萍、風信子、林蔚穎等為慶祝《秋水》創刊二十周年，訪問哈爾濱、北京、西安三大都市，與當地詩人座談交流，水乳交融，兩岸詩人因而建立深厚友誼。十一月初，隻身訪問昆明，探親，昆明作協主席曉雪、八十多歲老作家李喬、小說家張昆華、《春城晚報》副總編輯熊廷武、副刊主編原因、理論家教授余斌、作家湯世傑、李錦華等集會歡迎，其中多為白族、彝族等少數民族作家，乃以雲南少數民族文化資源努力創作相勉，深獲共鳴。資深作家彭荊風、晚間並來下榻處暢談。 繼續應聘香港廣大學院中研所客座指導教授三年。 十二月新生報社出版《紅塵續集》，全書共四大冊，其實前後一貫，為一整體，該報為方便，乃以《續集》名之。一生心願心血得以完成，在輕、薄、短、小及商品文學獨占市場情況下，亦一大異數。北京「中國文聯出版公司」出版《紅樓夢的寫作技巧》。

民國八十三年甲戌（一九九四）	七十四歲	一月開始研讀自北京購回的《全宋詩》、擬續寫《全宋詩尋幽探微》。 四月十一日接受臺北復興廣播電臺《名人專訪》節目主持人裴雯小姐訪問，談一生寫作歷程及大長篇《紅塵》寫作經過。 臺北《世界論壇報》副社長兼副刊主編詩人評論家周伯乃先生，特自五月三十一日起一連三天出版特刊，慶祝七十晉五誕辰暨創作五十五周年，除刊出〈小傳〉、〈七五人生一首詩〉、〈中國新詩與傳統詩詞的整合〉、〈叩開生命之門〉三篇新作外，並刊出蒙古族女詩人作家薩仁圖婭的〈墨人：屈原風骨中華魂〉，及馬來西亞霹靂州立女子中學校長、詩詞家、散文作家彭士麟女士論《紅塵》與大陸作家作品比較的書信、墨人著作校長、詩詞家、散文作家彭士麟女士論《紅塵》與大陸作家作品比較的書信、墨人著作目錄、美國兩個榮譽文學博士、一個人文學博士照片三張、《紅塵》獲獎照片一張，及周伯乃〈無限的祝禱〉文等。 八月七日，中國時報系的《工商日報・讀書版・大書坊》刊出蒋齡的《紅塵》墨人專訪文章，並配合攝影記者何日昌拍攝的墨人及《紅塵》四冊照片。 大陸廣州暨南大學中文系教授兼臺港暨海外華文文學研究中心主任、評論家潘亞暾，費時月餘撰寫《紅塵續集》論文達一萬餘字的〈偉大史詩的歸結〉，於九月二十一至二十五日在臺北市《世界論壇報・副刊》全文刊出，見解不凡，對《續集》的成功更使他大吃一驚，因此，更肯定《紅塵》的史詩價值、地位。 八月二十八日第十五屆世界詩人大會在臺北召開，僅提出〈中國新詩與傳統詩詞的整合〉論文一篇，並未出席，論文則由《中國詩刊》主編曾美霞女士代讀。
民國八十四年乙亥（一九九五）	七十五歲	一月，臺北文史哲出版社出版《墨人半世紀詩選》（一九四二—一九九四）。 一月十日應臺北廣播電臺《藝文夜話》主持人宋英小姐訪問，許導播秀玲決定十日開播《紅塵》全書四冊，每日廣播兩次。 中國詩歌藝術學會主辦、中國文藝協會協辦，於五月二十二日在臺北市中國文藝協會舉行《墨人半世紀詩選》學術研討會，與會詩人、評論家六十餘人，討論情況熱烈，並印發海峽兩岸評論家王常新、古繼堂、古遠清、李春生、楊允達、周伯乃等十三家論文專集。各家均推崇，肯定新舊詩兩方面的成就與半個多世紀的貢獻。

		英國劍橋國際傳記中心頒贈二十世紀文學傑出成就獎。榮列一九九五年英國劍橋國際傳記中心出版的 The Definitive Book of the Deputy Directors General of the IBC. 佔全書篇幅五頁，刊登照片五張，爲全書之冠。
民國八十五年丙子（一九九六）	七十六歲	臺北圓明出版社出版涵蓋儒、釋、道三家思想的散文集《紅塵心語》。卷首有珍貴的文學照片十餘張。 臺北中國詩歌藝術學會出版《十三家論文》論《墨人半世紀詩選》。
民國八十六年丁丑（一九九七）	七十七歲	臺北中天出版社出版與《紅塵心語》爲姊妹集的散文集《年年作客伴寒窗》，各篇亦均以五、七言詩作題，內中作者詩詞亦多，並附錄珍貴文學資料訪問記、特寫、著作目錄等十餘篇。出任「乾坤」詩刊顧問，並主編該刊古典詩詞。完成《墨人詩詞詩話》、《全宋詩鉤幽探微》兩書全文。
民國八十七年戊寅（一九九八）	七十八歲	構思六年的以佛學精義結合修行心得化爲文學創作的長篇小說《娑婆世界》，於三月二十八日開筆，十二月脫稿。共三十八章，五十多萬字。 英國劍橋國際傳記中心（IBC）出版《二十世紀傑出人物》以照片配合文字將墨人傳記刊卷首重要位置，並頒發獎狀。大陸中國國際經濟文化交流促進會、燕京國際文化藝術研究會等七大單位編纂出版的《世界華人文學藝術界名人錄》，中國國際交流出版社出版的《世界名人錄》，均爲十六開巨型中文本。
民國八十八年己卯（一九九九）	七十九歲	本年爲來臺五十周年、創作六十周年、中國習俗八十歲、昭明出版社出版長篇小說《娑婆世界》。 美國傳記學會（ABI）出版二十世紀《五百位有影響力的領袖》，以照片配合文字將墨人傳記刊於卷首重要位置並頒發獎狀。照片及詩詞五首編入中國《當代吟壇》巨著。　美國「世界智庫」與艾因斯坦國際學會基金會」聯合頒贈墨人傑出成就榮譽獎，以紀念千禧年，並榮列中國出版的《中華精英大全》。 美國傳記學會頒贈墨人「二十世紀成就獎」。

民國八十九年庚辰（二〇〇〇）	八十歲	臺北昭明出版社陸續出版定本長篇小說《白雪青山》、《滾滾長江》、《春梅小史》；文學理論《紅樓夢的寫作技巧》、連同民國八十八年出版的長篇小說《娑婆世界》，並列為墨人一系列代表作品，以慶祝墨人八十整壽。臺北詩藝文出版社出版《墨人詩詞詩話》。臺北文史哲出版社出版《全宋詩尋幽探微》。
民國九十年辛巳（二〇〇一）	八十一歲	臺北昭明出版社出版長篇小說定本《紅塵》全書六冊及長篇小說《紫燕》定本。
民國九十一年壬午（二〇〇二）	八十二歲	五月三日偕長子繼輪赴上海訪友小住。英國劍橋國際傳記中心授予「終身成就獎」。
民國九十二年癸未（二〇〇三）	八十三歲	八月底偕夫人及在臺子女四人經上海轉往故鄉九江市掃墓探親並遊廬山。
民國九十三年甲申（二〇〇四）	八十四歲	準備出版全集（經臺北榮民總醫院檢查無任何疾病。）巴黎 you-Feng 書局出版繁華典雅法文本《紅塵》。
民國九十四年乙酉（二〇〇五）	八十五歲	此後五年不遠行，以防交通意外，準備資料。計劃百歲前開筆撰寫新長篇小說。北京「中央出版社」出版《強國丰碑》，以著名文學家張萬熙為題刊出墨人傳略，為臺灣及海外華人作家唯一入選者。並先後接到北京電話、書函邀請寄送資料編入《一代名家》、《中華文化藝術名家名作世界傳播錄》。
民國九十五年丙戌（二〇〇六）至民國一百年（二〇一一）——	八十六歲至九十二歲——	重讀重校全集，已與臺北市文史哲出版社簽訂出版《墨人博士作品全集》合約，民國一百年年內可以出版。此為「五四」以來中國大陸與臺灣所未有者。